Serie Bianca Feltrinelli

CARLO COTTARELLI

PACHIDERMI E PAPPAGALLI

Prima edizione in "Serie Bianca" novembre 2019

Stampa Grafica Veneta S.p.A. di Trebaseleghe - PD

ISBN 978-88-07-17367-7

FSC
www.fsc.org
MISTO
Carta
da fonti gestite in
maniera responsabile
FSC® C021883

Dedico questo libro a Pinocchio
(almeno lui era fatto di legno)

E a questa nostra nuova religione
Un giorno proveremo a dargli un nome
A questo immenso canto a luci spente
Dove tutto è eterno e dura poco più di niente

Francesco Gabbani

Introduzione

La verità mi fa male, lo so...
La verità mi fa male, lo sai!

CATERINA CASELLI

I miei tre precedenti libri (*La lista della spesa*, *Il macigno* e *I sette peccati capitali dell'economia italiana*) hanno cercato di fotografare la realtà economica del nostro paese. Questo libro invece parla di come questa realtà sia percepita e, soprattutto, di come la si voglia far percepire. Parla di false informazioni economiche che circolano ormai da parecchio tempo e vengono considerate verità assolute, indiscutibili, quasi assiomatiche, da buona parte dell'opinione pubblica italiana: costituiscono, per molte persone, la realtà. Una volta le si chiamava "palle" o "bufale". Oggi spesso si definiscono "fake news", ma preferisco usare termini italiani, e in questo caso specifico ancora di più, visto che il termine "fake news" è stato, se non inventato, almeno rilanciato dal presidente Trump che ha talvolta contribuito alla diffusione di informazioni, diciamo, non del tutto aderenti alla realtà.

Il tema delle bufale mi sembra di particolare attualità. Certo, le bufale sono sempre esistite. Fanno parte integrante degli strumenti di propaganda politica utilizzati per influenzare e guidare l'opinione pubblica verso direzioni desiderate. Mi sembra, però, che negli ultimi anni le bufale economiche abbiano avuto in Italia una particolare diffusione. A questo hanno contribuito tre fattori.

Il primo è la facilità con cui le notizie trasmesse in rete da chiunque riescono a raggiungere milioni di persone.

Noi italiani siamo grandi utilizzatori dei social media, attraverso i quali le bufale si diffondono rapidamente.[1] Il grado di penetrazione (utenti rispetto alla popolazione) dei social media in Italia è del 57 per cento (53 per cento nella media europea e 42 per cento nel mondo) e il grado di penetrazione nell'uso dei social tramite cellulari è del 51 per cento (45 per cento nella media europea e 39 per cento nel mondo). Ancora più evidente è la nostra dipendenza dai social in termini di tempo: siamo al quarto posto in Europa, dopo Portogallo, Svezia e Regno Unito.

Il secondo fattore è la potenziale efficacia comunicativa, consentita dalla rete stessa, nel combinare parole e immagini che "parlano alla pancia". Questa potenzialità viene facilmente sfruttata da parte di esperti (lo chiamano "neuromarketing") e strutture organizzate che, conoscendo gli algoritmi con cui funziona la rete, sono in grado di posizionare al meglio e rendere più credibili le bufale che si vogliono far circolare.

Il terzo motivo alla base del successo delle bufale economiche in Italia, un fattore più oggettivo, riguarda il deludente andamento dell'economia italiana nell'ultimo quarto di secolo. Il tasso di crescita del nostro reddito pro capite, al netto dell'inflazione, negli ultimi venticinque anni è stato il secondo più basso fra tutti i paesi avanzati (solo la Grecia ha fatto peggio) e fra i più bassi al mondo. La verità è che questo andamento deludente è dovuto in gran parte alle nostre colpe. Si potrà anche attribuire tali colpe ai governi che si sono succeduti nel tempo. Ma chi ha eletto quei governi? No, è colpa nostra. Ma riconoscere questa verità può far male, come cantava Caterina Caselli nel 1966, ed è più comodo quindi trovare spiegazioni fittizie per i nostri problemi. Anche da qui il proliferare delle bufale.

Parlare di bufale economiche ci consentirà però anche di parlare dell'economia italiana, dei suoi sviluppi degli ultimi decenni e di quelli futuri. Molte delle bufale di cui parleremo sono state infatti utilizzate per screditare e rigettare le politiche economiche tradizionali, ortodosse, che gli altri paesi dell'eurozona hanno seguito negli ultimi anni, per giustificare invece politiche alternative, populiste nel senso rivendicato dagli stessi proponenti, che sono riflesse nell'azione, o per lo meno nei proclami, del governo gialloverde andato al potere dopo le elezioni del 4 marzo 2018. Politiche che, peraltro, non sembrano aver avuto un gran successo nel rilanciare l'economia italiana e che certo hanno contribuito alla caduta di quel governo.

I primi cinque capitoli del libro riguardano bufale che, per lo più, sono care a gruppi e movimenti populisti, cioè a chi lotta contro l'establishment. Si tratta di bufale spesso utilizzate proprio per catalizzare la protesta contro chi ci ha governato in passato. Nel sesto capitolo invece ci occuperemo di quelle che ho chiamato "bufale dell'establishment", solitamente orientate a presentare la realtà in modo migliore di quella che è e a cercare di convincere il popolo che tutto vada bene. Ciascun capitolo si conclude con una breve sezione su "cosa c'è di vero", perché una buona bufala richiede un minimo di verità per essere credibile. Ma occorre saper distinguere questo minimo di verità da tutte le frottole che i produttori di bufale intendono propinarci, distinzione che è necessaria se si vogliono trovare le soluzioni giuste ai problemi esistenti. Il settimo capitolo si concentra proprio su chi produce le bufale e sulle relative tecniche di produzione. Credo infatti che conoscere tali tecniche consenta di sviluppare anticorpi adeguati. L'ottavo e ultimo capitolo offre una visione dall'alto della mandria di bufale economiche circolate in Italia negli ultimi decenni. Non si tratta infatti di un raggruppamento casuale: l'immagine che emerge dalla combinazione delle bufale è stata creata ad arte, funzionale alla riproposta di politiche economiche presentate come nuove, ma che in realtà sono vecchie e hanno generato i problemi di cui l'economia italiana attualmente soffre.

Due avvertenze. La prima: non pensiate di trovare in questo libro un elenco esaustivo di tutte le bufale economiche in circolazione, forse neppure di quelle principali. Ce ne sono davvero troppe in giro. Per chi fosse interessato a una rassegna più completa, tenuta aggiornata quasi in tempo reale, consiglio di consultare due siti da anni impegnati nella lotta contro le bufale. Il primo è quello di David Puente, "cacciatore di bufale" (https://www.davidpuente.it/blog/) e autore del bel libro *Il grande inganno di Internet. False notizie e veri complotti. Come difendersi?*; il secondo è quello di Butac, acronimo per il brillante "bufale un tanto al chilo" (https://www.butac.it/). Seconda avvertenza: alcune di quelle che chiamo bufale lo sono al 100 per cento. Si tratta semplicemente di informazioni false o incomplete. Troverete però anche alcune bufale che riguardano l'interpretazione dei fatti e delle vicende economiche italiane. Ora, non essendo l'economia una scienza esatta, qualcuno potrà dissentire dalla mia interpretazione dei fatti. Lascio al lettore il compito di giudicare chi ha torto e chi ha ragione.

Il contenuto del libro riflette anche il lavoro svolto dai ricercatori dell'Osservatorio sui conti pubblici italiani dell'Università Cattolica del Sacro Cuore di Milano di cui sono direttore dal novembre 2017. Li ringrazio per il prezioso aiuto prestato. Ringrazio Alessandro Banfi, Carmelo Barbagallo, Elsa Fornero, Giampaolo Galli, Valeria Miceli, Stefano Olivari e Abebe Selassie per le discussioni sui temi trattati nel volume e i commenti alla prima stesura dei capitoli. Grazie al gruppo Tortuga che ha lavorato con me per la preparazione di otto note su luoghi comuni economici pubblicate dal quotidiano "Il Foglio" che toccano alcuni dei temi qui trattati. Ringrazio anche Alessia Dimitri di Feltrinelli che mi ha convinto a trovare il tempo di scrivere questo libro durante un pranzo in un piccolo ristorante vicino all'Università Cattolica e, sempre di Feltrinelli, Chiara Girolami per l'ottima revisione del testo. Infine, ringrazio Francesco Gabbani. Da un suo pezzo è tratto il titolo *Pachidermi e pappagalli*. La canzone parla di bufale, bufale di ogni genere (Elvis e Marilyn sono vivi e hanno un bar alle Hawaii, il *Titanic* non è mai affondato, i Beatles sono un'invenzione, le piramidi sono state costruite dai marziani, e così via). Qui si parla di bufale economiche: dobbiamo cercare di coglierle e comprenderne bene i meccanismi se non vogliamo farci prendere in giro dai pachidermi e pappagalli che le inventano e le diffondono.

Come in passato, i diritti d'autore del libro verranno devoluti in beneficenza, questa volta a Fondazione Telethon per la ricerca sulle malattie genetiche.

1.
Euro-bufale

> È del tutto pazzesco che l'Unione Europea ci dica [...] che forma debbano avere le nostre banane.
>
> BORIS JOHNSON

Nell'iniziare il nostro percorso, è utile cominciare dalle bufale sull'Unione Europea e sulla sua moneta. Le bufale non nascono infatti per caso. Sono spesso funzionali a un disegno di propaganda politica. E non c'è dubbio che uno degli obiettivi della propaganda politica negli ultimi anni sia stato quello di incolpare l'Europa, l'euro e chi ha promosso il nostro ingresso nell'unione economica e monetaria sancita dal trattato di Maastricht (da Carlo Azeglio Ciampi a Romano Prodi) di tutti i mali che affliggono l'Italia. Con un obiettivo: quello di rafforzare movimenti e partiti che premono per un'uscita per lo meno dall'euro, se non dall'Unione stessa. Del resto, la pratica di diffondere euro-bufale per promuovere un allontanamento dall'Europa non è certo solo pratica italiana, come dimostrano le parole di Boris Johnson con cui ho aperto il capitolo.

Possiamo raggruppare le nostre bufale in cinque "recinti". Il primo riguarda alcuni effetti catastrofici che, si dice, l'euro avrebbe avuto sulla nostra economia. Il secondo comprende le regole sui conti pubblici dei paesi dell'eurozona, regole troppo austere, si sostiene. Il terzo riguarda la Banca centrale europea che, vincolata dal proprio mandato scritto da una mano teutonica, non sarebbe in grado di fare gli interessi economici dei paesi dell'euro. Nel quarto troviamo le regole europee su forma, dimensione, peso di svariati prodotti alimentari, quelle a cui fa riferimento Boris Johnson. Infine, il quinto riguarda la supposta differenza di trattamento nel modo in cui le regole europee vengono applicate, favorendo alcuni paesi (Francia e Germania in primis) e danneggiandone altri (l'Italia). Non dobbiamo stupirci se le bufale sono particolarmente numerose in quest'ultimo recinto. Sostenere che l'arbitro è venduto è il nostro sport preferito. Ve lo dico io che, da interista, sono particolarmente sensibile a questo tema!

Stipendi in lire, prezzi in euro

Non sarò certo io a dirvi che l'euro è stato tutto rose e fiori per l'economia italiana. Nel settimo capitolo del mio libro sui *Sette peccati capitali dell'economia italiana* parlo proprio della difficoltà che abbiamo avuto a adattarci alla moneta unica. Fate attenzione: difficoltà a adattarci non vuol dire che eravamo incompatibili con l'euro. Vuol dire che, una volta entrati, abbiamo adottato politiche economiche e seguito comportamenti che non erano coerenti con una facile condivisione della moneta con la Germania. Il problema è che abbiamo mantenuto, per alcuni anni, un tasso di inflazione di prezzi e costi di produzione superiore a quello della Germania, perdendo così competitività e capacità di esportare. Questo è avvenuto per effetto di errori nella gestione delle politiche economiche del paese, soprattutto nella gestione dei conti pubblici: l'aumento della spesa pubblica in quel periodo ha infatti gettato benzina sul fuoco dell'inflazione (torno su questi punti nell'ultima sezione di questo capitolo e nell'ultimo capitolo del libro). Insomma, non possiamo negare di aver avuto difficoltà nell'adattarci all'euro. Ma nel comprendere quello che non ha funzionato occorre essere oggettivi e non inventarsi storie che non hanno nessuna valida base. Tra queste c'è la bufala dell'errato tasso di cambio con cui siamo entrati nell'euro.

Secondo questa bufala, i problemi che abbiamo avuto con l'entrata nell'euro sono dovuti al fatto che chi ha negoziato il nostro ingresso ci ha fatto entrare a un tasso di cambio tra lira ed euro completamente sbagliato. Si tratterebbe quindi di un problema di incompetenza, se non peggio, da parte di chi allora guidava l'Italia, Prodi, come presidente del Consiglio, e Ciampi, ministro del Tesoro. Vediamo prima di tutto i fatti.

L'Italia entrò nell'euro con un cambio di circa 2000 lire per euro (1936,27 più precisamente). Il che vuol dire che Tizio, che aveva uno stipendio di 2 milioni di lire al mese, avrebbe poi percepito uno stipendio di 1033 euro al mese. Questo tasso di cambio venne fissato in modo irrevocabile a inizio 1999, anche se le banconote, e quindi la conversione da lire a euro, avvenne solo a inizio 2002. Ora, molti sostengono (me lo dicono spesso quando vado a "predicare" in giro per l'Italia) che il cambio era sbagliato. Se il cambio fosse stato di un euro per mille lire, con l'introduzione dell'euro, Tizio avrebbe percepito uno stipendio di 2000 euro al mese, il doppio di quello che ha avuto effettivamente. Sarebbe quindi stato più ricco, avrebbe speso di più, l'economia sarebbe cresciuta, eccetera, eccetera.

In realtà non è così. Dobbiamo prima di tutto capire una cosa. Il cambio a 2000 lire per euro non era un'invenzione di Prodi o Ciampi. Questo valore era più o meno coerente con i tassi di cambio prevalenti sui mercati finanziari prima dell'entrata nell'euro se si volevano mantenere invariati i rapporti di cambio tra i vari paesi dell'area dell'euro. Si capisce meglio se facciamo un esempio. Nel 1998, prima dell'euro, occorrevano circa 1000 lire per comprare un marco tedesco e quindi circa 2000 lire per comprare 2 marchi. La Germania entrò nell'euro a un cambio di 1,95583 marchi per euro, cioè circa 2 marchi per euro. Ciò comportava che, per mantenere invariato il cambio rispetto alla Germania, circa 2000 lire venissero scambiate con un euro. Cioè, se un euro valeva 2 marchi, allora un euro doveva valere più o meno 2000 lire, visto che prima dell'euro con 2000 lire si compravano 2 marchi. Sulla base di cosa l'Italia avrebbe potuto sostenere, nelle discussioni che fissarono i cambi di entrata nell'euro, che il tasso di cambio sarebbe dovuto essere diverso da quello che avrebbe consentito di mantenere invariato il cambio tra Italia e Germania? Non è chiaro.

Ma supponiamo che l'Italia fosse riuscita a convincere gli altri paesi a entrare con un cambio diverso. Cosa sarebbe successo? Supponiamo che fosse entrata a un cambio di 1000 lire per euro, così "saremmo tutti stati più ricchi". Ecco, il risultato sarebbe stato far fallire tutto il settore delle nostre esportazioni. Perché? Prendiamo un'impresa di esportazioni che, prima dell'euro, avesse avuto solo un dipendente, Tizio, che riceveva 2 milioni al mese di stipendio per produrre biciclette. In un mese di lavoro produceva una bicicletta che veniva esportata al prezzo di 2 milioni (facciamo che l'impresa non facesse profitti e non avesse altri costi oltre al costo del lavoro, per semplicità), ossia, al cambio pre-euro di 1000 lire per marco, a 2000 marchi tedeschi. L'impresa sopravviveva: i costi erano coperti. Ora, l'Italia entra nell'euro con un cambio di 1000 lire per euro (così tutti sono più ricchi) e lo stipendio di Tizio diventa di 2000 euro al mese. Che succede? Sui mercati internazionali la bicicletta era venduta, abbiamo detto, a 2000 marchi che, visto il cambio marco-euro (a circa 2 marchi per euro), significa 1000 euro. L'ipotetica impresa tedesca che produceva biciclette in concorrenza con quella italiana non ha problemi perché i suoi costi di produzione sono invariati. Ma per l'impresa italiana produrre una bicicletta costa ora 2000 euro (lo stipendio di Tizio) e, se la vende a 1000 euro, l'impresa perde 1000 euro a bicicletta. L'impresa di biciclette fallisce e Tizio non è diventato più ricco, anzi si ritrova disoccupato.[1]

Quindi abbiamo stabilito due cose. La prima è che entrare nella moneta unica a un cambio di 2000 lire per euro era in pratica inevitabile, visto che questo tasso era implicito nei tassi di cambio prevalenti sui mercati prima dell'entrata. La seconda è che entrare con un cambio di 1000 lire per euro non ci avrebbe reso più ricchi, anzi ci avrebbe rovinato.[2]

A questo punto, però, sorge un'obiezione, alimentata da un'altra bufala, quella per cui quando siamo entrati nell'euro "i prezzi sono raddoppiati". Questa bufala non è stata creata ad arte dai critici dell'euro o di chi guidò l'entrata nell'euro. È una bufala in qualche modo spontanea, generata dal passaparola.

L'obiezione è questa: saremo pure entrati nell'euro al cambio giusto (2000 lire per euro), cioè sarebbe stato appropriato per Tizio avere uno stipendio di 1033 euro al mese. Ma il problema è che i prezzi sono invece raddoppiati perché i negozianti per tradurre i prezzi da lire a euro avrebbero usato un cambio di mille lire per euro.[3] Lo pensano in tanti, tantissimi, e allora deve essere vero. Insomma, *vox populi, vox Dei*. Non proprio. Anche il popolo può sbagliare, e vi convincerò di questo. Be', convincere è una parola forte. A dire il vero, temo che resterete della vostra opinione. Su questo punto non sono mai riuscito a convincere nessuno, neppure i miei amici più cari e i parenti più stretti. Comunque ci provo.[4]

Credo che la maggior parte degli italiani sia persuasa che l'introduzione delle banconote e monete in euro e la conversione dei prezzi da lire a euro portò a un raddoppio dei prezzi nel 2002. Si dice: la tazzina di caffè che costava 1000 lire iniziò a costare un euro (e cioè 1936 lire, arrotondate a 2000). Il prezzo della pallina di gelato pure raddoppiò. Così come raddoppiò il prezzo delle case, perché i venditori usarono il cambio a 1000 per quotare le case in vendita. Visto che invece gli stipendi furono convertiti al cambio ufficiale, il potere d'acquisto dei consumatori e risparmiatori italiani si dimezzò. Insomma, nelle parole di Berlusconi: "L'introduzione dell'euro con quelle modalità e a quei valori improvvidamente accettati da Prodi, ha dimezzato i redditi e i risparmi degli italiani". E Prodi ha risposto accusando il governo Berlusconi, in carica nel 2002, di non aver esercitato i controlli necessari (obbligo di esposizione dei prezzi in euro e in lire per un po' di tempo) per evitare aumenti di prezzo ingiustificati: "È surreale che Silvio Berlusconi punti il dito accusatorio per la gestione dell'introduzione dell'euro. E ci sarebbe da ridere perché fu proprio il suo governo che non volle gestire questa fase come invece avvenne in tutti gli altri paesi".[5]

Insomma, le accuse e controaccuse non sono mancate.

Ma è vero che i prezzi sono raddoppiati mentre i nostri stipendi sono rimasti invariati? Rendiamoci conto prima di tutto di cosa vorrebbe dire per la vita di tutti i giorni un raddoppio dei prezzi: il nostro stipendio, in termini di potere d'acquisto, si dimezzerebbe di colpo. Visto che la maggior parte delle persone non risparmia la metà del proprio reddito, un dimezzamento del proprio stipendio significherebbe non solo un azzeramento dei risparmi, ma anche un taglio drastico nei consumi e nel tenore di vita. Occorrerebbe smettere di andare in vacanza, trasferirsi in case con un affitto più basso, vendere l'auto e comprarsi un motorino. Come punto di riferimento, pensate che la crisi economica del periodo 2008-2013 causò in sei anni una riduzione del reddito pro capite italiano, in termini di potere d'acquisto, del 12 per cento. Non sono stati anni facili. Ci siamo senza dubbio accorti di tale crisi. Immaginate cosa succederebbe se il reddito medio degli italiani calasse del 50 per cento da un giorno all'altro, o anche solo nel giro di un anno.[6] Ma niente di questo avvenne. Nel 2002 i consumi delle famiglie aumentarono dell'1,5 per cento, ci dice l'Istat, e ancora dell'1,5 per cento nell'anno seguente.

Tutto ciò basterebbe per far capire che i prezzi dei beni di consumo non possono essere raddoppiati quando si è passati all'euro. In effetti l'Istat ci dice qualcos'altro, ossia che nel 2002 i prezzi dei prodotti di consumo aumentarono, sì, ma solo del 2,5 per cento, non del 100 per cento (cioè il tasso di crescita che corrisponde al raddoppio dei prezzi). L'Istat misura i prezzi in modo piuttosto accurato. Considera oltre 350 categorie di beni e servizi, per ciascuna delle quali i prezzi vengono rilevati presso grandi, medi e piccoli centri di vendita sparsi in tutta Italia. Quindi, a meno di credere che l'Istat partecipi a una congiura per mentire agli italiani, occorre concludere che i prezzi al consumo aumentarono nel 2002 del 2,5 per cento e, sempre secondo l'Istat, del 2,7 per cento l'anno dopo.

Perché allora gli italiani la pensano diversamente? La questione è stata affrontata da due economisti, Paolo Del Giovane e Roberto Sabbatini, in un lavoro pubblicato nel

2006.[7] Primo, è possibile che alcuni prezzi (la tazzina di caffè, il gelato) siano effettivamente, se non raddoppiati, almeno aumentati molto rapidamente ed è possibile che i consumatori siano più facilmente colpiti dall'aumento dei prezzi di alcuni prodotti a consumo giornaliero, come, appunto, la tazzina di caffè, piuttosto che dal calo o dalla staticità di altri prezzi di prodotti che si comprano di tanto in tanto (per esempio, le automobili o i computer). Secondo, può aver contribuito il fatto che, nel vedere prezzi in euro e pensare ai prezzi in lire, la gente abbia usato e continui a usare il cambio arrotondato a 2000, non a 1936,27: cioè se una cosa costava un euro vuol dire che la stavo pagando 2000 lire. Non sembrerà una differenza molto rilevante, ma è sufficiente per aggiungere al prezzo percepito un 3,3 per cento, per cui l'inflazione misurata dall'Istat nel 2002 del 2,5 per cento in euro verrebbe comunque percepita come un'inflazione di quasi il 6 per cento, un valore "alto" che non si osservava in Italia dall'inizio degli anni novanta. Terzo, nel 2002 la dispersione nella variazione dei prezzi fu particolarmente ampia, con tanti aumenti e tante riduzioni, ma i consumatori possono essere stati colpiti più dagli aumenti che dalle riduzioni. Infine, i sondaggi mostrano come i consumatori tendano a non ricordare esattamente i prezzi e ad attribuire al 2002 aumenti che invece si manifestarono in un arco temporale di diversi anni.

E il prezzo delle case? È veramente raddoppiato nel 2002? Non proprio, ma i dati raccolti da tre economisti della Banca d'Italia mostrano che dal 1998 al 2007 l'aumento del prezzo delle case in Italia fu effettivamente molto alto, sfiorando il 70 per cento.[8] Un aumento in nove anni, dunque, e non da un giorno all'altro, ma comunque un forte aumento. È colpa del cambio lira-euro? Sembra proprio di no visto che in quel periodo i prezzi delle case aumentarono più o meno nella stessa misura in Italia e nella media di 14 altri paesi (Australia, Belgio, Canada, Danimarca, Finlandia, Francia, Germania, Giappone, Norvegia, Paesi Bassi, Regno Unito, Stati Uniti, Svezia, Svizzera) per cui i dati sono disponibili. Fra l'altro, sull'aumento dei prezzi delle case in Italia potrebbe anche aver influito il forte aumento dei prestiti ipotecari. Infatti, con l'entrata dell'euro e la conseguente discesa dei tassi di interesse, l'accesso al credito bancario per l'acquisto della casa divenne più facile. Nel solo 2002 i prestiti per comprare casa aumentarono di quasi il 20 per cento, dopo un aumento del 7 per cento già nel 2001.[9]

Insomma, mi sembra chiaro che i prezzi dei beni di consumo non raddoppiarono nel 2002. E i forti aumenti di quelli delle case negli anni precedenti e seguenti non hanno nulla a che fare con il cambio lira-euro. Mi fermerei qui, anche se so di non avervi convinto, ma faccio un ultimo, disperato tentativo. Ci sono cose per cui è abbastanza facile andare a verificare il prezzo passato, prima e dopo l'euro. L'ho fatto e viene fuori, incontrovertibilmente, che i prezzi in lire sono stati trasformati in euro al cambio, più o meno, di 2000 lire per euro, quello giusto. Vi faccio qualche esempio.

Cosa è successo al prezzo di *Topolino* con l'entrata nell'euro? Qualcuno su Wikipedia si è preso la briga di compilare la pagina su *Topolino* includendo i prezzi della pubblicazione.[10] Il 10 luglio del 2001 il prezzo di un *Topolino* era di 3400 lire (sono rimasto stupito anch'io nel leggerlo perché ovviamente mi ricordavo il prezzo di quando ero ragazzo, 150 lire nel 1967). Se fosse vera la storia che i venditori, per convertire i prezzi, hanno usato il cambio di un euro per 1000 lire, dopo l'introduzione dell'euro un *Topolino* sarebbe costato 3,4 euro. Non fu così: il 9 luglio del 2002, prima data per cui il sito riporta il prezzo in euro, il prezzo di *Topolino* era di 1,8 euro, ossia 3485 lire, con un aumento del 2,5 per cento, un aumento ragionevole in un anno. Va be', ora qualcuno dirà che non ha mai letto *Topolino*. Ma magari avrà letto *Tex*. Bene, il numero 488 di *Tex* (dal titolo "Matador") nel giugno 2001 costava 4000 lire. Il numero 500 ("Uomini in fuga") del giugno 2002 costava 2,2 euro, ossia 4260 lire al cambio ufficiale, un aumento del 6,5 per cento, alto, ma non proprio un raddoppio del prezzo. E il gelato? Non posso dirvi quanto costasse allora un cono gelato, ma sul web si trovano i listini prezzi dell'Algida, almeno per alcuni anni. Nel listino 1998-1999 il cornetto Algida base costava 1500 lire. Nel listino del 2002 costava 0,9 euro, ossia 1743 lire al cambio ufficiale, con un aumento del 16,2 per cento, ma in un arco di tempo di tre-quattro anni. Anche qui di sicuro non un raddoppio di prezzo al momento dell'introduzione dell'euro.

Le regole europee sui conti pubblici

La partecipazione all'area dell'euro richiede il rispetto delle regole europee sui conti pubblici.[11] Il fatto che paesi che condividono la stessa moneta debbano sottostare a regole sui propri conti pubblici non deve stupire. Dopo tutto, anche in Italia (un'area monetaria che usava la lira al suo interno) comuni, province e regioni erano (e ancora sono) sottoposti a regole molto ferree in quest'ambito. Lo stesso vale per gli Stati Uniti, l'area monetaria del dollaro, dove esistono vincoli di (quasi) pareggio di bilancio per gli stati dell'Unione.[12] Il motivo per l'esistenza di queste regole è abbastanza ovvio: si vuole evitare che un paese che è parte di un'area monetaria faccia il furbo incorrendo in deficit insostenibili, contando poi sul fatto che, per evitare problemi all'intera area, gli altri paesi o la banca centrale comune debbano intervenire per salvarlo da una crisi. Se un paese si comportasse così, tutti gli altri si sentirebbero autorizzati a fare lo stesso, il che genererebbe un'esplosione di debito pubblico o di moneta, con effetti destabilizzanti sull'economia dell'area. Quindi le regole fiscali sono necessarie.[13] Ma quelle europee sono sensate?

Le regole fiscali europee sono criticabili da diversi punti di vista: sono molto, ma molto complicate; rendono difficile, seppur non impossibile, anche per paesi a debito pubblico basso utilizzare la leva dei conti pubblici per sostenere l'economia attraverso interventi discrezionali; sono diventate invece piuttosto elastiche anche per paesi a debito pubblico elevato, come l'Italia; e sono soggette a margini di interpretazione non indifferenti. Le regole europee, quindi, possono certo essere migliorate e fare proposte in questo senso dovrebbe essere un importante compito della Commissione europea formata dopo le recenti elezioni.

Si sono però anche dette un mucchio di stupidaggini ed esagerazioni su quello che le regole europee fanno o non fanno e sulla loro ragionevolezza. Si potrebbe scrivere un intero libro su questo argomento, ma mi concentrerò su tre bufale, una per ciascuna delle principali regole fiscali europee.

La prima riguarda la più "sacra" delle regole europee, quella del 3 per cento. Il deficit pubblico (lo squilibrio fra spese ed entrate dello stato) non deve eccedere il 3 per cento del Pil (il Prodotto interno lordo, ossia il reddito prodotto da un paese in un anno). Perché il 3 per cento? Da dove viene questo numero?[14] Alcuni sostengono che fissare un tetto al deficit non abbia senso e che il 3 per cento è comunque un valore del tutto arbitrario. Anzi, c'è chi sostiene che quel numero se l'è inventato un tal Guy Abeille, giovane economista del ministero delle Finanze francese ai tempi di François Mitterrand. È stato Abeille stesso a diffondere questa storia. In un'intervista rilasciata nel 2012 a "Le Parisien", per spiegare come nel 1981 venne fissato un tetto del 3 per cento al deficit pubblico francese, Abeille racconta:

> Prendemmo in considerazione i 100 miliardi del deficit pubblico di allora. Corrispondevano al 2,6 per cento del Pil. Ci siamo detti: un 1 per cento di deficit sarebbe troppo difficile, irraggiungibile. Il 2 per cento metterebbe il governo sotto troppa pressione. Siamo così arrivati al 3 per cento. Nasceva dalle circostanze, senza un'analisi teorica [...]. Abbiamo stabilito la cifra del 3 per cento in meno di un'ora. È nata a tavolino, senza alcuna riflessione teorica. Mitterrand aveva bisogno di una regola facile da opporre ai ministri che si presentavano nel suo ufficio a chiedere denaro [...]. Avevamo bisogno di qualcosa di semplice.

Attenzione: Abeille riferisce questa storia parlando del deficit francese, e non c'è motivo valido per pensare che questo 3 per cento sia lo stesso 3 per cento del trattato di Maastricht, anche se Abeille sembrerebbe suggerirlo.[15] Ma se la storia di Abeille è falsa, da dove viene il 3 per cento?

Nessuno ha mai fatto una seria ricostruzione storica sulla provenienza di quel numero specifico. C'è chi dice, ed è una storia più plausibile di quella raccontata da Abeille, che il 3 per cento sia frutto di un calcolo.[16] Al momento della firma del trattato di Maastricht, da cui partì l'unione monetaria, il valore medio del rapporto fra debito pubblico e Pil nei potenziali membri dell'euroarea era del 60 per cento. Notate che ora parlo di debito pubblico, non di deficit pubblico. Esiste però una semplice formula matematica che, nel lungo periodo, lega il rapporto tra debito pubblico e Pil, da un lato, e il rapporto tra deficit pubblico e Pil, dall'altro, dato un certo tasso di crescita del Pil nominale. Tale "formuletta" (che non vi replico perché il mio editore si arrabbia se metto formule nei miei libri!) ci dice che, se si vuole mantenere il rapporto fra debito pubblico e Pil al 60 per cento, e il tasso di crescita del Pil è del 5 per cento (all'epoca un livello che sembrava ragionevole per i paesi europei data un'aspettativa di crescita reale del 3 per cento e un'inflazione pari all'obiettivo europeo del 2 per cento), il rapporto fra deficit pubblico e Pil deve essere del 3 per cento. Ecco spiegato il mistero. Un tetto al deficit del 3 per cento comportava che, se anche i paesi si fossero mantenuti a tale livello, il rapporto tra debito pubblico e Pil non sarebbe cresciuto rispetto al livello medio esistente quando il trattato di Maastricht fu firmato. Il 3 per cento era quindi coerente con l'altra regola fiscale europea: che il debito non dovesse eccedere il 60 per cento del Pil, almeno per i valori del tasso di crescita del Pil che allora sembravano possibili.[17]

Qualcuno dirà che, se anche questa storia fosse vera, non farebbe altro che spostare l'oggetto dell'arbitrarietà: perché un tetto del 60 per cento per il debito pubblico? Perché non 50 o 70 per cento? Chiariamo allora una cosa. È certamente vero che fissare un tetto numerico specifico al deficit o al debito è, in linea teorica, poco giustificabile, a meno che, appena passata quella soglia, non accadano cose terribili, il che non è plausibile.[18] Ma affermare questo sarebbe come dire che non ha senso mettere un limite di velocità di 50 chilometri all'ora per la circolazione urbana perché il rischio di investire un pedone non cambia molto se si passa da 49 a 51 chilometri all'ora. Perché allora proprio 50 chilometri all'ora? In realtà, quello che sappiamo è che al crescere della velocità aumenta il rischio di incidenti automobilistici. Allo stesso modo, sappiamo che al crescere del deficit o del debito pubblico aumentano i rischi di incidenti sul mercato dei titoli di stato, cioè aumenta il rischio di una crisi finanziaria, e, secondo alcuni studi, si riduce anche la potenzialità di crescita dell'economia nel medio periodo.[19] Quindi, partendo da un valore del debito del 60 per cento, che come ho detto era quello medio all'epoca, e fissando il tetto del deficit al 3 per cento, si voleva segnalare che non si sarebbe accettato un livello di rischio sul debito pubblico maggiore di quello che già esisteva al momento della firma del trattato di Maastricht. Non mi sembra del tutto insensato.

Passiamo ora alla seconda bufala, che riguarda proprio la regola del debito. Questa regola, che esiste fin dalla firma del trattato di Maastricht nel 1992, dice che il debito pubblico non può eccedere, come abbiamo visto, il 60 per cento del Pil e, se lo eccede, deve ridursi "in misura sufficiente... [avvicinandosi]... al valore di riferimento con ritmo adeguato". Fino alla firma del Fiscal Compact nel 2012 nessuno aveva però chiarito cosa si intendesse per "misura sufficiente" e "ritmo adeguato", il che svuotava di significato la norma. Il Fiscal Compact chiarì che il rapporto tra debito e Pil, se superiore al 60 per cento, avrebbe dovuto ridursi in un anno di un ventesimo della differenza fra il rapporto esistente e il 60 per cento. Prendiamo per esempio l'Italia. Il rapporto fra debito pubblico e Pil è di circa il 135 per cento, 75 punti percentuali sopra il 60 per cento. Per cui l'Italia dovrebbe, almeno inizialmente, ridurre il rapporto fra debito e Pil di 3,75 punti percentuali l'anno (75 diviso 20 dà 3,75).[20] C'è chi ha messo in giro la notizia che questo significa che le regole europee richiedono all'Italia di fare una "manovra", cioè un taglio del deficit (attraverso aumenti di tasse o risparmi di spesa) di 3,75 punti all'anno, ossia di circa 65 miliardi l'anno, un'enormità. È una bufala. Questa interpretazione della regola del debito è però molto diffusa e continua a essere ripetuta. Il sito di Roberto Gualtieri, ora ministro dell'Economia e delle Finanze e all'epoca presidente della Commissione per i problemi economici e monetari al Parlamento europeo (sito curato dal suo staff), titolava così il riassunto di un'intervista data a "Repubblica" dallo stesso Gualtieri: *Economia: Gualtieri (Europarlamento) a "la Repubblica", l'Italia rischia manovre da 60 miliardi l'anno*. Il testo dell'intervista era peraltro corretto ma l'errore nel titolo è significativo. Tempo fa ho avuto uno scambio di email con un ex ministro delle Finanze dell'Italia degli anni ottanta che aveva anche lui interpretato la regola in questo modo errato. Un errore, meno grave ma non irrilevante, viene fatto pure da chi dice che la regola del debito richiede una riduzione del debito di 60 miliardi l'anno.[21]

Per capire come stanno davvero le cose, occorre considerare la differenza che c'è tra deficit e debito. Ve la ricordo. Il deficit è lo squilibrio tra spese ed entrate dello stato. Lo stato spende 100 euro, incassa 98 euro. Il deficit è di 2 euro. Questa differenza viene colmata prendendo a prestito (cioè emettendo nuovi titoli di stato comprati dai risparmiatori): il debito (che è tutto quello che si è preso a prestito in passato) aumenta ogni anno in misura pari al deficit, a parte discrepanze contabili che qui non ci interessano. Le cosiddette "manovre" servono per ridurre il deficit, aumentando le tasse o tagliando le spese. Supponiamo di partire da un deficit di 2 e facciamo una manovra pari a 3. Il bilancio va in surplus di 1. Cosa succede al debito? Si riduce di 1. L'anno successivo, il debito continua a ridursi di 1 anche senza nuove manovre, semplicemente perché il bilancio è in surplus. Quindi la manovra è necessaria per ridurre il deficit e non serve varare una manovra all'anno per far scendere il debito ogni anno: una volta che le manovre hanno portato il deficit a zero (raggiungendo il pareggio di bilancio), il debito rimane costante, e se si va in surplus il debito cala in termini di euro. Da lì in poi il debito continua a ridursi senza bisogno di ulteriori manovre. In realtà, la regola del debito non richiede di per sé neppure che si raggiunga il surplus di bilancio. Le regole, infatti, non richiedono che il debito si riduca in termini di euro, ma solo che si riduca in termini di rapporto al Pil. E se il Pil aumenta (per crescita reale o per inflazione) il rapporto fra debito pubblico e Pil si riduce anche senza una riduzione del debito espresso in euro e quindi senza bisogno di raggiungere un surplus di bilancio. Se il bilancio è in pareggio e, quindi, il debito è costante in termini di euro, una crescita del Pil del 3 per cento (inclusa l'inflazione), partendo dal nostro livello di debito, porta a un calo del rapporto fra debito e Pil del 3,8 per cento, circa quanto richiesto dalle regole europee. Conclusione: le manovre servono solo a ridurre il deficit a un valore tale da comportare un calo del rapporto fra debito pubblico e Pil. Poi la riduzione continua anche senza manovre (e senza neppure ridurre il debito in euro).

La terza bufala ha a che fare con la convinzione, diffusissima, che le regole europee ci impediscano di spendere quanto abbiamo bisogno di spendere. Capita una catastrofe naturale e si incolpa l'Europa di impedirci di intervenire a sostegno di chi ha bisogno. Si vogliono aumentare le pensioni minime? Non si può fare perché ce lo impedisce l'Europa. E così via. Falso anche questo. Le regole europee non impediscono di spendere. Dicono solo che se si vuole spendere occorre trovare le risorse, più o meno quello che dice la nostra Costituzione, anche se facciamo finta di non saperlo. Se vogliamo spendere di più per la sanità, per la pubblica istruzione, per chi ha bisogno, basta che siamo disposti a pagare più tasse, oppure che, finalmente, facciamo qualcosa per ridurre l'evasione fiscale. C'è, è vero, una regola europea che limita il tasso di crescita della spesa, ma la valutazione del rispetto di questa regola tiene conto proprio delle misure discrezionali sul lato delle tasse: se si aumentano le tasse si può spendere di più. Il problema è che noi spesso vogliamo spendere di più senza aumentare le tasse, e cioè indebitandoci sempre più rapidamente. Ed è questo che le regole europee ci impediscono di fare. Be', ce lo impediscono fino a un certo punto, vista la flessibilità con cui tali regole sono state scritte e, come si è detto, interpretate. Ma questo è un altro discorso...

Il mandato della Banca centrale europea è sbagliato

Siamo messi male. Non solo le regole europee sono sbagliate, impedendo alle politiche di bilancio di fare quello che dovrebbero fare, ma anche il mandato della Bce è sbagliato, impedendo alla politica monetaria di fare quello che dovrebbe fare e che, invece, viene fatto benissimo da altre banche centrali, come la Fed, la banca centrale americana. La critica in questo caso viene avanzata non solo da non esperti del settore, ma anche da economisti con molta esperienza.[22] Questa bufala è quindi piuttosto sofisticata rispetto a quelle che abbiamo passato in rassegna finora. Sarà pure sofisticata, ma sempre una bufala è. Vediamo perché.

Lo statuto della Banca centrale europea assegna a questa istituzione un obiettivo ben preciso: mantenere l'inflazione vicino, ma comunque sotto, il 2 per cento. Quindi la nostra banca centrale non deve preoccuparsi di altro se non dell'inflazione. Non deve preoccuparsi della crescita economica, né di quanti disoccupati ci sono in giro, solo una cosa deve avere in mente, tenere l'inflazione bassa. Vi pare sensato, dicono i critici? E, dicono sempre i critici, la cosa è ancora più insensata se si va a vedere il mandato dell'altra principale banca centrale che opera nei paesi avanzati, quello della Fed americana. Sì, perché la Fed ha un duplice mandato: tenere l'inflazione bassa e raggiungere la massima occupazione sostenibile. In questo modo, la Fed non è ossessionata dall'unico obiettivo della stabilità dei prezzi. Quest'ultima è importante, ma alla fine quello che conta è se l'economia è in grado di crescere e se la gente trova un lavoro. Mica si vive di bassa inflazione!

Il mandato della Bce e quello della Fed sono apparentemente diversi. Ma questo comporta un'effettiva diversità nel loro operare? Certo, le due banche centrali possono aver agito in modo diverso, anche negli ultimi anni, ma ciò è dipeso dal differente mandato? Secondo me no, e per una ragione molto semplice. Nella stragrande maggioranza dei casi pratici, perseguire un obiettivo di inflazione comporta usare la politica monetaria nello stesso modo in cui si userebbe se l'obiettivo fosse anche quello di sostenere l'attività economica e l'occupazione. Questo perché, di solito, l'inflazione è troppo bassa quando l'economia è debole, ossia quando la domanda di beni e servizi è insufficiente rispetto alla capacità produttiva del paese.

Se l'economia è debole, se la domanda di beni e servizi è inferiore all'offerta, se c'è disoccupazione involontaria, le imprese avranno maggiore difficoltà ad aumentare i prezzi e l'inflazione sarà più bassa. In condizioni simili, una banca centrale guidata dall'obiettivo di far crescere l'inflazione verso il 2 per cento allargherà i cordoni della borsa, seguirà una politica monetaria espansiva, terrà bassi i tassi di interesse, stamperà moneta, tanto quanto una banca centrale farebbe se l'obiettivo fosse di sostenere l'economia. Ed è proprio quello che ha fatto la Bce negli ultimi anni: tenere bassi i tassi di interesse e stampare una montagna di moneta perché sostenendo l'economia si spingeva l'inflazione verso il suo obiettivo. Non si sarebbe comportata diversamente se avesse avuto un duplice mandato, come la Fed.[23]

Naturalmente si può comunque criticare come la Bce abbia implementato il suo mandato. La decisione di aumentare i tassi di interesse a metà 2011, col senno di poi, fu inappropriata (torno su questo argomento nel capitolo 5). Ciò non fu dovuto a problemi nel mandato della Bce, bensì a un errore di valutazione, quello di aver pensato che l'economia europea avesse definitivamente superato la crisi iniziata nel 2008, e che quindi l'obiettivo di inflazione fosse a rischio. Lo stesso errore poteva essere commesso se il mandato della Bce avesse compreso anche la disoccupazione, visto che era previsto che questa si riducesse per effetto della presunta continuazione della ripresa economica.

I critici dello statuto della Bce dicono anche che obbligare l'istituto a perseguire la stabilità dei prezzi (definita come un'inflazione un po' al di sotto del 2 per cento) come obiettivo principale gli impedisce di svolgere quel ruolo di "prestatore di ultima istanza" che le altre banche centrali svolgono. Cosa significa questo termine? Storicamente le banche centrali hanno avuto il ruolo di fornire liquidità a banche che sarebbero di per sé solide ma che sono colte da una temporanea crisi di liquidità. Prendiamo una banca che sia solida perché ha attività (prestiti che siano affidabili e che rendano un interesse sufficientemente alto) in misura superiore alle proprie passività (depositi). Per qualche motivo, però, una parte dei depositanti decide di prelevare i propri soldi. La banca non potrà probabilmente richiedere l'immediato rimborso dei prestiti, e se non ha sufficienti riserve liquide potrebbe trovarsi in difficoltà a rimborsare i depositi. Allora la banca centrale interviene prestando soldi alla banca in questione.

Niente però impedisce alla Banca centrale europea di agire in questo modo. Un'azione simile, se è limitata a una banca in particolare, non mette certo a repentaglio l'obiettivo di inflazione per l'intera economia. E se anche la fuga dai depositi colpisse più banche, stampare moneta non sarebbe comunque incoerente con gli obiettivi di inflazione, perché questa azione sarebbe semplicemente volta a soddisfare la maggiore domanda di contante da parte dei depositanti, che sarebbero felici di tenersi la moneta stampata.[24]

Ma, direbbero i critici, e lo stato? Può accadere anche allo stato di trovarsi in una situazione di illiquidità. Prendiamo un governo che, pur avendo un debito alto, sia in grado di sostenere il servizio del debito perché ha un avanzo primario (cioè un eccesso di entrate rispetto alla spesa non per interessi) abbastanza elevato. Ma i mercati sono presi dal panico, pensano che lo stato non sia in grado di sostenere il proprio debito, vendono titoli di stato, i tassi di interesse aumentano e la frittata è fatta: lo stato in questione, che inizialmente aveva un debito sostenibile, si ritrova con un debito che, ai più elevati tassi di interesse, non è più sostenibile.[25] Se questo vi ricorda qualcosa di già visto, non siete i soli. Diversi economisti hanno sostenuto che è proprio quanto accadde, almeno in parte, nell'area dell'euro nel 2011, quando i tassi di interesse (e lo spread) per alcuni paesi aumentarono al punto da essere considerati insostenibili. La via d'uscita è l'intervento della banca centrale come prestatore di ultima istanza, questa volta nei confronti dello stato.

Non c'è però nulla nel mandato della Banca centrale europea che impedisca un intervento di questo tipo in sostegno di un paese colto da crisi di liquidità. C'è inizialmente voluto un po' di tempo per capirlo, ma alla fine ci si è arrivati. Il motivo è abbastanza ovvio. Se uno stato si trova in una crisi di illiquidità di questo genere, la crisi economica che potrebbe scaturire senza un intervento della banca centrale potrebbe essere di proporzioni tali da causare una recessione, anche a livello europeo, se non altro per effetti di contagio rispetto ad altri paesi. Ma una recessione causerebbe, in prospettiva, un calo dell'inflazione al di sotto dell'obiettivo della Bce. Rientra quindi nei doveri della Bce intervenire per fornire liquidità al paese in crisi, se la crisi è puramente una crisi di illiquidità. Ed è per questo che nel 2012 la Banca centrale europea ha introdotto uno strumento, le cosiddette Outright Monetary Transactions (OMT) che le consentono di intervenire a sostegno di stati colpiti da una crisi di liquidità. C'è un vincolo, però: che il paese in questione sia disposto a prendere misure, nell'ambito di un programma finanziato anche dallo European Stability Mechanism (l'altra istituzione europea che ha il compito di sostenere i paesi in crisi), tali da eliminare possibili squilibri esistenti nel paese in crisi, compreso nei propri conti pubblici. In altri termini, se la crisi non è dovuta solo a una temporanea illiquidità ma a squilibri fondamentali, questi devono essere eliminati, in modo tale da ridurre il problema a un puro problema di liquidità. Si potrà obiettare che i prestiti della Bce richiedono comunque un programma di aggiustamento sottoscritto dal paese in crisi. Ma se la crisi non è dovuta a problemi fondamentali, tale programma può essere molto leggero, comportando azioni di poco conto. Quindi la Bce può ora svolgere un ruolo di prestatore di ultima istanza verso un paese in crisi. E tutto questo è stato possibile senza dover alterare il mandato della Banca centrale europea.

La forma delle euro-banane

Un breve interludio che ci allontana temporaneamente dalle bufale macroeconomiche per parlare di bufale... alimentari, quelle che riguardano la pretesa imposizione da parte della Commissione europea di standard sui prodotti di consumo che possono circolare in Europa. Ho già citato in proposito Boris Johnson all'inizio del capitolo, ma le bufale in questo campo sono molto comuni anche tra i politici italiani. Per esempio, Giorgia Meloni, in un video postato nel maggio 2019, ha accusato l'Europa di fissare la dimensione delle zucchine. In realtà, non è chiarissimo a che zucchine si riferisse Giorgia Meloni. Il video parla di "zucchine che i miei pescatori possono pescare nei mari". C'è il dubbio che intendesse riferirsi ai cosiddetti cetrioli di mare, visto che le zucchine normalmente non si pescano. Ma l'affermazione è sbagliata sia riguardo alle zucchine, sia riguardo ai cetrioli di mare. Non esistono standard europei che fissino la dimensione per la pesca dei cetrioli di mare.[26]

È vero che esistono per altri prodotti, tra cui le banane. Quello che occorre capire, però, è che questi standard esistono a livello europeo per mettere ordine in un insieme di standard qualitativi che già esistevano a livello di singoli paesi riguardo alle caratteristiche che certi prodotti dovevano rispettare. Prendiamo, appunto, le banane. Ci sono sempre stati standard qualitativi per le banane anche ai fini del commercio internazionale. Ma questi standard erano diversi tra i vari paesi, e quindi incoerenti con la libera circolazione dei beni all'interno del mercato comune. Così gli stessi paesi membri hanno chiesto alla Commissione di fissare standard comuni a tutti, il che è avvenuto con il regolamento 2257/94, secondo il quale le banane devono essere, in generale, "libere da malformazioni o curvature abnormi" e che quelle vendute come "di classe superiore" devono avere una forma perfetta, quelle di classe 1 possono avere "leggeri difetti di forma" e quelle di classe 2 possono avere "difetti di forma". Tutto qui. Possono circolare banane di ogni tipo e forma, ma non si può vendere una cassa di banane dicendo che sono di classe superiore se sono deformi.[27]

Si potrebbe scrivere un libro intero per tutte le bufale che circolano in quest'ambito. Mi limito a citarne ancora un'ultima. Quella per cui la Commissione fissa minimi dimensionali per le vongole che si possono pescare. Anche qui si tratta di un tipo di regole che esistono normalmente in tutti i paesi per evitare la pesca di organismi ancora in fase di sviluppo, regole che la Commissione europea si è limitata a uniformare. Ma, se anche la Commissione europea si è limitata a uniformare queste regole, restano pur sempre regole europee. Come è possibile essere multati se si pesca una vongola di dimensioni inferiori al minimo? Anche questa è però una bufala. Sentiamo cosa dice in proposito il sito anti-bufale Butac:

> La cosa più importante è che le sanzioni si applicano solo nei confronti di chi pesca questi organismi utilizzando sistemi NON approvati. Se segui la legge e ti adegui a come andrebbero pescate queste vongole, nessuno verrà a multarti. Non è colpa tua se la rete usata con le maglie a norma di legge ha pescato organismi più piccoli.[28]

L'arbitro è venduto e favorisce la Germania

Quando si perde, si tende a dare la colpa all'arbitro. Non è un difetto solo italiano, ve lo assicuro, ho vissuto all'estero per tanti anni. Detto questo, attaccare le istituzioni europee, che dovrebbero fare da arbitro e giudice nell'applicazione delle norme europee, è uno degli sport preferiti da chi nei media (social e non) vuole attaccare l'Unione Europea e l'euro. Scusate quindi se questa sezione è un po' lunga.

Le bufale sono qui raccolte in base a "chi ci guadagna". Già, perché se noi siamo trattati peggio, altri devono essere trattati meglio. E i favoriti dell'Unione Europea sarebbero sempre i soliti: Germania e Francia, o l'una o l'altra, talvolta in combinazione. Vediamo qualche esempio, cominciando dalla Germania.

I presunti favoritismi verso la Germania abbondano. La prima bufala riguarda, ancora, la questione del tasso di cambio di entrata nell'euro. Il 31 maggio 2018 il blog di David Puente, noto sterminatore di bufale, segnalava la ripresa sui social di una bufala che circolava da tempo, quella per cui la Germania sarebbe entrata nell'euro a un cambio vantaggioso, che avrebbe fatto diventare ricchi i tedeschi. Vi ricordate quanto detto nelle pagine precedenti, e cioè che l'Italia sarebbe dovuta entrare nell'euro a un cambio di 1 a 1000? Ecco, la Germania sarebbe riuscita a fare proprio quello, entrando con un cambio di 1 marco per euro, anche se, usando i cambi tra le varie valute esistenti prima dell'euro e il cambio di conversione utilizzato per le altre valute, il marco avrebbe dovuto entrare a un cambio di 2 marchi per euro.[29] Insomma, abbiamo visto che prima dell'euro un marco valeva circa 1000 lire. E sappiamo che la lira è stata cambiata al tasso di circa 2000 lire per euro. Per coerenza, il marco avrebbe dovuto essere convertito al cambio di 2 marchi per euro. Invece, venne convertito al cambio di un euro per marco. I tedeschi sarebbero diventati più ricchi, perché avrebbero ottenuto stipendi più elevati in euro. Qui la bufala è doppia. Primo perché, come abbiamo visto discutendo del caso italiano, se i tedeschi fossero entrati a un marco per euro avrebbero distrutto completamente il proprio settore di esportazioni, che invece fu il motore della crescita tedesca nei vent'anni seguenti. Questa è la parte "concettuale" della bufala. Secondo, e questa è la parte "materiale", è semplicemente falso che la Germania sia entrata al cambio di un euro per marco. Come abbiamo già detto, la Germania entrò a un cambio di circa 2 marchi per euro (più precisamente 1,95583 marchi per euro). Insomma, qui non c'è neppure un fondo di verità. Si tratta di un falso bello e buono.

La seconda bufala "tedesca" ha avuto particolare successo e il suo autore è poi diventato piuttosto noto alle cronache, seppure per altri motivi, come vedremo. La bufala riguarda uno dei punti più critici del rigorismo tedesco: il finanziamento della banca centrale ai governi. Saprete forse che il trattato di Maastricht proibisce nel modo più assoluto alla banca centrale di un paese di finanziare direttamente il proprio governo. La banca centrale di ogni paese, e il sistema delle banche centrali, devono essere indipendenti e non stampare soldi a richiesta dei governi. Eppure la Bundesbank, in barba a tutti i trattati, finanzierebbe lo stato tedesco. E nessuno dice niente! Ce lo raccontava tal Andrea De Girolamo in un video postato su YouTube,[30] che è stato poi rimosso, ma che raccolse circa 50.000 visualizzazioni in pochi giorni dalla sua messa in rete. Il video ci raccontava che la Bundesbank comprerebbe a ogni asta di titoli di stato i titoli emessi dal governo tedesco che non vengono comprati dal mercato. In questo modo finanzierebbe il governo tedesco, cosa che all'Italia non sarebbe consentito di fare.[31] Anche qui si tratta di una distorsione della realtà, di una bufala. Effettivamente, capita abbastanza spesso che il ministero delle Finanze tedesco emetta più titoli di quelli che, il giorno delle aste, gli investitori sono disposti a comprare. Un'asta in cui non si riescono a vendere tutti i titoli sarebbe preoccupante per l'Italia (che ha un debito pubblico alto), perché sarebbe presa come un segno di sfiducia da parte dei mercati finanziari. Ma nel caso della Germania, paese a basso debito, nessuno si preoccupa: i titoli di stato tedeschi sono comunque considerati tra i più affidabili al mondo. Cosa succede ai titoli che restano invenduti? La Bundesbank, come agente del ministero delle Finanze tedesco, li piazza poi gradualmente sul mercato finanziario. Ma non li compra. Non accredita il conto di tesoreria del ministro delle Finanze tedesco finché non li ha venduti. Se i titoli restassero invenduti, il ministero non incasserebbe nulla. Nessun trattato europeo è quindi violato e la Bundesbank non stampa soldi per finanziare il governo tedesco. Questa bufala è già di per sé interessante. Ma è anche interessante sapere qualcosa di più sull'autore della bufala. Chi è Andrea De Girolamo? In realtà il suo vero nome è Bogdan Tibusche, "esperto informatico di origini albanesi ma salernitano d'adozione" (come ci racconta un articolo apparso sul "Foglio" del giugno 2018).[32] Tibusche sale all'onore delle cronache nell'ambito del cosiddetto scandalo "Rimborsopoli", in quanto accusato dalla parlamentare 5 Stelle Giulia Sarti di essersi appropriato di parte dello stipendio della parlamentare, accusa dalla quale Tibusche viene peraltro assolto. Insomma, non certo una persona con una preparazione economica specifica. Del resto, ormai i video che parlano di economia su YouTube sono messi in circolazione da chiunque, anzi i video preparati da non esperti (chi si fida dei "professoroni"?) sono quelli più visualizzati. I miei video vengono visti da poche decine di persone, parenti inclusi, ahimè.

La bufala di Tibusche parte da un travisamento di quello che fa la Bundesbank, senza nessun fondo di verità. Le prossime due bufale sulla Germania, pur avendo una loro veridicità, restano tali perché distorcono pesantemente la realtà, soprattutto rispetto all'imparzialità dell'arbitro.

La prima bufala riguarda la tesi per cui la Germania, mantenendo un ampio avanzo nei propri conti sull'estero (le esportazioni tedesche eccedono di gran lunga le importazioni), violi i trattati europei. Ha contribuito a questa bufala, peraltro molto in voga tra i sovranisti, lo stesso Matteo Renzi che, da presidente del Consiglio, affermò, in un'intervista al "Corriere della Sera" del 18 settembre 2016: "La Germania viola la regola del surplus commerciale: dovrebbe essere al 6 per cento e invece sfiora il 9 per cento".[33] Cosa c'è di vero? Effettivamente negli ultimi anni la Germania (insieme all'Olanda) ha mantenuto un surplus nei propri conti con l'estero intorno all'8 per cento del Pil (ora si trova un po' al di sotto). È anche vero che sarebbe meglio per il resto dell'eurozona se la Germania avesse un surplus più basso: importerebbe più beni e servizi dagli altri paesi e lascerebbe più spazio per le esportazioni degli altri paesi. I tedeschi dicono che non li si può biasimare se sono bravi e competitivi. Ma sta di fatto che un avanzo di questo genere costituisce un elemento di squilibrio all'interno dell'euroarea. Da questo però non segue che la Germania stia violando alcun trattato europeo.[34]

Il fatto che un paese non debba esagerare con le proprie virtù di esportatore è riconosciuto dalle istituzioni europee. Nel 2011, la Commissione europea introdusse una procedura di monitoraggio degli squilibri macroeconomici (la Macroeconomic Imbalance Procedure, o MIP) che andava al di là del controllo sui conti pubblici (il solo inizialmente considerato dal trattato di Maastricht), perché si era capito che squilibri e tensioni nell'euroarea potevano anche avere altre fonti. Questa procedura prevede che i paesi non debbano avere squilibri macroeconomici eccessivi, compreso nei conti con l'estero. La Commissione, per monitorare questi ultimi, usa però una forchetta puramente indicativa: il saldo delle partite correnti della bilancia dei pagamenti (esportazioni meno importazioni di beni e di servizi) deve essere compreso tra il -4 e il +6 per cento del Pil. Vuol dire forse che la Germania, essendo fuori da questa forchetta, viola i trattati europei e che, ciononostante, non viene penalizzata? No. Chiariamo prima di tutto che per nessun paese, inclusa l'Italia, è mai stata iniziata una procedura di infrazione (che può portare a penalizzazioni) per essere stato trovato non in linea con i criteri della MIP. Al contrario, procedure di infrazione sono iniziate in passato per violazione dei criteri sui conti pubblici per quasi tutti i paesi (compresa la stessa Germania). Cosa c'è di diverso allora tra la procedura che riguarda i conti pubblici e la procedura per squilibri macroeconomici? C'è una differenza fondamentale. I criteri per le regole sui conti pubblici sono definite in modo preciso dai trattati europei, mentre per la valutazione degli squilibri macroeconomici i trattati non prevedono regole specifiche e si basano molto più su valutazioni discrezionali. La sopraindicata forchetta per i conti con l'estero (-4, +6 per cento del Pil) è una forchetta che, come ho già sottolineato, è puramente indicativa, e non è stata definita dai trattati europei ma dalla stessa Commissione. In conseguenza del forte avanzo nei conti con l'estero, la Germania è stata inserita nella lista dei paesi con squilibri macroeconomici, ma, di fatto, non viola nessun trattato europeo. Questo potrà piacere o meno. Si potrà pure sostenere che la procedura per squilibri macroeconomici dovrebbe essere rafforzata, ma le regole attuali non implicano che la Germania abbia impunemente violato i trattati europei.

La seconda bufala sulla Germania che ha un fondo di

verità, ma che resta comunque tale, riguarda invece lo stato delle sue banche. C'è chi sostiene che le banche tedesche sono in condizioni pessime, che sono piene di derivati e nessuno dice niente.[35] Le banche tedesche non si trovano effettivamente in buonissima forma. Ma chi lo sostiene sono gli stessi organi di monitoraggio bancario europeo, quelli che, secondo i critici, non fanno il proprio dovere e chiudono un occhio sulle banche tedesche. La vigilanza europea conduce periodicamente, per le banche italiane come per quelle degli altri paesi, degli "stress test" per valutare la capacità delle banche a sostenere shock imprevisti (una caduta del Pil, un aumento dei tassi di interesse, eccetera). Gli stress test pubblicati dalla European Banking Agency nel 2018 indicavano che non erano le banche italiane a essere più sottoposte a rischi: nelle ultime cinque posizioni comparivano due banche tedesche, due banche francesi e una banca inglese.[36] Chiaramente gli stress test non sono stati disegnati in modo da evitare risultati imbarazzanti per le banche tedesche (o francesi). L'arbitro, almeno in questo caso, non è venduto.[37] Corre voce, fra l'altro, che ora siano proprio le banche tedesche a lamentarsi del fatto che la metodologia seguita per i test le abbia svantaggiate eccessivamente (e abbia invece favorito le banche italiane), una prova del fatto che non solo noi ci lamentiamo degli arbitri!

Val la pena di notare un ultimo punto. Penso anch'io che negli ultimi anni il giudizio sul sistema bancario italiano da parte di vari osservatori internazionali sia stato troppo severo, soprattutto riguardo all'accumulo di sofferenze bancarie (prestiti che probabilmente non saranno ripagati). Le banche italiane sono state costrette dalla pressione dei supervisori europei a ridurre molto rapidamente tale accumulo attraverso la vendita dei prestiti deteriorati a prezzi che sono risultati probabilmente più bassi di quelli che sarebbe stato possibile realizzare attraverso uno smaltimento più graduale. Forse è anche vero che gli operatori finanziari fino al periodo più recente hanno sottostimato i problemi delle banche tedesche, mentre gli stessi operatori sembrano essere molto più preoccupati dell'andamento dell'economia italiana, soprattutto del suo debito pubblico. Ma non ha senso fare discorsi del tipo: "mal comune mezzo gaudio". Non è per il fatto che le banche tedesche hanno qualche problema che i nostri problemi diventano meno seri!

L'arbitro è venduto e favorisce la Francia (e pure, di nuovo, la Germania)

Passiamo alla Francia. Nei circa quindici mesi del governo gialloverde la relazione fra l'Italia e la Francia di Macron non è stata, come dire, particolarmente buona. Non ci si deve quindi stupire se le bufale francesi sono state abbastanza numerose negli ultimi tempi. Ne parleremo anche in altri capitoli. Farò qui solo un paio di esempi.

Sul primo sarò breve. La Francia violerebbe le regole europee sui conti pubblici senza essere penalizzata. Questo tema è stato ripreso di recente, dopo che il presidente Macron ha deciso di aumentare la spesa pubblica nel 2019 per rispondere alla pressione dei gilet gialli.[38] Ma l'accusa non è nuova. Per effetto della crisi iniziata nel 2008, il deficit francese salì ben al di sopra della soglia del 3 per cento del Pil prevista dalle regole europee e rimase sopra quel livello fino al 2017. È probabile che torni sopra il 3 per cento nei dati consuntivi del 2019. Eppure, la Francia non è mai stata penalizzata. Come mai? In realtà, per effetto dello sforamento del tetto del 3 per cento, la Francia è stata sotto procedura di deficit eccessivo fino al 2018, quella procedura che potenzialmente potrebbe portare a una penalizzazione anche finanziaria. Lo stesso è avvenuto anche per tutti gli altri paesi che hanno violato la regola del 3 per cento, compresa l'Italia quando lo sforò nel periodo 2009-2011. Quindi, da questo punto di vista, la Francia non ha avuto un trattamento di favore. È entrata nell'elenco dei sorvegliati speciali. Però, si dirà, non è mai stata penalizzata finanziariamente, non ha mai dovuto pagare multe. Verissimo, ma dovete sapere che nessun paese europeo è mai stato penalizzato per aver violato le regole, neppure l'Italia. Questo potrà piacere o non piacere. Si potrà dire che le regole sono state applicate in modo troppo blando oppure dire che, nella maggior parte dei casi, in un contesto in cui lo sforamento delle regole era dovuto alla crisi del 2008-2009 e a quella del 2011-2012, non aveva senso penalizzare finanziariamente i paesi. Fatto sta che nessun paese è mai stato penalizzato. La Francia non ha quindi avuto un trattamento speciale neanche da questo punto di vista.

Il secondo esempio, in realtà, riguarda sia la Francia sia la Germania, e ha a che fare con qualcosa di molto controverso: la crisi greca. Qui ci sarebbe tanto da dire. Ne ho parlato in modo un po' più dettagliato di quanto sia possibile fare in questa sede nel capitolo 8 del mio libro *Il macigno*. Qui mi limito all'essenziale. La storia che troviamo raccontata da più parti e che è ormai accettata come verità assoluta anche da osservatori rispettabilissimi è la seguente. Nel 2009 la Grecia va in crisi, deve richiedere il sostegno finanziario del Fondo monetario internazionale, della Commissione europea e della Banca centrale europea (la Troika). Nel maggio 2010 inizia il programma di finanziamento alla Grecia. I fondi vengono erogati in cambio di austerità e di riforme neoliberiste. Dove vanno a finire i soldi? Servono a ripagare le banche francesi e tedesche che avevano prestato decine di miliardi alla Grecia.[39]

Vediamo cosa è effettivamente successo. Tra il maggio del 2010 e la fine del 2011 vengono erogati alla Grecia dal Fmi e da stati e istituzioni europee 77 miliardi di euro. La consistenza del credito dall'estero alla Grecia resta però più o meno invariata, intorno ai 414 miliardi.[40] Cambia però la composizione del credito: il credito netto erogato dal settore pubblico estero è, nei due anni, di 26 miliardi, pari al 13 per cento del Pil greco, mentre cala il credito netto fornito dal settore privato estero. Questa sostituzione suggerisce che, effettivamente, il maggiore credito del settore pubblico internazionale sia stato utilizzato per ripagare il settore privato internazionale. È un fatto anomalo? Occorre prima di tutto capire che la sostituzione di credito privato con credito pubblico internazionale è nella natura dei programmi di sostegno internazionale, in particolare quelli erogati dal Fmi, a un paese che non riesce più a finanziarsi dal settore privato. Il paese è indebitato, i debiti arrivano a scadenza, ma nessun privato (banche o altri) è disposto a erogare nuovo credito per sostituire il debito in scadenza. Interviene il Fmi (in questo caso insieme agli europei) e fornisce le risorse necessarie. Se questo è sufficiente per ristabilire la fiducia dei mercati internazionali, il credito privato riprende subito a fluire. Se ciò non accade, i soldi del Fmi servono, in tutto o in parte, a finanziare il rimborso del debito in scadenza. Se il Fmi non intervenisse, per ripagare il credito privato il paese dovrebbe stringere la cinghia ancor più di quanto comporti il programma del Fmi, poiché dovrebbe rimborsare il debito estero con risorse interne. Qui però si può sollevare una grossa obiezione. Il paese in crisi può decidere di non pagare i propri creditori esteri. La Grecia avrebbe potuto dire ai creditori esteri (comprese le banche tedesche e francesi): non vi pago. Cosa sarebbe successo? Perché nel maggio del 2010 fu deciso di continuare a pagare il credito estero che veniva in scadenza? Consideriamo gli interessi dei tre attori principali: il governo greco, le banche estere e la comunità pubblica internazionale. Il governo greco: quando non si paga il proprio debito si perde in reputazione, ossia diventa più difficile in futuro prendere a prestito. La Grecia avrebbe subìto questo danno. La perdita di reputazione non era però indifferente per il governo greco che, all'epoca, non aveva intenzione di ripudiare il proprio debito: lo considerava dannoso per il paese. Le banche e gli altri investitori esteri: qui la cosa è semplice. Volevano essere ripagati ed erano contro il ripudio del debito greco. Certo, non partecipavano al processo decisionale ma potevano fare pressione sui propri governi per evitare che la Grecia dichiarasse bancarotta. Veniamo allora alla comunità internazionale. La storia che Germania e Francia non vollero nel maggio 2010 il ripudio del debito greco per evitare una perdita alle loro banche potrebbe essere sensata, ma si scontra con quello che avvenne a Deauville, il piccolo paese della Francia dove, nell'ottobre 2010, solo cinque mesi dopo l'inizio del programma, Angela Merkel e Nicolas Sarkozy si incontrarono. Ed ebbero la bella pensata di dichiarare che da lì in poi i programmi di sostegno ai paesi in crisi avrebbero potuto comportare la ristrutturazione del debito pubblico: in altri termini, la ristrutturazione del debito (ossia, non pagare interamente i creditori) non era più un tabù. Certo, lo dissero rispetto ai programmi futuri, e non rispetto al programma già iniziato per la Grecia, ma il segnale era chiaro: quello che nessun paese avanzato aveva mai fatto dalla fine della Seconda guerra mondiale sarebbe diventato, se non routine, una cosa del tutto possibile in Europa. Qualcuno ora ribatterà che lo dissero con cinque mesi di ritardo e che, nel frattempo, le banche francesi e tedesche si erano già messe al riparo. Be', se si erano messe al riparo lo avevano fatto però a un costo elevato. I beneficiari delle risorse fornite dalla comunità internazionale erano i detentori di titoli greci che giungevano a scadenza, non necessariamente le banche tedesche e francesi. Ma le banche francesi e tedesche che vendettero in quei cinque mesi titoli greci lo fecero a un costo molto elevato: sul mercato secondario quei titoli vennero ceduti anche a 36 centesimi per un euro di valore facciale.[41] Per lo meno sarebbe stato prudente attendere più a lungo prima di dichiarare che le ristrutturazioni del debito sarebbero diventate possibili nell'area dell'euro, se la preoccupazione principale di Merkel e Sarkozy fossero state le proprie banche. Ma la loro preoccupazione era a quel punto politica: evitare proprio le critiche al fatto che, con la mancata ristrutturazione del debito greco, si volesse proteggere i creditori. Da lì in poi, infatti, la necessità di coinvolgere il settore privato nelle perdite dei paesi in crisi divenne un mantra, soprattutto del governo tedesco.

Detto questo, la vera domanda è perché la comunità internazionale, almeno inizialmente, concluse che era meglio evitare una ristrutturazione del debito greco (cosa che, come si è detto, anche il governo greco voleva evitare). Il principale motivo non fu la volontà di salvare le banche (francesi e tedesche), quanto la necessità di evitare che la ristrutturazione causasse un contagio ad altri paesi ad alto debito. E quella fu, in effetti, anche la motivazione con cui il Board del Fondo monetario internazionale accettò di approvare il programma greco nel maggio del 2010. Lo fece per la presenza di un elevato rischio di contagio sistemico internazionale.[42] Non dovrebbe stupire, quindi, che tra i governi che più si opponevano, prima e dopo il maggio 2010, al ripudio del debito greco ci fosse il governo italiano, preoccupato delle conseguenze che tale ripudio avrebbe avuto per il mercato dei titoli di stato italiani. La paura era quella di un contagio che dalla Grecia si sarebbe diffuso in Italia. E in effetti, quando, dopo l'improvvida dichiarazione di Deauville, le pressioni dei mercati finanziari sulla Grecia si intensificarono, e la ristrutturazione del debito greco apparve sempre più probabile, l'Italia venne colta, nella seconda parte del 2011, da una tremenda crisi di fiducia sulla sostenibilità del nostro debito pubblico e sulla permanenza dell'Italia nell'euro, una crisi che portò lo spread sui titoli di stato italiani oltre i 550 punti base nel novembre di quell'anno. Nello stesso mese, in Grecia la nuova coalizione di governo chiese alla Troika un nuovo programma di finanziamento che, questa volta, comportava la ristrutturazione del debito con una perdita del 50 per cento sul valore facciale dei titoli greci. Fra l'altro, le banche tedesche e, soprattutto, francesi erano ancora tra i principali detentori di questi titoli che sarebbero stati ristrutturati: non si può certo dire che non persero soldi.[43] In conclusione, il vero motivo per cui il debito greco non fu ristrutturato fin dall'inizio era la paura di causare una crisi sistemica nell'area dell'euro, non la necessità di proteggere le banche francesi e tedesche.

Cosa c'è di vero

In questa, come nelle altre sezioni che concludono i primi sei capitoli di questo libro, cerchiamo di capire cosa c'è di vero alla base delle bufale che circolano, in questo caso delle euro-bufale. Il che non le giustifica, anzi. Spesso le bufale sono messe in circolazione proprio per evitare che i problemi effettivi possano essere individuati e risolti o per lo meno attenuati.

Non c'è dubbio che l'attuale architettura economica dell'Unione Europea, e soprattutto dell'eurozona, richiede importanti cambiamenti. Come richiede cambiamenti l'applicazione delle regole europee. Non intendo entrare nel dettaglio delle specifiche critiche. Certo, si potrebbe parlare del fatto, spesso ripreso polemicamente sui social (e questa non è una bufala), che Francia e Germania furono le prime a violare il tetto del 3 per cento del Pil nel 2003 e non venne iniziata per loro una procedura di deficit eccessivo, nonostante la proposta da parte della Commissione europea, allora guidata da Romano Prodi. Ci pensò a salvarli la decisione presa dal Consiglio europeo, l'organo politico che è il solo, allora come adesso, che può iniziare una procedura di infrazione. Francia e Germania vennero graziate dal Consiglio con la promessa che lo sforamento, verificatosi nel contesto di una recessione economica, sarebbe stato riassorbito entro il 2005, cosa che in effetti avvenne.[44] Si potrebbe parlare di altre cose. Gli episodi in cui ci siamo sentiti trattati male sono diversi. Questo vale, però, non solo per noi: anche gli altri si lamentano spesso. Ma, a ben vedere, i problemi economici che sussistono nel funzionamento dell'Unione Europea possono essere ricondotti essenzialmente a due difficoltà.

La prima riguarda il superamento degli squilibri economici che alcuni paesi, tra cui l'Italia, si portano dietro dai primi anni dopo l'introduzione dell'euro. Quali sono questi squilibri?

Condividere la moneta con altri paesi, a partire dalla Germania, richiede di evitare che i propri prezzi e costi di produzione crescano più che negli altri paesi dell'area: ossia l'inflazione non può essere, anno dopo anno, più alta che negli altri paesi dell'area. Se questo avviene si perde competitività, si esporta meno, si investe meno e alla fine si cresce meno.[45] Inoltre, se si perde competitività, c'è pericolo di essere visti come paese a rischio di uscita dall'euro, proprio perché, uscendo dall'euro e svalutando, seppure dopo un percorso penoso e di incerte prospettive, si potrebbe recuperare competitività. E un paese considerato a rischio di uscita viene attaccato dai mercati finanziari e finisce per andare in crisi. Purtroppo, tutto ciò è quanto effettivamente successe a noi e a qualche altro paese del Sud Europa dopo l'entrata nell'euro: la nostra inflazione di prezzi e di costi è rimasta troppo elevata (i prezzi non sono raddoppiati, come dice la bufala già discussa, ma sono comunque cresciuti troppo). Questo ci ha fatto perdere competitività, ha rallentato le nostre esportazioni e abbiamo cominciato a crescere meno del resto dell'euroarea. La perdita di competitività ha anche contribuito, insieme al nostro elevato debito pubblico, a esporci al rischio di una crisi di sfiducia, rischio che si è materializzato nel 2011-2012, con un'ulteriore forte perdita di reddito.

Da allora, però, abbiamo recuperato competitività, anche rispetto alla Germania, visto che in quel paese negli ultimi anni l'inflazione è stata superiore alla nostra. Altri paesi (Spagna, Portogallo) hanno già riagganciato la Germania in termini di competitività. Noi siamo ancora un po' indietro. All'interno dell'euroarea, dunque, esistono ancora squilibri. Abbiamo visto l'elevato avanzo sull'estero della Germania che, se non viola nessun trattato europeo, è comunque problematico. L'Italia ha attualmente un avanzo nei suoi conti con l'estero, ma ciò in buona parte riflette il nostro basso livello di reddito pro capite (fermo ai livelli di fine anni novanta, come si è detto) e quindi la compressione della nostra domanda interna e delle nostre importazioni.[46] Inoltre, un paese che sta invecchiando come l'Italia dovrebbe avere un avanzo con l'estero consistente per accumulare ricchezza da spendere in futuro. Occorre perciò far meglio. Per riprendere a crescere più rapidamente occorrono riforme per ridurre i costi di produzione delle imprese italiane e facilitare gli investimenti e, quindi, la crescita della produttività. Sono le questioni che ho approfondito nel mio libro sui "sette peccati capitali": un taglio drastico alla burocrazia, la riduzione dei tempi della giustizia civile, la riduzione delle tasse (ma finanziata in modo credibile, non prendendo i soldi a prestito, cioè in deficit).

Se ci riusciremo diventeremo più competitivi; le nostre esportazioni (che, seppur crescenti negli ultimi anni, non hanno mai recuperato le quote di mercato che avevamo perso rispetto alla Germania alla fine degli anni novanta) diventeranno di nuovo il motore della nostra crescita; la domanda interna risponderà positivamente e riprenderemo a crescere più rapidamente recuperando il terreno perduto nel corso dell'ultimo ventennio. Magari riusciremo a portar via quote di mercato alla Germania, aiutandola a ridurre quel suo orrendo avanzo commerciale di cui tanto ci lamentiamo. Mi aspetto che se riusciremo a battere la Germania sul piano delle esportazioni, in quel paese cominceranno a circolare bufale riguardo alla nostra presunta scorrettezza. Neanche a loro piace perdere. Ma una riduzione negli squilibri nei conti con l'estero e nei tassi di crescita dei vari paesi non può che rafforzare la solidità del progetto euro.

La seconda difficoltà da risolvere per il rafforzamento del progetto di unione economica, e infine politica, europea riguarda la necessità di smettere di porre gli interessi immediati di ogni singolo paese al di sopra dell'interesse comune. Far parte di un'unione economica richiede la consapevolezza che, almeno nel lungo periodo, l'esistenza di tale unione vada a vantaggio di tutti e che, quindi, quello che sembra essere conveniente ai singoli paesi nell'immediato potrebbe rivelarsi dannoso per tutti gli altri perché mina la fiducia necessaria in un'unione economica. Questo, occorre sottolinearlo, deve valere per noi come per tutti gli altri membri dell'Unione.

Viviamo in un mondo sempre più globalizzato dove emergono chiaramente due superpotenze economiche e politiche: gli Stati Uniti d'America e la Cina. Nel corso dei prossimi decenni, semplicemente per una questione di numeri, anche l'India entrerà nel gruppo delle superpotenze economiche. Non c'è modo in cui l'Europa possa contare, economicamente e politicamente, in questo mondo globalizzato se si presenta divisa. È per questo semplice fatto che occorre superare gli attuali individualismi, i sovranismi locali.[47] Se proprio sovranismo deve essere, non può essere che sovranismo europeo. Le implicazioni sono chiare anche dal punto di vista economico. Risolvere i problemi attuali dell'Unione Europea richiede accentrare a livello europeo politiche di difesa, di tutela sociale e ambientale, e di gestione economica.

Occorre innanzitutto un bilancio europeo di maggiore dimensione che rifletta l'accentramento a livello europeo di politiche di spesa e di tassazione. Al momento il bilancio dell'Unione Europea è pari all'1 per cento del Pil europeo, sia sul lato della spesa sia sul lato delle entrate perché il bilancio europeo deve essere sempre in pareggio: la Commissione europea non può emettere eurobond per colmare temporanei squilibri fra entrate e uscite. La spesa pubblica accentrata rappresenta solo il 2 per cento della spesa pubblica dei paesi dell'Unione. Negli stati federali, anche quelli più decentrati, la spesa del bilancio federale rappresenta almeno il 50 per cento della spesa pubblica totale. Quindi il bilancio europeo è un venticinquesimo di quello degli stati federali più decentrati. È vero che l'unione politica tipica degli stati federali è ancora lontana, ma la sproporzione è abissale. Accrescere la dimensione del bilancio europeo richiede però accentrare politiche di spesa e di tassazione, ovvero cedere parte della sovranità che ancora teniamo saldamente nei singoli paesi. Facciamo qualche esempio. Se accentrassimo a livello europeo la tassazione sui profitti delle imprese eviteremmo di farci concorrenza tra di noi nell'attirare capitali internazionali. Nel nostro caso, non subiremmo più la concorrenza di Irlanda e Olanda che hanno livelli di tassazione delle imprese enormemente più bassi di quelli degli altri paesi dell'Unione, con vantaggi spropositati. L'Europa diventerebbe un *"level playing field"*, per dirla all'inglese, un campo di gioco livellato dove gli investimenti si localizzano tra un paese e l'altro sulla base di vantaggi economici oggettivi e non della distorsione causata dalle differenze di tassazione. Accentrare le politiche di solidarietà sociale, per esempio con un unico sussidio di disoccupazione, renderebbe più simili i mercati del lavoro europei. In prospettiva, si potrebbe pensare anche a un unico sistema pensionistico europeo. Una difesa e politiche di protezione delle frontiere gestite in comune consentirebbero risparmi di costi. Lo stesso funzionamento macroeconomico dell'area dell'euro si avvantaggerebbe dall'esistenza di un ampio bilancio centrale non fosse altro che per la maggiore facilità con cui si potrebbero gestire politiche anticicliche, cioè di supporto alla domanda aggregata in presenza di un rallentamento economico. In quel contesto, sarebbe possibile anche emettere eurobond. La credibilità dell'Europa consentirebbe di farlo a tassi più bassi di quello che è attualmente possibile per alcuni dei paesi dell'eurozona, compreso il nostro. I vantaggi di una politica anticiclica gestita a livello europeo sarebbero quindi più elevati per paesi come l'Italia che hanno attualmente difficoltà a gestire politiche anticicliche visto il loro elevato livello di debito pubblico.[48]

Come ci si può muovere in questa direzione? Al momento sembra impossibile. Manca l'elemento essenziale. Ossia la presenza nei vari paesi dell'Unione di un vero sentimento europeo. Ci dobbiamo sentire non solo cittadini dei vari paesi che fanno parte dell'Unione, ma cittadini *europei*. Occorre sperare, per il bene dell'Europa, che tale sentimento si sviluppi e si sviluppi presto se non vogliamo diventare una pedina in un mondo dominato da Cina e Stati Uniti.

Un ultimo punto. Ci vorrà del tempo prima che un vero spirito europeo si formi in Italia e negli altri paesi. Nel frattempo, nella definizione di politiche a livello europeo, cerchiamo di essere più efficienti nel difendere gli interessi italiani, nello stesso modo in cui gli altri difendono i propri interessi. Sì, perché talvolta le direttive europee (le "leggi" europee) di cui tanto ci lamentiamo non riflettono abbastanza gli interessi dell'Italia, perché noi in Europa spesso ci siamo mossi male. Quando la Commissione europea comincia a scrivere una direttiva, appena i funzionari prendono in mano la penna, state pur certi che francesi, tedeschi, olandesi, danesi sono pronti a far presente fin dall'inizio quali sono le loro priorità. Funzionari della Commissione europea mi dicono che noi spesso ci muoviamo in ritardo, quando ormai le cose si sono cristallizzate e diventa più difficile cambiarle. Inutile a quel punto prendersela con l'arbitro...

2.
Bufale bancarie

> La banca ha fiducia in te; però ti chiedono i documenti per accettare i tuoi soldi e ti prestano una biro legata a una catenella.
>
> Beppe Grillo

Dieci anni fa l'economia mondiale si dibatteva nel mezzo della peggiore crisi dagli anni trenta, una crisi che ebbe gravi conseguenze per centinaia di milioni di persone, sia direttamente, sia perché è probabile che, senza di essa, non ci sarebbe stata neppure la crisi dell'area dell'euro, di portata meno globale ma non per questo meno seria. La crisi del 2008-2009 partì dal sistema finanziario americano, ma si estese rapidamente al settore finanziario di altri paesi e poi all'economia "reale", con una caduta del Pil nei paesi avanzati del 3,3 per cento nel 2009. La caduta sarebbe stata ancora più rapida e profonda se i governi di quasi tutti i paesi avanzati non avessero versato centinaia di miliardi a sostegno del sistema bancario e molto, molto di più a sostegno della spesa di famiglie e imprese, che si era contratta per l'incertezza causata dalla crisi finanziaria. La crisi ebbe un effetto molto pesante anche per le finanze pubbliche: il debito pubblico aumentò rapidamente passando, nella media dei paesi avanzati, dal 71 per cento del Pil nel 2007 al 106 per cento del Pil nel 2012, un aumento di quasi 20 trilioni di dollari.

Non dobbiamo quindi meravigliarci se, di fronte a questi sviluppi, l'opinione pubblica mondiale, che certo anche prima non aveva una grande opinione del sistema finanziario, divenne ancora più negativa rispetto a questa parte del sistema economico. Né è una sorpresa se, in questo contesto, le bufale sulle banche hanno trovato un fertile pascolo. A dire il vero, come vi dirò nell'ultima sezione di questo capitolo, non c'era neppure bisogno di inventarsi bufale, visto che, se si vuole criticare la finanza, soprattutto quella internazionale, lo si può fare in base a motivazioni più solide. Ma i produttori di bufale hanno grande fantasia. Inoltre, era necessario colpire non solo la finanza, le banche, ma anche chi era in combutta con loro, i governi, i quali imponevano l'austerità ma poi spendevano e spandevano quando c'era bisogno di aiutare i loro amici più cari: i banchieri.

Questo capitolo parla innanzitutto delle bufale sulle banche stesse, soprattutto quelle che circolano nel nostro paese. Ce ne sarebbero tante ma mi limiterò a una in particolare, quella per cui le banche, pur essendo piene di soldi, non fanno il loro dovere, cioè non prestano alle imprese per sostenere la crescita. Passerò poi a discutere, in modo più dettagliato, quella che, per lo meno in Italia, è la principale bufala che è circolata riguardo al rapporto fra le banche e i governi della precedente legislatura, ossia che questi governi hanno sperperato 60 miliardi di soldi pubblici per fare un piacere ai loro amici banchieri. Questo mi darà anche l'opportunità di parlare del *bail-in* richiesto dalle regole europee, un tema molto dibattuto negli ultimi anni. La sezione finale su "cosa c'è di vero" sarà un po' più lunga delle altre, perché, quando si parla di finanza, in effetti le cose da correggere non sono poche.

Le banche prestano soldi solo a chi non ne ha bisogno, anzi, non prestano

State pure tranquilli: se si parla di banche in un gruppo di amici, prima o poi qualcuno ci ricorderà che le banche, alla fine, prestano solo a chi i soldi ce li ha già. E c'è senz'altro del vero in questo. Una banca, per prestare, solitamente vuole in cambio in garanzia beni reali o finanziari, in modo tale che se le cose vanno male e chi ha preso i soldi in prestito non è in grado di restituirli, la banca potrà recuperare almeno parte di quanto le è dovuto prendendo possesso dei beni dati in garanzia. Si potrebbe notare che la prudenza usata dalle banche nel prestare va a beneficio non solo del proprio capitale investito, cioè degli azionisti delle banche (spesso piccoli risparmiatori), ma anche di chi presta soldi alle banche, depositanti e obbligazionisti. Insomma, se fossero i vostri soldi a essere in gioco, non sareste prudenti anche voi nel prestarli? E, se aveste depositi, obbligazioni o azioni bancarie, non vorreste che, nel decidere a chi prestare, gli amministratori della banca fossero piuttosto prudenti evitando di prestare a chi non è in grado di restituire i vostri soldi?

La critica per cui le banche non prestano abbastanza è però diventata di recente particolarmente feroce in Italia, e per un motivo specifico. La Banca centrale europea (Bce) negli ultimi anni, come hanno fatto le banche centrali dei diversi paesi avanzati, ha inondato i mercati finanziari di liquidità. Ha cioè stampato una marea di soldi (anche se non cartacei ma elettronici) attraverso l'acquisto di titoli di stato (le cosiddette operazioni di "*quantitative easing*"). Ha fatto questo per cercare di ravvivare l'inflazione, troppo bassa in Europa, inferiore all'obiettivo del 2 per cento l'anno della stessa Bce. Questi soldi sono finiti nelle casse delle banche che sono quindi estremamente liquide, cioè hanno grandi disponibilità di euro detenuti come depositi presso la stessa Bce. Tuttavia, le banche non prestano o prestano poco a famiglie e imprese: preferiscono tenere i soldi depositati presso la Bce, che paga su questi depositi un tasso di interesse negativo, piuttosto che prestarli. Un tasso negativo vuol dire, per esempio, che la banca deposita 100 e a fine anno si trova 99. Eppure la banca lo preferisce al prestare quei soldi alla propria clientela che vorrebbe prenderli pagando un tasso di interesse positivo.

Evidentemente, o le banche sono incompetenti o sono parte di una qualche macchinazione internazionale per destabilizzare il sistema economico, vedete voi. Vale la pena di riportare, in proposito, le dichiarazioni rilasciate nel 2015 da Massimiliano Dona, segretario dell'Unione nazionale consumatori: "È incredibile che le banche continuino a tenersi i soldi, invece di farli circolare, specie se si considera che dal 9 marzo la Bce sta immettendo liquidità nel sistema grazie al quantitative easing".[1]

Negli ultimi anni la Bce ha effettivamente pompato nell'area dell'euro moltissima liquidità che è fluita a tutte le banche del sistema bancario europeo. Le riserve di liquidità (soldi in cassa e depositi disponibili presso la Bce) delle banche europee sono cresciute da 79 miliardi a fine 2014 a 1187 miliardi a fine 2017, di cui una parte è fluita nelle banche italiane. I prestiti delle banche italiane (a famiglie, imprese ed enti della pubblica amministrazione) si sono ridotti nello stesso periodo da 1919 miliardi a 1836 miliardi.[2] Perché le banche non prestano, nonostante siano piene di soldi?

Chiariamo una cosa: ipotizzando che i prestiti siano ripagati, alle banche converrebbe prestare visto che i tassi di interesse sui prestiti sono più elevati di quelli (negativi) che percepiscono tenendo depositi presso la Bce. Sarebbe stupido quindi non prestare, a parità di altre condizioni. Perché le banche non lo fanno o lo fanno poco? Una prima possibile spiegazione è che le banche vorrebbero prestare, ma imprese e famiglie sono già abbastanza indebitate e non vogliono farlo. Sarà, ma allora non ci si deve lamentare dell'operato delle banche. Un'altra possibile spiegazione è che le banche non vogliono prestare perché percepiscono che il rischio dei prestiti è aumentato. Questo è possibile, ma tra il 2014 e il 2017 le condizioni dell'economia italiana sono migliorate, per cui ci si poteva forse aspettare una ripresa nei prestiti. Una terza possibilità è che le banche non possano prestare: la liquidità c'è, ma manca qualcos'altro. Quel qualcos'altro è il capitale delle banche, il proprio patrimonio. Cerchiamo di capire.

Sulla base delle norme fissate a livello europeo (e simili norme esistono per la maggior parte dei paesi del mondo in conseguenza dell'applicazione dei cosiddetti standard di Basilea), per poter prestare 100 euro ai propri clienti le banche non possono usare solo risorse prese a prestito (come i depositi), ma devono anche metterci, in parte, soldi propri, il proprio capitale, quello che (semplificando un po') ci mettono gli azionisti. L'idea è che se la banca usa soldi propri e le cose vanno male, la collettività non ci rimette nulla: chi ci perde sono i proprietari della banca (gli azionisti o i "banchieri"; svilupperemo meglio questo tema nelle prossime pagine). In seguito alla crisi del 2008-2009, con l'obiettivo di rendere più solido il sistema finanziario, la regolamentazione bancaria è stata resa più stringente richiedendo alle banche di detenere più capitale proprio di quanto facevano prima per ogni 100 euro che prestavano. Attualmente, per ogni 100 euro prestati, le banche italiane devono avere 11-12 euro di capitale proprio. Quindi una banca, anche se ha risorse liquide, non può prestare se non ha un sufficiente capitale proprio. Questo è un vincolo non irrilevante.

Naturalmente le banche, se vogliono prestare di più, possono decidere di aumentare il proprio capitale, emettendo azioni sui mercati finanziari, ma aumentare il capitale non è facile anche perché comporta cambiamenti negli assetti proprietari. Inoltre, in un periodo in cui i profitti delle banche non sono particolarmente elevati (a causa degli interessi molto bassi), diventa anche più difficile attirare risorse sotto forma di azioni. C'è infine un altro problema molto serio: negli ultimi anni la regolamentazione bancaria è cambiata di continuo e sta continuando a cambiare. La quantità di capitale che le banche devono mantenere a fronte di prestiti dipende da tante cose: il rapporto formale minimo tra capitale proprio e prestiti (o, più precisamente, tra capitale proprio e "attività a rischio"), il margine che le banche devono mantenere al di sopra di questo rapporto (che, in parte, dipende dal giudizio discrezionale dei supervisori bancari), le regole per valutare la rischiosità dei prestiti e delle altre attività a rischio (che influenzano il calcolo dell'importo dei prestiti utilizzato nel calcolare il rispetto del rapporto minimo), le regole sugli accantonamenti che le banche devono fare a fronte di prestiti di dubbia riscossione, e così via. E queste regole e valutazioni possono cambiare nel tempo. Insomma, tutto ciò crea incertezza sulla quantità di capitale proprio che le banche dovranno detenere in futuro in corrispondenza anche di prestiti già erogati. Di fronte a questa incertezza, le banche si mantengono molto prudenti nel prestare perché c'è il rischio che si trovino poi scoperte in termini di adeguatezza del proprio capitale.

In conclusione, nessun mistero sul perché le banche, pur avendo liquidità, non prestano. Non sono incompetenti né fanno parte di una congiura internazionale per rovinare l'economia italiana. La stretta nella regolamentazione bancaria introdotta dal 2008 (pur necessaria per ridurre i rischi di crisi future) frena l'erogazione del credito, attenuando o forse addirittura eliminando l'effetto di politiche monetarie molto espansive: la Bce stampa tanti soldi, ma questi ristagnano nel sistema bancario per effetto della regolamentazione sui requisiti di capitale proprio delle banche.

E poi ci tocca salvarle

Una delle controversie principali sviluppatasi negli ultimi anni in tema di banche italiane riguarda i miliardi che sarebbero stati dati alle banche italiane da parte dei governi della legislatura precedente. Qui le citazioni abbondano:

> In questa legislatura hanno preso 60 miliardi dalle nostre tasche e li hanno dati alle banche. Quindi non è vero che non si può fare niente: dipende dagli obiettivi che ti dai e da dove dirotti le risorse pubbliche. (Marco Travaglio)[3]

> Soltanto negli ultimi quattro anni sono stati approvati decine di decreti a favore delle banche private e nessuno a favore dei cittadini che soffrono [...] i quattrini per le banche private li trovano in diciotto minuti, il tempo di un prelievo al bancomat, solo che il bancomat sono i denari pubblici, le tasse di tutti i cittadini italiani. (Alessandro Di Battista)[4]

> Poi è arrivato lei, Presidente Gentiloni. Il suo primo atto politico? Un decreto per trasferire 20 miliardi di euro alle banche italiane. Dopo quattro anni passati a dirci che non c'erano soldi per il reddito di cittadinanza, per le forze dell'ordine, per le imprese italiane, per il fondo per le disabilità, ha cacciato fuori dal cilindro 20 miliardi. Complimenti! (Discorso parlamentare di Luigi Di Maio)[5]

Cosa c'è di vero? Occorre prima di tutto chiarire un punto. Con la crisi che l'Italia ha attraversato nel periodo 2008-2013 era inevitabile che qualche banca si trovasse in difficoltà. *Ex post*, si potrà anche dire che la vigilanza sulle banche esercitata dalla Banca d'Italia non sia stata perfetta. Ma il numero di banche andate in crisi è molto limitato (poco più di una decina su un totale di diverse centinaia di banche), come pure è stato limitato il costo degli interventi a sostegno del settore bancario. Altri paesi hanno dovuto fare molto di più perché le perdite delle banche sono state molto più estese. La crisi globale del 2008-2009 ha comportato interventi a sostegno del sistema bancario a carico dello stato pari al 30 per cento del Pil in Irlanda, al 14 per cento in Olanda, all'11 per cento in Germania, al 7 per cento nel Regno Unito e al 5 per cento negli Stati Uniti, per un totale di oltre 1500 miliardi di dollari, anche se poi parte di questi esborsi sono stati recuperati.[6] Quanto è costato finora allo stato italiano l'intervento per salvare le banche? Circa l'1 per cento del Pil, intorno a 20 miliardi, molto meno di quanto sostenuto da tanti altri paesi.[7] Prima di proseguire non posso però non notare che confrontare il costo del sostegno alle banche con il costo di interventi come il reddito di cittadinanza è comunque sbagliato: il primo è un costo una tantum, il secondo è un costo ricorrente, un costo annuale (di questa confusione tra costi una tantum e costi ricorrenti parlo anche nel capitolo 7 su come si producono e circolano le bufale). Quindi quei 20 miliardi per sostenere le banche avrebbero al massimo finanziato il costo del reddito di cittadinanza per pochi anni (per tre anni assumendo un costo di quest'ultimo di 7 miliardi l'anno, in linea con la legge di bilancio per il 2019, anche se ora sembra costi un po' meno).

Ma sono davvero solo 20 miliardi e non 60 come dice Travaglio? Ed era necessario spenderli? E, soprattutto, a chi sono andati? Per rispondere, cominciamo con una mappatura delle crisi bancarie in Italia negli ultimi anni. Possiamo suddividere gli interventi operati dai governi della legislatura precedente in cinque gruppi in termini di tempistica e di modalità di risoluzione della crisi. Il primo comprende le due banche che furono tra le prime a essere colpite dalla crisi nel 2012-2013: la Popolare di Spoleto e la Banca Tercas. Il secondo riguarda le casse di risparmio romagnole (Cassa di Risparmio di Rimini, Cassa di Risparmio di Cesena, cui aggiungiamo, per omogeneità nella risoluzione della crisi, la Cassa di Risparmio di San Miniato). Il terzo riguarda le quattro "banche del Centro Italia" (Banca Etruria, Banca Marche, Cassa di Risparmio di Chieti e Cassa di Risparmio di Ferrara, che non fa propriamente parte del Centro Italia, ma che viene associata alle altre tre anche in questo caso in termini di risoluzione della crisi). Il quarto riguarda le due banche venete (Popolare di Vicenza e Veneto Banca). Infine, c'è il Monte dei Paschi di Siena. Di tutti questi interventi per sostenere le banche, solo gli ultimi due (banche venete e Monte dei Paschi) hanno richiesto l'uso di denaro pubblico.

La ricapitalizzazione del Monte dei Paschi fu decisa a fine 2016, dopo anni di cattiva gestione della banca nel contesto di crisi dell'economia italiana. Lo stato ha speso 5,4 miliardi, di cui 1,5 miliardi sono andati ai risparmiatori al dettaglio che detenevano obbligazioni subordinate per compensarli in parte della perdita subita e altri 3,9 miliardi per portare il capitale della banca al livello richiesto dalla normativa bancaria. Lo stato, in conseguenza di questo investimento, è diventato proprietario della maggioranza del Monte dei Paschi, perciò non si tratta di soldi regalati a qualcuno: si tratta dell'acquisizione di un'attività finanziaria che, in teoria, dovrebbe essere ceduta al settore privato entro il 2022, recuperando dunque l'investimento iniziale. Ora, il contratto di governo gialloverde indicava che il Monte dei Paschi sarebbe rimasto in mano pubblica dopo aver provveduto "alla ridefinizione della mission e degli obiettivi dell'istituto di credito in un'ottica di servizio", e quindi senza un recupero della liquidità investita. Vedremo come la questione sarà affrontata dal nuovo governo giallorosso. Ma, se anche il Monte restasse in mano pubblica, non si sarebbe trattato di un intervento a fondo perduto: lo stato resterebbe proprietario della banca e come tale ne percepirebbe i dividendi.

Passiamo alle due banche venete, la Banca Popolare di Vicenza e Veneto Banca. Questi istituti sono stati acquisiti a giugno del 2017 da Intesa Sanpaolo, ma lo stato è dovuto intervenire con 4,8 miliardi a fondo perduto per evitare che, a seguito dell'acquisizione, la situazione patrimoniale di Intesa Sanpaolo non peggiorasse. Oltre a questo, lo stato ha fornito garanzie a fronte di debiti delle due banche verso Intesa Sanpaolo (cioè, in buona sostanza, nel caso le due banche non riescano a ripagare Intesa, interviene di nuovo lo stato) e di rischi vari per un importo massimo di circa 12,4 miliardi. Ciò significa che il costo massimo che potrà essere fronteggiato dallo stato è di 16,8 miliardi, anche se è quasi impossibile che si arrivi a questo valore. "Il Sole 24 Ore" ha stimato una perdita attesa di circa 10-11 miliardi.[8]

A queste somme si aggiungono, sempre per la legislatura precedente, 100 milioni stanziati nella legge di bilancio per il 2018 (25 milioni all'anno per il quadriennio 2018-2021) per rimborsare i piccoli risparmiatori truffati dalle banche poste in liquidazione tra il 16 novembre 2015 e il primo gennaio 2018.

Le altre tre operazioni di salvataggio effettuate nel corso della legislatura precedente non erano costate nulla allo stato (tranne appunto i sopra citati 100 milioni). Gli interventi in quei casi avvennero a spese di due fondi costituiti con i soldi delle stesse banche per sostenere istituti di credito in difficoltà: il Fondo interbancario di tutela dei depositi (FITD), e in particolare, dopo la decisione della Commissione europea che ne proibiva l'intervento diretto (come discusso nel seguito), lo "Schema volontario" all'interno del FITD; e il Fondo nazionale di risoluzione, istituito in base alla normativa europea. Questi fondi sono stati alimentati con i profitti del sistema bancario, non coinvolgono soldi pubblici e le loro risorse non potrebbero certo essere utilizzate per finanziare le spese dello stato, come il reddito di cittadinanza.[9]

Quindi, il totale del costo per le finanze pubbliche nel corso della precedente legislatura è stato al massimo di 22,3 miliardi (5,4 per il Monte dei Paschi, 16,8 per le due venete e 0,1 per i risparmiatori truffati rimborsati direttamente dallo stato).[10] Ma il costo finale potrebbe scendere di molto tenendo conto di quanto lo stato potrebbe recuperare dalla vendita del Monte dei Paschi e dal fatto che le garanzie fornite per le due banche venete potrebbero non comportare un pieno esborso: da 22,3 miliardi si potrebbe arrivare a 12-13 miliardi.

Come mai alcuni commentatori fanno allora riferimento a un costo complessivo di 60 miliardi? Non è del tutto chiaro, ma un articolo apparso sul "Fatto Quotidiano" indica in 68 miliardi il costo dei salvataggi bancari, ed è forse da lì che arriva quella cifra.[11] Anche assumendo che questa stima sia corretta, si riferirebbe però all'intero costo dei salvataggi, compresa la parte sostenuta dal settore privato. Questa parte coprirebbe più di due terzi dei costi complessivi, e includerebbe i costi sostenuti dai fondi bancari citati sopra e le perdite scaricate sugli azionisti (che poi sarebbero i banchieri, anche se spesso si tratta di medi e piccoli risparmiatori) e su quella parte degli obbligazionisti subordinati non salvati da fonti esterne. Lo stato avrebbe coperto quindi solo meno di un terzo del costo complessivo.

Passiamo alla legislatura corrente. La legge di bilancio per il 2019 del governo gialloverde ha stanziato 1575 milioni per il triennio 2019-2021 per rimborsare i risparmiatori che hanno subìto un "pregiudizio ingiusto" da parte delle stesse banche considerate dal simile provvedimento introdotto dal governo Gentiloni, annullando lo stanziamento di 100 milioni, già citato in precedenza, quindi con un costo aggiuntivo di 1475 milioni. Rispetto a questo intervento vanno sottolineate tre cose. La prima è che la legge non consente di stabilire se questi soldi vadano effettivamente a risparmiatori truffati e bisognosi piuttosto che a risparmiatori che, volendo percepire un rendimento più elevato dai propri investimenti, si sono esposti consapevolmente, anche se forse con una certa leggerezza, a rischi più elevati. La seconda è che questo stanziamento è stato finanziato dai cosiddetti conti dormienti, ossia quei depositi che sono inutilizzati da decine di anni e che, presumibilmente, nessuno mai reclamerà. Si tratta quindi di soldi ormai di natura pubblica che avrebbero potuto essere utilizzati per altri fini di interesse pubblico. La terza è che il governo gialloverde, i cui rappresentanti, come abbiamo visto sopra, avevano ripetutamente attaccato i governi della legislatura precedente per aver messo soldi pubblici nelle banche, è intervenuto per salvare la Cassa di Risparmio di Genova con un provvedimento simile a quello effettuato per il Monte dei Paschi di Siena, un "copia e incolla" come molti lo hanno definito: si è trattato di garanzie fino a una perdita massima di circa 3 miliardi più una possibile immissione di capitale di un miliardo, per sopperire alle risorse (che, come abbiamo visto, sono private) dello Schema volontario del FITD (anche se alla fine sembra che tale immissione non risulti necessaria).

Facciamo il punto. I soldi messi nelle banche dai governi della legislatura precedente sono molto meno di quello che si vuol far credere (una ventina di miliardi, al massimo, più probabilmente molto meno alla fine della storia, non 60). Inoltre, il governo gialloverde è intervenuto con un provvedimento (quello a favore della Cassa di Risparmio di Genova) simile a quello introdotto in precedenza per il Monte dei Paschi di Siena. Si dirà, però, che il governo gialloverde ha anche stanziato un miliardo e mezzo a favore dei risparmiatori truffati, mentre invece i governi della legislatura precedente avevano messo i soldi "nelle banche". Già, dove sono andati a finire esattamente quei soldi, quei 20 miliardi? Per rispondere vediamo più da vicino, con un esempio, cosa accade quando lo stato interviene per mantenere in vita una banca.

Prendiamo in considerazione una banca che ha fatto prestiti per 100 euro finanziati raccogliendo depositi per 70 ed emettendo obbligazioni per 20 e azioni per 10 (e ipotizziamo che questo sia il minimo capitale con cui la banca può operare, viste le regole sulla capitalizzazione delle banche di cui abbiamo già discusso). Gli azionisti sono i proprietari della banca, i banchieri. Magari saranno grandi banchieri, ma può essere che ci siano anche piccoli risparmiatori. In ogni caso, sono loro i proprietari. L'attivo e il passivo sono pari a 100. I conti tornano. Ma le cose vanno male, vuoi per sfortuna (l'economia entra in recessione e le imprese che hanno preso soldi in prestito falliscono), vuoi per l'incapacità o la disonestà degli amministratori (per ora non distinguiamo tra il ruolo della sfortuna e quello degli amministratori; torneremo su questo argomento fra poco). Una parte dei prestiti va in sofferenza, non vengono ripagati (o si prevede che non saranno ripagati) e il loro valore scende da 100 a 70. A questo punto la banca si trova con un attivo di 70 e un passivo di 100. I conti non tornano. Che succede?

Una strada praticabile è quella di chiudere la banca senza alcun intervento statale, cioè passare alla sua liquidazione. Ma ciò richiederebbe cercare di incassare in tempi brevi i prestiti, il che sarebbe difficile: probabilmente i prestiti dovrebbero essere svenduti e si incasserebbero anche meno dei 70 euro ancora iscritti a bilancio. Le perdite da distribuire tra i risparmiatori aumenterebbero. Lo stato allora decide di intervenire, dando soldi "alle banche". È questo il primo punto da capire: lo stato interviene per minimizzare le perdite che si verificherebbero ai danni di depositanti, obbligazionisti e azionisti rispetto al caso in cui la banca fosse liquidata. Il secondo punto è che le perdite si sono verificate comunque: resta solo da vedere se saranno assorbite dallo stato oppure fatte ricadere e ripartite tra azionisti, obbligazionisti e depositanti. In termini tecnici, si parla dell'entità del "*burden sharing*" (condivisione dell'onere) e del "*bail-in*" (salvataggio dal di dentro), espressioni inglesi che indicano quanto il rischio di perdite ricadrà sui finanziatori della banca rispetto alle finanze pubbliche (torneremo su questi termini fra poco). Come vanno ripartite le perdite fra stato, azionisti e risparmiatori?

È buona pratica, riconosciuta a livello internazionale anche prima delle direttive europee in materia, che gli azionisti siano i primi a perdere i propri investimenti: le azioni sono "capitale di rischio" per antonomasia e chi compra azioni dovrebbe saperlo. È sempre avvenuto nel caso delle banche italiane in crisi che i proprietari della banca, ossia gli azionisti, ossia i banchieri (seppure piccoli banchieri), perdano i propri soldi (l'eccezione sono i piccoli azionisti che sono stati salvati, in parte, dal provvedimento del governo gialloverde). Nel nostro esempio, però, il capitale degli azionisti (10) non basta a ripianare le perdite di 30, e allora occorre decidere se coinvolgere nelle perdite anche gli obbligazionisti o persino i depositanti (al di là di quanto garantito dall'assicurazione sui depositi che in Europa copre fino a 100.000 euro per conto). Nell'esempio citato, le perdite possono essere coperte azzerando il valore delle obbligazioni (20). Anche in questo caso, però, lo stato ci deve mettere dei soldi perché una banca deve operare con un capitale superiore allo zero. Lo stato ci deve comunque mettere 10, ma a fronte di questo lo stato diventa proprietario della banca. Il costo vero (la perdita di 30) è stato assorbito interamente da azionisti e obbligazionisti. Supponiamo invece che lo stato decida di spendere di più, per esempio 20. In questo caso gli azionisti non vengono comunque salvati ma gli obbligazionisti perdono solo 10 perché parte della loro perdita è assorbita dallo stato.

L'esempio precedente illustra più o meno quello che è accaduto nei salvataggi bancari in Italia e vi dice dove finiscono i soldi. Quando il governo della legislatura precedente ha messo i soldi nelle banche lo ha fatto per evitare una perdita ritenuta eccessiva ai risparmiatori che avevano messo soldi nelle banche, attraverso depositi o obbligazioni. Questo è peraltro quanto più o meno ha fatto *ex post* anche il governo gialloverde con il miliardo e mezzo introdotto nella legge di bilancio per il 2019: ha ridotto le perdite accollate ai risparmiatori, rispetto a quanto deciso dai governi precedenti, il cui intervento era comunque volto a evitare perdite ai risparmiatori. Insomma, quello che è cambiato è solo la misura in cui lo stato ha deciso di far pagare i risparmiatori, piuttosto che scaricare le perdite sui contribuenti: il governo gialloverde si è rivelato un po' più generoso nell'usare i vostri soldi per ridurre le perdite di chi ha prestato soldi alle banche, ossia dei risparmiatori. Ma questi risparmiatori, se le cose fossero andate bene, avrebbero ricevuto una remunerazione (su azioni o obbligazioni) più alta di quella che voi percepite sui vostri risparmi se non volete correre rischi. Insomma, se le cose fossero andate bene, ci avrebbero guadagnato. E, quando le cose sono andate male, a pagare è stato lo stato, cioè tutti voi contribuenti.

Dovrebbe allora essere chiaro un paradosso. Chi gridava allo scandalo perché "lo stato dà i soldi alle banche" non si rendeva conto, o faceva finta di non rendersi conto, che quei soldi andavano ai risparmiatori, per evitare loro perdite già accumulate o quelle (potenziali) che si sarebbero verificate se la banca, per mancanza di capitale, avesse dovuto essere liquidata. I soldi non sono mai andati ai ricchi banchieri o alle "banche" come concetto astratto. Non è finita qui: quelli che attaccavano il salvataggio delle banche con denaro pubblico, appena saliti al governo, non solo sono intervenuti con le stesse modalità seguite nella precedente legislatura (come nel caso della Cassa di Risparmio di Genova), ma hanno pure aumentato i costi per lo stato con il miliardo e mezzo erogato a favore dei risparmiatori.

Le critiche alla normativa europea sul bail-in

Insomma, lo stato decide quanto accollarsi delle perdite di una banca, se farle ricadere sull'intera collettività o solo su chi ha messo soldi nella banca, azionisti, obbligazionisti e, al limite, depositanti. Ma lo stato italiano, negli ultimi anni, non ha potuto scegliere liberamente, essendo vincolato dalla normativa europea in materia, quella sul *burden sharing* e, dal 2016, da quella più restrittiva sul *bail-in*. Cosa comportano queste norme europee e perché esistono?

Il principio del *burden sharing* imponeva che il peso delle perdite, prima di consentire un intervento dello stato a spese del contribuente, cadesse sugli azionisti e gli obbligazionisti subordinati. Erano protetti comunque gli altri obbligazionisti e i depositanti. L'attuale normativa del *bail-in*, basata sulla direttiva europea 59 del 2014 entrata in vigore il primo gennaio 2016 (per gli addetti ai lavori si tratta della Bank Recovery and Resolution Directive, o BRRD), estende invece la condivisione delle perdite anche a gran parte degli obbligazionisti (anche quelli non subordinati) e ai depositanti sopra i 100.000 euro. Restano esclusi solo i detentori di depositi fino a 100.000 euro protetti dalla già menzionata assicurazione sui depositi, finanziata dalle banche stesse.[12] In linea di principio, quindi, la crisi delle banche non dovrebbe comportare costi per lo stato e il contribuente, anche se esistono alcune eccezioni.

Ci sono due motivi che giustificano queste normative che limitano l'intervento dello stato. Il primo è un motivo di carattere generale: non è giusto far ricadere sul contribuente, e quindi con chi nulla ha avuto a che fare con la banca, le perdite da questa accumulate. I primi responsabili dovrebbero essere i proprietari della banca e poi chi, in modo superficiale, ha prestato soldi a una banca magari attratto dalla promessa di avere una maggiore remunerazione. Se si scaricassero le perdite sui contribuenti, si incentiverebbe l'investimento in banche che intraprendono attività più rischiose, tanto se le cose vanno male "paga Pantalone". Il secondo motivo è più direttamente collegato alle regole sul funzionamento del mercato unico europeo: se lo stato interviene a sostegno di una banca interferisce con il meccanismo della concorrenza. Darebbe un "aiuto di stato" a una banca che opera nel mercato, favorendola. Anche in questo caso ci sarebbe una distorsione: si sussidierebbero (coprendone le perdite) le banche che hanno investito male, un vantaggio per queste ultime rispetto a quelle che hanno investito bene. È per questo motivo che gli interventi statali a sostegno delle banche devono essere approvati, a livello europeo, da quella parte della Commissione europea che si occupa della tutela della concorrenza, la Direzione generale della concorrenza (in breve, DG Comp), guidata nella scorsa e nella presente Commissione dalla danese Margrethe Vestager.

A me questo approccio sembra, in linea generale, ragionevole, anche se, come spesso accade, nell'immediato può causare problemi. Le obiezioni sollevate in Italia alla disciplina europea del *bail-in* sono state di quattro tipi.

Primo, si è notato che la direttiva, se fosse stata operativa prima del 2016, avrebbe impedito il salvataggio con soldi pubblici delle banche tedesche, e di altri paesi. Nel 2010 la Germania spese circa il 7 per cento del suo Pil per evitare il crac di una marea di banche di piccola e media dimensione. Il fatto che la Germania e altri paesi intervennero a spese del contribuente senza vincoli, mentre a noi questo non è ora consentito, potrà piacere o meno, ma come dato di fatto le direttive europee all'epoca non impedivano una tale operazione di salvataggio. Perché l'Italia non intervenne prima? Perché la crisi colpì le banche italiane in ritardo rispetto a quelle degli altri paesi, dato che fu causata dalla recessione dell'economia italiana più che da operazioni puramente finanziarie (come accadde per i derivati delle banche tedesche). E forse anche perché, col debito pubblico che abbiamo, si intervenne solo quando non c'era più alcuna possibilità di evitare l'intervento.

La seconda obiezione alla disciplina del *bail-in* è che la normativa è stata applicata in modo retroattivo (colpendo per esempio obbligazioni acquisite quando non era in vigore tale disciplina) e con un periodo di transizione troppo breve che non avrebbe dato modo ai risparmiatori di rivedere l'allocazione dei propri risparmi. Insomma, gli investimenti in azioni o obbligazioni bancarie erano stati fatti quando ancora si dava per scontato un intervento pubblico in caso di bisogno. Inoltre, non si è dato tempo alle banche di aumentare la raccolta da investitori istituzionali o comunque preparati ad affrontare il rischio di non essere ripagati. Tale aumento è ora previsto da un'altra regolamentazione bancaria, quella denominata MREL, acronimo per Minimum Requirement for own funds and Eligible Liabilities, ossia vincolo minimo per i fondi propri e per le passività eleggibili (per il *bail-in*) che entrerà a pieno regime solo nel 2024. È un'obiezione valida. Anche la Banca d'Italia ha sostenuto che si poteva fare meglio in termini di tempistica, e credo proprio avesse ragione.[13] Ma ora di tempo ne è passato abbastanza e mi sembra che tornare indietro non sarebbe giustificato. È vero che la disciplina del MREL entrerà in pieno vigore solo fra qualche anno, ma i risparmiatori, anche quelli piccoli, dovrebbero ormai aver capito che mettere soldi nelle banche non è un'attività a rischio zero, come non lo è qualunque investimento.

La terza obiezione è che certe banche non hanno agito correttamente, vendendo ai risparmiatori titoli rischiosi come azioni e obbligazioni facendoli passare per investimenti privi di rischio. Qui la cosa è semplice: se c'è evidenza di un'azione fraudolenta delle banche, allora mi sembra giusto che lo stato debba intervenire a coprire almeno in parte le perdite dei risparmiatori, visto il generale ruolo che lo stato e altri enti pubblici hanno nella supervisione delle banche e nella tutela del risparmio. Ma ci deve essere qualche evidenza di comportamento fraudolento. Altrimenti sarebbe troppo facile fare i finti tonti: se una banca ti propone di investire in proprie obbligazioni che promettono un rendimento del 5 per cento quando i depositi bancari rendono lo zero per cento, forse hai comprato le obbligazioni non perché ti hanno truffato, ma perché volevi guadagnarci su.

L'ultima obiezione riguarda il modo in cui la normativa in materia (*burden sharing* e *bail-in*) è stata implementata dalle autorità europee, e qui effettivamente c'è da ridire, in alcuni casi. Una decisione giustamente criticata è stata quella, presa dalla Direzione generale della concorrenza della Commissione europea, quando dichiarò illegittimo l'intervento del già menzionato FITD per salvare Banca Tercas. L'intervento venne dichiarato illegittimo perché, sosteneva la Commissione, il FITD è un fondo obbligatorio dovuto alla normativa pubblica, quindi il suo intervento è assimilabile a un intervento pubblico. La decisione fu fortemente criticata dall'Associazione bancaria italiana e dalla stessa Banca d'Italia perché, come si è detto, il Fondo interbancario, seppure promosso dall'azione pubblica, è un fondo alimentato da risorse private, fornite dallo stesso sistema bancario. L'errore commesso dalla Commissione è stato poi riconosciuto da una sentenza della Corte di giustizia dell'Unione Europea, anche se tale riconoscimento è avvenuto solo a marzo del 2019, tre anni dopo la decisione della Commissione. Qui c'è poco da dire. La Commissione ha sbagliato nell'applicazione della normativa, il che però non significa che la normativa sia sbagliata di per sé. In ogni caso, il problema venne risolto con la creazione dello Schema volontario all'interno del FITD che rimpiazzò l'iniziale intervento del FITD.

Il punto dolente: e gli amministratori?

Riassumiamo: il sostegno che lo stato ha dato alle banche è stato volto a limitare le perdite dei risparmiatori, e quanti più soldi ci mette lo stato, tanto più si scaricano sulla collettività le perdite delle banche che, si potrebbe dire, dovrebbero essere invece sostenute da chi ha dato loro fiducia, azionisti prima di tutto, ma poi anche chi ha prestato in modo poco avveduto i soldi alle banche (tranne ovviamente in caso di attività truffaldine da parte di queste ultime). C'è un'obiezione che potrebbe, e dovrebbe, essere sollevata a questa logica. In realtà, chi presta soldi alle banche, e persino chi ne è proprietario, non è solitamente responsabile per le cattive decisioni che sono prese dalle banche stesse. Chi prende decisioni sono gli amministratori delle banche, gli amministratori delegati, i membri dei consigli di amministrazione, gli alti dirigenti, i "Ceo" (Chief Executive Officer) per dirla all'inglese, che sono tutti lautamente ricompensati per le loro attività. Se sono i responsabili, perché non pagano loro? Anzi, perché ricevono magari laute liquidazioni quando vengono mandati via? Perché non si chiede loro di rimborsare le perdite?

La domanda non è peregrina. Qui però occorre distinguere a seconda delle responsabilità dirigenziali. Viviamo in uno stato di diritto e non possiamo inventarci le norme a seconda di come gira il vento, anche politico. È ovvio che se esistono responsabilità di tipo penale o civile queste debbano essere punite. Ed è avvenuto così, per esempio, nel caso di Banca Etruria. Nel gennaio 2019 quattro ex dirigenti della banca sono stati condannati a pene tra i due e i cinque anni di reclusione (seppure scontati di un terzo per aver scelto il rito abbreviato) per bancarotta fraudolenta (tra cui l'ex presidente Giuseppe Fornasari e gli ex direttori generali Luca Bronchi e Alfredo Berni), più un consigliere del consiglio di amministrazione per bancarotta semplice. E a dicembre 2018 è iniziato il processo, anzi, come è stato definito, il maxiprocesso (essendo il più grande finora relativo ai reati bancari) per il crac della Banca Popolare di Vicenza. Siedono tra gli accusati Gianni Zonin, per diciannove anni consecutivi presidente della banca, più vari direttori generali, vicedirettori generali e imprenditori. Le accuse variano da aggiotaggio a ostacolo alla vigilanza della Banca d'Italia, al falso in prospetto. Si è invece conclusa con l'assoluzione di tutti i diciannove imputati il processo relativo alla Cassa di Risparmio di Rimini: i reati contestati includevano l'associazione a delinquere finalizzata alla commissione di reati societari e il falso in bilancio. Ma il processo è stato riaperto per l'appello presentato dal pubblico ministero. Vedremo come andrà a finire. Tutti assolti nel caso della Cassa di Risparmio di Cesena. Non sono in grado di esprimere un giudizio sulle decisioni prese dalla magistratura e non penso che siano in grado di farlo neppure i vari commentatori senza aver letto attentamente gli atti processuali. Ma gli strumenti legali per punire amministratori irresponsabili e truffaldini esistono e devono essere usati. Personalmente, credo anche che, in quest'ambito, per chi tradisce la fiducia altrui e danneggia la credibilità del sistema bancario, le pene debbano essere particolarmente severe, più di quelle esistenti. Ma le responsabilità vanno accertate in sede giudiziaria, non attraverso processi mediatici sommari.

Bisogna poi ricordare che le responsabilità sono personali e non devono ricadere sulla categoria cui appartengono quelli che non hanno una buona condotta. Se un tassista mi fa pagare troppo perché mi dice che, dopo una certa ora, non si applicano più le tariffe fisse da o per l'aeroporto (come mi è successo l'anno scorso), me la prendo con quel tassista, non dico che tutti i tassisti sono "ladri". Se un idraulico mi ripara un tubo e il giorno dopo se ne rompe un altro e lui mi dice che è un caso, me la prendo con quell'idraulico, non con tutti gli idraulici. Ecco, dovrebbe essere così anche con chi amministra le banche. Se un amministratore di banca è incapace o disonesto, occorre prendersela con lui, non con tutti gli amministratori di banca.

Ci sono ancora due punti da chiarire.

Il primo è che non esistono strumenti legali per aver indietro soldi da amministratori di banche onesti, ma incapaci, anche se questi amministratori erano pagati profumatamente. Se io, come proprietario della banca o come rappresentante dei proprietari di una banca, nomino un amministratore incapace e lo pago tanto, quei soldi sono comunque stati pagati sulla base di un contratto di lavoro. Se ho scelto un incapace, e l'ho pure pagato tanto, la colpa non può che ricadere su di me, a meno che, appunto, l'incapace non sia tale, ma sia disonesto.

Il secondo è che le perdite delle banche non corrispondono o corrispondono solo in piccola parte all'arricchimento degli amministratori, per quanto questi possano essere stati ben pagati. È opinione comune che se una banca perde, per esempio, 100 milioni questi debbano essere nascosti da qualche parte, sotto un materasso o in un paradiso fiscale. Non c'è dubbio che parte dei soldi persi possa essere finita nelle tasche di qualche amministratore disonesto (da qui, per esempio, le condanne per bancarotta fraudolenta), o che le perdite possano essere dovute a grandi prestiti a imprenditori amici di amministratori disonesti. Anche in questo caso, però, recuperare i soldi non è facile. Se un amministratore di banca, per fare un favore a un suo amico o perché "convinto" da una mazzetta e per pura incapacità, autorizza un prestito a un grosso imprenditore che non è in grado di restituirli, quei soldi probabilmente sono stati utilizzati per mantenere in vita un'impresa decotta, per pagare fornitori, per pagare stipendi e salari dei dipendenti o, magari, le tasse che vanno allo stato. O forse anche per la Ferrari dell'imprenditore fallito. Si potranno recuperare le mazzette, si potranno recuperare un po' di risorse deviate illegalmente nei paradisi fiscali e magari vendere la Ferrari dell'imprenditore. Qualche milione o persino decine di milioni potranno essere recuperati. Ma perdite anche di miliardi di euro – come quelle che emergono quando una banca è in crisi – non possono essere recuperate in alcun modo. Il grosso di queste perdite per le crisi bancarie italiane è stato dovuto a decine di migliaia di prestiti, non a poche operazioni. Per esempio, nel caso del Monte dei Paschi di Siena, quattro quinti dei prestiti deteriorati sono costituiti da prestiti di dimensione inferiore ai 10 milioni corrisposti a circa 2 milioni e mezzo di clienti. I prestiti relativamente piccoli, quelli fino a mezzo milione di euro, rappresentano da soli un terzo dei prestiti deteriorati e sono stati erogati a circa 2 milioni e 150.000 clienti. Dati simili riguardano le altre banche andate in crisi.[14] Recuperare parte di queste perdite è possibile, ma recuperare tutto è impossibile e qualcuno deve farsi carico delle perdite: o chi ha finanziato la banca (azionisti e creditori) o lo stato, cioè i contribuenti.

Cosa c'è di vero

Che toccasse proprio a me difendere in qualche modo le banche (la Finanza con la F maiuscola) o, se non difendere, per lo meno spiegare che una buona parte delle storie che si raccontano sulle banche sono bufale, è un po' ironico. Sì perché, in realtà, il mondo della finanza è per me un mondo da guardare con parecchio sospetto. Ma come, qualcuno dirà, tu che hai lavorato per decenni al Fondo monetario internazionale, dici che guardi alla finanza con sospetto? La domanda è legittima ma occorre capire che il Fondo è un'istituzione pubblica, non una diramazione della finanza privata. Sarebbe come dire che chi lavora per una banca centrale o un ministero delle Finanze lavora per la finanza privata, quando invece esistono interessi ben distinti, pubblici e privati. Insomma, non è un caso se, quando qualcuno lasciava il Fondo monetario per andare a lavorare per la finanza attirato da ben più lauti compensi, noi dipendenti del Fondo dicevamo, scherzando ma fino a un certo punto, che era passato *"to the dark side*", al lato oscuro. Come passare dai cavalieri Jedi all'ordine dei Sith.

Perché mi preoccupa il mondo della finanza? La finanza internazionale ha avuto uno sviluppo estremamente rapido negli ultimi decenni, uno sviluppo che definirei abnorme.[15] I dati su questa crescita sono più facilmente documentabili per gli Stati Uniti. Nel 2006 il settore finanziario rappresentava l'8,3 per cento del Pil americano, contro il 4,9 per cento nel 1980 e il 2,8 per cento nel 1950. Il valore di tutte le attività finanziarie (azioni, obbligazioni, fondi di investimento, derivati) valeva cinque volte il Pil americano nel 1980; nel 2007, dieci volte. Nello stesso periodo, il rapporto fra attività finanziarie e attività reali (imprese, edifici, terreni) si era raddoppiato.

Anche i compensi nel settore finanziario sono aumentati molto rapidamente negli ultimi anni, raggiungendo livelli, in alcuni casi, stratosferici. I lavoratori impiegati nel settore finanziario americano, a parità di compiti, guadagnavano in media nel 1980 tanto quanto quelli degli altri settori. Nel 2006 gli stipendi del settore finanziario erano del 70 per cento più alti. Ai livelli apicali, poi, gli zeri si sprecano. Nel 2018 lo stipendio annuo del Ceo di BlackRock è stato di 26,6 milioni di dollari, peraltro in discesa dall'anno precedente, 27,7 milioni ("Anche i ricchi piangono" era il titolo di una famosa telenovela messicana dell'inizio degli anni ottanta).[16] Con queste remunerazioni, non deve sorprendere se una quota crescente dei migliori studenti delle università americane viene attratta dal settore finanziario, a scapito degli altri settori.

Il processo di espansione del settore finanziario è però andato ben oltre i confini degli Stati Uniti, coinvolgendo tutti i paesi avanzati, e in misura inferiore anche gli altri paesi. Un indice preparato da economisti del Fondo monetario internazionale ci indica come tale processo sia avanzato in modo particolarmente rapido tra l'inizio degli anni novanta e il 2007, alla vigilia della crisi globale: l'indice che per i paesi avanzati aveva un valore di 0,25 nel 1980, è salito a 0,35 nel 1990 per poi esplodere a oltre 0,70 entro la metà degli anni duemila.[17]

In che misura questa crescita abbia portato benefici all'intera economia è oggetto di un dibattito intenso. Adair Turner, presidente della Financial Services Authority inglese dal 2008 al 2013 e uno dei massimi esperti del settore, scriveva nel 2010 che:

> Non ci sono prove chiare a favore della tesi per cui la crescita nella dimensione e complessità del sistema finanziario nei paesi a reddito alto negli ultimi venti o trent'anni abbia portato a maggiore crescita o stabilità, ed è possibile che le attività finanziarie abbiano estratto una rendita dall'economia reale piuttosto che fornire un valore aggiunto.[18]

Quel che però sappiamo è che nel 2008-2009 il settore finanziario mondiale fu all'origine di una crisi globale le cui conseguenze per alcuni paesi, tra cui il nostro, si fanno sentire ancora ora. Questa crisi è stata in buona parte dovuta alla complessità e alla scarsa trasparenza del settore finanziario. Non si tratta solo, come alcuni pensano, della crescita dei cosiddetti derivati. Si tratta di una complessità che trae origine da una molteplicità di operazioni e di relazioni tra operatori finanziari per cui è difficile trovare un termine di paragone nella storia economica mondiale.

La realtà è che il settore finanziario può essere fonte di crescita – ed è infatti assolutamente necessario alla crescita di un paese – ma può essere anche fonte di gravi squilibri per l'economia. È un po' come un impianto industriale che produce beni necessari all'economia, ma che nel produrli emette prodotti inquinanti che, oltre un certo limite, nuocciono alla società. Il settore finanziario genera quello che gli economisti chiamano "esternalità", cioè conseguenze indesiderabili per il resto dell'economia, "prodotti inquinanti" la cui emissione non è riflessa negli incentivi e disincentivi che portano alle decisioni del sistema finanziario. Eppure, tali "emissioni", come dimostrato dalla crisi del 2008-2009 e da precedenti crisi finanziarie, possono danneggiare notevolmente l'economia.

Ora, quando un settore crea "esternalità", quando emette prodotti inquinanti, ci sono due soluzioni: o lo si regolamenta, cioè si proibiscono o si limitano certe attività, o lo si tassa, cioè si rende più costoso intraprendere certe attività. Per esempio, per ridurre gli effetti nocivi del fumo si può proibire di fumare negli ambienti pubblici, oppure si possono tassare le sigarette. Il problema è che negli ultimi decenni nessuno di questi due strumenti, cioè regolamentazione e tassazione, è stato usato fino in fondo per controllare gli eccessi del settore finanziario.

Uno degli obiettivi principali della regolamentazione bancaria è quello di evitare che le banche si prendano troppi rischi, un pericolo che potrebbe essere aggravato dal fatto che i manager bancari potrebbero puntare a obiettivi di massimizzazione del profitto nel breve periodo. Per questo, come abbiamo già visto quando abbiamo parlato dei limiti alla capacità delle banche di prestare, vengono imposti vincoli in termini di capitale proprio che le banche devono avere per poter prestare. Abbiamo visto che questi vincoli sono stati resi più stringenti dopo la crisi finanziaria del 2008-2009. Ma, in un'ottica di più lungo periodo, gli ultimi decenni sono in realtà stati caratterizzati da una liberalizzazione del sistema finanziario. Sul finire degli anni settanta, negli Stati Uniti, ma anche in tutti gli altri paesi avanzati, è iniziato un processo di liberalizzazione delle operazioni finanziarie che spiega in buona parte la crescita rapida del sistema finanziario mondiale. Tale processo ha compreso l'eliminazione di vincoli esistenti in varia misura nei diversi paesi: vincoli ai tassi di interesse, all'investimento in certi titoli da parte delle banche, ai tassi di crescita del credito bancario al settore privato, ai movimenti di capitale. È stata inoltre rimossa la distinzione tra banche commerciali (quelle che potevano raccogliere risparmio al dettaglio e che avevano vincoli operativi più stretti) e banche di investimento (meno controllate ma con dei limiti nella raccolta del risparmio al dettaglio). Questa distinzione negli Stati Uniti era stata introdotta – guarda caso, dopo un'altra gravissima crisi finanziaria, quella del 1929 – dal Glass-Steagall Act del 1933. Venne rimossa in gran parte sul finire degli anni novanta con il Gramm-Leach-Bliley Act, l'ultimo importante tassello nel processo di liberalizzazione finanziaria, nella convinzione che tali vincoli operativi fossero superati e che il mercato finanziario potesse in qualche modo autoregolarsi, punendo, attraverso le forze di mercato, gli operatori che, con i propri comportamenti, si esponevano a rischi eccessivi. Una marcia indietro, ma solo parziale, venne fatta con l'approvazione del Dodd-Frank Act del 2010 che reintroduceva vincoli maggiori per le banche commerciali (tra cui la cosiddetta Volcker Rule). Ma pressioni per una sua attenuazione sono riemerse di nuovo, soprattutto dopo la firma nel febbraio 2017 da parte di Donald Trump di un ordine esecutivo che chiedeva al ministero del Tesoro americano di fare proposte per rivedere la legislazione finanziaria. Chiaramente questa legislazione stava stretta a questo settore le cui lobby si sono di nuovo messe in movimento. E a fine agosto 2019 i regolatori americani hanno ammorbidito in modo significativo la Volcker Rule.[19]

Anche la tassazione può essere utilizzata per moderare le attività "inquinanti" del settore finanziario, cioè quelle più rischiose, o comunque per contenerne la crescita rispetto all'economia reale. Qui però si è fatto davvero poco. Anzi, il settore bancario è meno tassato degli altri. In particolare, non esiste l'Iva sui servizi bancari. Quando voi comprate un servizio, per esempio un taglio di capelli, dovete pagare l'Iva. Ma per i servizi finanziari forniti dalle banche, compresa l'erogazione di crediti o la raccolta di depositi, non esiste niente di equivalente. Quanto prodotto dalle banche non è soggetto a nessuna imposta sul valore aggiunto (che è poi il significato di "Iva", imposta sul valore aggiunto). Certo, esistono delle difficoltà tecniche di applicazione dell'Iva ai servizi forniti da una banca: il vero servizio di intermediazione del risparmio è misurabile, al più, dal margine di intermediazione, cioè dalla differenza tra interessi ricevuti sui prestiti e quelli pagati sui depositi, più che dal ricavato da una vendita al netto del costo degli input ricevuti da altri settori, come avviene per le altre attività. Ma queste difficoltà tecniche potrebbero essere superate. Invece, il fatto che i servizi finanziari non siano gravati dal pagamento dell'Iva comporta una minore tassazione rispetto ad altri settori e quindi una possibilità di crescere più di altri settori.

Un vantaggio della tassazione rispetto alla regolamentazione per evitare gli eccessi di un certo settore economico è che la tassazione porta entrate per lo stato, il quale può utilizzarle per coprire i danni provocati all'economia da possibili crisi finanziarie. Questa circostanza divenne particolarmente importante dopo la crisi del 2008-2009, crisi che aveva provocato costi molto elevati per il settore pubblico. Questi costi riflettevano proprio la necessità di intervenire a sostegno del sistema finanziario, che però era stato anche la causa immediata della crisi stessa. Non ci si deve quindi stupire se, sotto la pressione dell'opinione pubblica, i leader dei principali paesi del mondo (i cosiddetti G20) considerarono la possibilità di introdurre delle tasse mirate a ridurre la propensione al rischio del sistema finanziario, fornendo al tempo stesso risorse che consentissero allo stato di assorbire parte dell'aumento del debito pubblico causato dalla crisi. Fu così che, nel settembre del 2009, i G20 chiesero al Fondo monetario internazionale di preparare delle proposte su come il settore finanziario potesse fornire "*a fair and substantial contribution*" (un contributo giusto e sostanziale) per coprire i costi della crisi. Mi trovai direttamente coinvolto nella richiesta, in quanto all'epoca ero a capo del dipartimento di Finanza pubblica del Fondo (il Fiscal Affairs Department); nel giugno 2010, insieme ad altri dipartimenti del Fondo, preparammo e consegnammo ai G20 un rapporto su come tassare maggiormente le banche.[20]

Il rapporto proponeva due nuove tasse con obiettivi diversi. La prima era chiamata "Financial Stability Contribution" (FSC, o contributo per la stabilità finanziaria), una tassa pagata annualmente da tutte le istituzioni finanziarie. La tassa sarebbe stata espressa come percentuale del totale delle attività o delle passività dell'istituzione e tale percentuale avrebbe potuto anche essere modulata a seconda del grado di rischio collegato all'attività svolta dall'istituzione finanziaria. I proventi di questa tassa avrebbero potuto essere accumulati in un fondo per coprire il costo di crisi future oppure essere assorbiti dalle entrate dello stato. La seconda tassa era chiamata "Financial Activities Tax" (FAT, o tassa sulle attività finanziarie). Era una tassa concettualmente simile all'Iva, cioè una tassa sul valore aggiunto, e quindi una compensazione al fatto che non esiste un'Iva per i servizi finanziari, come già detto. Ora, il valore aggiunto di un settore economico, cioè il valore della produzione meno il valore degli input comprati da altri settori, è più o meno uguale ai redditi di chi lavora in quel settore, e cioè alla somma dei profitti e delle retribuzioni di quel settore. La FAT sarebbe quindi stata calcolata, ogni anno, come il prodotto di un'aliquota di tassazione per la somma di profitti e retribuzioni (o di profitti e retribuzioni sopra un certo livello, per colpire le attività più remunerative ma anche più rischiose) e sarebbe stata versata direttamente allo stato. Entrambe le tasse (FSC e FAT) erano viste come uno strumento non solo per raccogliere fondi, ma anche per moderare la crescita del settore finanziario.

Nessuna di queste due tasse venne però mai implementata, se non in misura minore (e limitatamente alla FSC per alcuni paesi). L'Unione Europea, nell'ambito della realizzazione della cosiddetta unione bancaria, ha previsto la creazione di un fondo (il Single Resolution Fund) per finanziare gli interventi nelle banche più grandi (quelle "sistemiche"), cui si affiancano fondi di risoluzione nazionali (ne abbiamo parlato nelle pagine precedenti per l'Italia) per le banche di minore dimensione, fondi che si accumuleranno attraverso contributi obbligatori forniti dalle banche stesse. Ma la dimensione di questi fondi è abbastanza contenuta e il loro uso è limitato all'intervento a sostegno delle banche in crisi, non alla copertura delle esternalità che una crisi bancaria può creare all'economia (compreso al bilancio dello stato, le cui entrate crollano in presenza di una crisi economica). E forse il Single Resolution Fund non sarà neppure sufficiente per lo scopo limitato di intervenire nel caso di crisi di banche sistemiche.[21]

Passata l'emergenza e la pressione popolare per "far pagare" al settore finanziario il costo della crisi, le priorità sono cambiate. Anche in questo caso si può pensare che le lobby finanziarie abbiano avuto la meglio, come hanno avuto la meglio rispetto ad altre tasse specifiche volte a moderare la crescita del settore finanziario. Tra queste, la più nota è la Financial Transaction Tax (FTT), o "Tobin Tax", dal nome di James Tobin, il premio Nobel per l'economia che la propose nel lontano 1972. Questa tassa sarebbe stata espressa come una percentuale del valore di acquisti e vendite di prodotti finanziari (per esempio, la vendita di un'azione o di un'obbligazione), cercando di colpire quindi le attività che comportavano un più rapido trasferimento di proprietà e, di conseguenza, potenzialmente anche le attività speculative. Diversi paesi, compresa l'Italia, hanno tasse di questo tipo, ma sono di importo piuttosto limitato. Un motivo per la difficoltà che avrebbe un paese a introdurre, da solo, una tale tassa è che le transazioni finanziarie potrebbero facilmente trasferirsi in altri paesi. Da qui la necessità di un coordinamento a livello internazionale, il che però ha reso in pratica impossibile l'introduzione di una tale tassa, soprattutto per l'opposizione degli Stati Uniti. Anche le iniziative a livello europeo per una tassa sulle transazioni finanziarie, proposta dalla Commissione europea, non hanno portato ad alcun risultato concreto, neppure per gli undici paesi che avevano inizialmente deciso di proseguire comunque su questa strada anche in assenza di un consenso unanime. È interessante notare che tra i paesi che più premevano per l'introduzione di tale tassa vi fosse la Germania, mentre il Regno Unito era contrario. A fine 2018 Francia e Germania hanno rilanciato la proposta, ma con modalità molto annacquate.[22] Qualcosa mi dice che anche questa proposta finirà in un nulla di fatto...

3.
Bufale contro i tecnici e le ricette economiche ortodosse

> Un errore fondamentale, per esempio, è il fatto che Darwin, insieme al principio materialista, introdusse nella sua teoria dell'evoluzione le idee reazionarie di Malthus.
>
> TROFIM LYSENKO

Il dibattito sui vaccini dovrebbe aver chiarito che anche in campi strettamente scientifici, come nella medicina, le bufale circolano indisturbate. E, se non proprio indisturbate, comunque circolano lo stesso. Non è questa una novità del nostro tempo. L'approccio scientifico ha sempre convissuto con visioni alternative del mondo. E non è neppure una peculiarità del nostro paese, anche se forse nel nostro paese la fede in tali visioni alternative è un po' più diffusa che negli altri paesi economicamente più avanzati. Non mi spiego altrimenti come sia possibile, per esempio, che i principali canali televisivi, pubblici e privati, diano un significativo spazio giornaliero agli oroscopi. Se lo fanno deve essere perché questo è quello che chiede la maggior parte degli ascoltatori...

Non deve quindi stupire se anche in campo economico esistono e forse di recente sono aumentate teorie e interpretazioni alternative a quelle tradizionali o "*mainstream*", ritenute valide dai più. L'economia non è una scienza esatta (per lo meno non così esatta come la fisica), mentre spesso noi economisti parliamo come se fossimo portatori di una verità universale. Non lo siamo. Talvolta, però, si arriva all'eccesso opposto: quello di pensare che le teorie economiche siano come i piatti di un menu tra cui si sceglie il preferito in base alle tendenze del momento o al colore politico, tanto alla fine "una vale l'altra".

Già, il colore politico. Negli ultimi anni, nel nostro paese si è diffusa anche l'idea che "l'economia non può prevalere sulla politica". Non so bene chi abbia lanciato questa tesi, ma probabilmente la sua diffusione è stata molto influenzata dall'esperienza del governo cosiddetto "tecnico" di Mario Monti. E ha coinvolto tanto esponenti del governo della passata legislatura, a partire da Matteo Renzi, quanto esponenti dei governi di quella corrente. Per esempio, durante la campagna elettorale per il referendum, Renzi dichiarò: "Mario Monti, l'ideologo e capo dei governi tecnici, ha detto che ho fatto troppi bonus fiscali. Il punto è che non è che si può votare di Sì perché uno alza le tasse e poi dire No se si abbassano".[1] Anche gli attacchi ai "professoroni" iniziarono già nella legislatura precedente.[2] Non sorprende che siano ripartiti alla grande nella corrente legislatura.[3]

Ora, dovrebbe essere ovvio a tutti che i tecnici, compresi i tecnici economici, non possono prendere decisioni che sono di natura politica, e la maggior parte delle decisioni che riguardano la finanza pubblica lo sono, in quanto riflettono idee sul tipo di società che vogliamo avere, per esempio sul grado di solidarietà e redistribuzione attraverso la tassazione e spesa pubblica che vogliamo realizzare. In qualità di Commissario per la revisione della spesa, ho sempre sottolineato che i tecnici possono solo consigliare. In una democrazia, l'ultima parola deve essere dei politici, ossia di coloro la cui autorità deriva da un mandato popolare. In questo senso, la politica deve certo prevalere sulla tecnica.

Ma chi sostiene che "l'economia non può prevalere sulla politica" di solito ha in mente qualcosa di molto diverso, e cioè che non esistono vincoli oggettivi a quello che la volontà politica può ottenere, insomma una specie di "volere è potere" generato da una sfiducia in quello che la scienza economica tradizionale può offrire rispetto a ricette nuove, che partano da un presupposto ideologico piuttosto che tecnico.

Non è che questa tendenza sia particolarmente nuova. La tesi per cui la politica deve prevalere sulla tecnica o sull'economia mi fa pensare alle dottrine biologiche di Trofim Lysenko, capo di quella corrente di pensiero che, nella Russia stalinista, decise di rigettare le moderne teorie di Mendel come il prodotto di un capitalismo reazionario e borghese – dottrine che, peraltro, stanno curiosamente tornando di moda nella Russia di Putin.[4]

Già, ma come fidarsi dei tecnici se questi sono incapaci, ignoranti o corrotti? E qui entrano in gioco le bufale che circolano da diverso tempo sull'incapacità dei tecnici che nel corso degli ultimi anni hanno contribuito alle decisioni in campo economico nel nostro paese. Proviamo a vederne alcune.

I tecnici al governo: l'austerità di Monti

Non si può non partire da quella che nel tempo è divenuta la prova regina dell'incapacità dei tecnici: il governo di Mario Monti del 2011-2013, con la sua ricetta di neoliberismo e di austerità. Quando l'establishment ha criticato l'inesperienza, o l'impreparazione dal punto di vista accademico, di molti rappresentanti dei movimenti populisti, la risposta è stata immancabilmente: noi saremo pure inesperti, ma guardate i disastri che ha prodotto il governo dei professori, il governo dei cosiddetti tecnici! Per esempio, durante la sua visita a Harvard nel maggio del 2018, a chi gli faceva notare l'impreparazione di chi si apprestava a governare, Luigi Di Maio rispondeva che il Movimento 5 Stelle avrebbe voluto avere più tempo per prepararsi, ma "visto che gli esperti hanno ridotto il paese in queste condizioni", un intervento urgente si era reso necessario.[5] E siccome i tecnici avevano portato avanti ricette basate sull'austerità, la critica veniva estesa a tali politiche, dannose e anzi controproducenti.

A prima vista i dati danno ragione ai critici. Mario Monti giurò come presidente del Consiglio il 16 novembre 2011 e rimase in carica fino all'aprile 2013, quando, dopo le elezioni generali, venne sostituito dal governo politico di Enrico Letta. Nel 2012 il Pil reale calò del 2,8 per cento, la disoccupazione aumentò dall'8,4 al 10,7 per cento (per salire poi ulteriormente fino al 12,6 per cento nel 2014), il rapporto tra debito pubblico e Pil aumentò dal 116,5 al 123,4 per cento, con un ulteriore incremento nei due anni seguenti. Certo, lo spread (ricordiamolo, la differenza tra il rendimento dei titoli di stato italiani e quelli tedeschi, che è una misura del rischio percepito nell'investire in titoli italiani) si ridusse da oltre 500 punti base nel dicembre 2011 a 300 punti base nel dicembre 2012. Ma il calo avvenne solo dopo la decisione da parte della Banca centrale europea di intervenire per far scendere i tassi di interesse, facendo seguito alla famosa frase pronunciata da Mario Draghi nel luglio 2012: la Bce farà tutto quello che serve ("*whatever it takes*") per preservare l'euro "e, credetemi, sarà sufficiente". Fino ad allora, lo spread era rimasto su valori elevatissimi (dopo un'iniziale discesa, tornò a sfiorare i 500 punti base a metà anno).

Per capire però quel che accadde, bisogna analizzare gli sviluppi di quel periodo con maggiore attenzione, cercando di rispondere a due domande in particolare. La prima è se davvero la caduta del Pil nel 2012 fu colpa della stretta fiscale del governo Monti. La seconda è se le politiche di austerità fossero evitabili e cosa sarebbe successo senza di esse.

Cominciamo dalla prima. È ormai opinione di molti, ed è oggetto di raffiche di battute durante i talk show, che il crollo dell'attività economica nel 2012 fu colpa di Monti. E, in effetti, abbiamo visto come nel 2012 il Pil crollò rapidamente. Per comprendere però al meglio la dinamica degli eventi non ci si può basare su dati annuali, occorre guardare alla dinamica del Pil a livello trimestrale. L'Istat ci dice che il Pil aveva già cominciato a cadere rapidamente nel corso del 2011. Il 2010 aveva visto il Pil italiano, come quello mondiale, rimbalzare dopo la crisi del 2008-2009. Ma già nel primo trimestre del 2011 si era verificato un rallentamento, con una più brusca frenata nel secondo trimestre, quando il Pil aumentò solo dello 0,2 per cento.

Col terzo trimestre, il segno era diventato fortemente negativo (-0,5 per cento). Nel quarto trimestre ci fu il crollo (-1,0 per cento, ossia un tasso annualizzato del -4 per cento).[6] Ma, come abbiamo detto, Monti diventa presidente del Consiglio il 16 novembre, ed è quindi assurdo imputare al suo governo quello che accadde nel 2011, compreso il quarto trimestre.

Perché il Pil crolla nel 2011? L'Italia venne travolta da una crisi da spread che era partita dalla Grecia, come discusso nel capitolo 1. Lo spread, che si era mantenuto a livelli relativamente contenuti fino ad aprile 2011 (quando era sotto i 150 punti base, cioè l'1,5 per cento), si impennò rapidamente fino a raggiungere i 575 punti base a metà novembre. Come vedremo anche nel quinto capitolo, l'aumento dello spread era giustificato dalla fragilità dell'economia italiana, in parte dovuta alla nostra incapacità di mettere a posto i conti pubblici quando i tassi di interesse erano bassi e l'economia cresceva, nel decennio prima del 2008. Ma a questo punto ci basta notare che un aumento dello spread delle dimensioni osservate non poteva che avere un effetto devastante sull'economia del nostro paese. Da ricordare che all'epoca lo spread si aggiungeva a un tasso sui titoli di stato tedeschi che era comunque piuttosto alto. Nella media del novembre 2011 il tasso di interesse su tali titoli con scadenza decennale era dell'1,9 per cento. Quello sui titoli di stato italiani era del 7,1 per cento.

L'aumento dello spread ha effetti negativi sull'economia attraverso due principali canali. Il primo è di natura finanziaria. Se i tassi di interesse sui titoli di stato aumentano, tende a crescere anche il costo del denaro per banche, imprese e famiglie. Ma non è solo un problema di costo del denaro. Le banche diventano anche più prudenti a prestare, in altri termini razionano il credito (tranne che ai clienti più affidabili). Questa prudenza deriva non solo dalla paura di un generale indebolimento dell'economia, ma anche dal fatto che l'aumento di tassi di interesse sui titoli di stato di nuova emissione causa una perdita di valore nei titoli di stato già in circolazione (emessi a tassi di interesse più bassi). E visto che le banche investono una percentuale rilevante del loro attivo in titoli di stato, subiscono una perdita quando il valore dei titoli di stato scende. Il loro capitale viene eroso e, con l'erodersi del loro capitale, scende la loro capacità di prestare.[7] E se le banche non prestano, o chiedono indietro i prestiti alla scadenza, l'economia si ferma, anzi arretra. Questo è il canale finanziario. Il secondo canale è forse anche più potente: è quello che agisce a livello psicologico. L'aumento dello spread segnala la difficoltà dello stato a prendere a prestito. Oltre un certo limite, però, gli investitori smettono di comprare titoli di stato anche a tassi elevati, perché l'aumento dei tassi di interesse rende più difficilmente sostenibile il debito e aumenta la tentazione che lo stato ha a dichiarare bancarotta. Lo stato perde allora accesso al mercato e non può più finanziarsi per spendere, o almeno deve ridurre moltissimo la propria spesa. Capite bene che effetto questo possa avere su un'economia in cui la spesa pubblica (anche al netto degli interessi) rappresenta il 45 per cento circa del Pil: sarebbe la crisi più nera. Ma non occorre arrivare a questo punto perché l'economia soffra per l'aumento dello spread. Se lo spread comincia a salire, imprese e famiglie cominciano a temere che ci si stia indirizzando verso la crisi e rivedono i propri programmi di spesa. Ed è proprio questo importante effetto psicologico a frenare l'economia. La paura contiene la spesa, e siccome senza spesa l'economia non va avanti, le aspettative negative tendono ad autorealizzarsi.

È stato quindi l'aumento dello spread, insieme al calo nelle nostre esportazioni per la minore domanda che veniva dall'estero (gli altri stati europei erano pure coinvolti negli effetti diretti e indiretti della crisi greca), a causare la caduta del Pil nel 2011, e non certo Mario Monti.[8] Cosa accadde successivamente?

Il governo Monti rafforza le misure restrittive che il governo Berlusconi aveva introdotto con effetto nel 2012. Si stima che l'effetto complessivo delle misure restrittive con effetto nel 2012 ammonti al 2/2,5 per cento del Pil, la più forte manovra restrittiva in un singolo anno dal 1997, quando però l'economia non soffriva di un problema di tassi di interesse crescenti. La crisi raggiunge il suo picco. Lo spread smette di crescere, ma resta alto, continuando quindi a esercitare il proprio effetto restrittivo sull'economia. A ciò si aggiunge l'effetto restrittivo della stretta fiscale, cioè dell'aumento delle tasse e del taglio della spesa pubblica. Nell'immediato, tale stretta (seppure inevitabile come vedremo fra poco) non poté che avere effetti negativi sul Pil.[9] Si noti però che la discesa del Pil continua allo stesso ritmo dell'ultimo trimestre del 2011 (nel primo trimestre del 2012 il Pil scende dell'1 per cento e nel secondo dello 0,7 per cento), quando la stretta fiscale non era ancora intervenuta. Il che suggerisce che almeno una buona parte della caduta del Pil deve comunque essere attribuita al livello persistentemente alto dello spread, più che alla stretta fiscale. La discesa del Pil continua a tassi elevati fino al primo trimestre del 2013, quando cominciano a farsi sentire gli effetti benefici della riduzione dello spread.

Mi sembra chiaro, dunque, che attribuire prevalentemente alla stretta fiscale del governo Monti la caduta del Pil nel 2012 sia del tutto sbagliato. Certo, la stretta fiscale contribuì alla caduta del Pil nel corso dell'anno. Ma la tendenza era iniziata molto prima e rifletteva l'innalzamento dello spread e la generale crisi di fiducia che aveva colpito l'Italia.

Passiamo ora alla seconda delle domande sollevate in precedenza, quella forse fondamentale: sarebbe stato possibile evitare la stretta fiscale, e cosa sarebbe successo se il governo non avesse invece fatto nulla?

Torniamo alla fine del 2011. Lo spread è salito a livelli altissimi, il che vuol dire che lo stato prende a prestito soldi dai mercati finanziari a tassi di interesse che sono dai più giudicati insostenibili. Cosa avrebbe dovuto fare Monti? Continuare a prendere a prestito sempre di più? E come avrebbero reagito i mercati finanziari – cioè quell'insieme di piccoli, medi e grandi investitori italiani ed esteri che ogni mese devono decidere se comprare o meno titoli di stato italiani – se Monti avesse detto: vi sbagliate, il debito italiano non è a rischio, andiamo avanti tranquillamente, anzi, magari, aumentiamo il deficit e indebitiamoci ancora più rapidamente? Cosa avreste fatto voi? Avreste comprato titoli italiani? Certo, qualcuno necessariamente comprava titoli italiani, ma pretendeva un tasso di interesse molto alto per fronteggiare il rischio. E se il governo non si fosse mosso per contenere il deficit, per quanto tempo i mercati avrebbero continuato a comprare titoli di stato? Probabilmente non molto. Arrivata a un certo punto, l'Italia avrebbe perso completamente l'accesso ai mercati, il Pil sarebbe crollato ancora più rapidamente e saremmo stati obbligati a ricorrere ai prestiti del Fondo monetario internazionale e del resto dell'Europa.

Non credo quindi che l'austerità di Monti avrebbe potuto essere evitata. Ed è da ricordare, in proposito, che i commentatori economici e politici e, in generale, l'opinione pubblica erano del tutto favorevoli ai provvedimenti del governo Monti. Semmai, era l'Europa a essere criticata perché non faceva abbastanza per la ripresa economica. Eugenio Scalfari nell'aprile del 2012 scriveva, riferendosi a Monti:

> Il compito di mettere al sicuro i conti pubblici per evitare che l'Italia facesse la fine della Grecia l'ha portato a termine egregiamente, ma subito dopo un secondo compito gli incombeva: quello di avviare la crescita della domanda e degli investimenti, ma questa seconda fase, senza la quale anche il "salva Italia" rischia di diventare periclitante, è molto più difficile, stenta a mettersi in moto. La ragione di questo surplace è evidente: la lotta contro la recessione – perché di questo si tratta – non si può fare se non è l'intera Europa ad intraprenderla e questo non è avvenuto.[10]

E Diego Pretini, giornalista del "Fatto Quotidiano", che negli anni successivi certo non sarebbe stato tenero con Monti, nel dicembre 2012 giudicava così la politica del rigore dei conti pubblici:

> Sul rigore difficile trovare passaggi a vuoto. Il governo ha impiegato una manciata di settimane per riformare le pensioni sulle quali nei diciotto anni precedenti sono caduti almeno un paio di governi. Ha fissato il mirino sull'evasione e con lo spumante per il Capodanno a Cortina arrivarono i blitz dell'Agenzia delle Entrate, laddove il predecessore aveva definito "moralmente autorizzati" coloro che

non pagavano le tasse. A dicembre 2011 ha chiamato la sua prima legge "Salva Italia" (con la quale peraltro ha reintrodotto l'Imu) poche settimane dopo che era risuonata su tutti i tg la celebre analisi dei ristoranti pieni [...]. Ha tagliato le province, mentre il Pdl l'aveva scritto nel programma (dov'è rimasto) e i partiti non hanno approvato il decreto non convertendo il testo in legge. E ancora dai e dai con le forbici: consigli regionali, stipendi, vitalizi. Nel frattempo, con l'altra mano, ha tenuto insieme per oltre un anno – mettendoli seduti allo stesso tavolo a Palazzo Chigi – partiti che si erano soltanto presi a cannonate (salvo vincere le elezioni e non combinare niente).[11]

Da ricordare anche che il governo Monti era sostenuto da un'ampia maggioranza politica. Al Senato, su 306 votanti, 281 votarono a favore; alla Camera, su 617 votanti, 556 votarono a favore. Si tratta di maggioranze mai registrate prima. L'opposizione era costituita solo da Lega Nord e Italia dei Valori. Peraltro, la Lega Nord, seppure all'epoca non sostenne Monti, non era del tutto contraria alle politiche di rigore economico. Il 23 novembre 2011, in occasione della discussione della riforma costituzionale dell'articolo 81 (alla Camera in prima lettura) sull'introduzione del pareggio di bilancio, il leghista Giancarlo Giorgetti intervenne con le seguenti parole:

> Il pareggio di bilancio è funzionale, in una prospettiva di medio periodo valida per tutti i Paesi dell'euro, ad assicurare il rispetto dei parametri europei in termini di deficit e di debito pubblico. Va detto, per inciso, che in una prospettiva di lungo periodo il limite all'indebitamento potrebbe risultare addirittura eccessivo, ma è chiaro che ci troviamo a dover affrontare un'emergenza in modo tempestivo. Occorre dare un segnale politico forte ai mercati, chiarendo che l'Italia e l'Europa hanno imboccato in modo duraturo la strada del rigore.[12]

Ecco, la strada del rigore... La Lega Nord votò a favore dell'emendamento costituzionale alla Camera e al Senato in prima lettura, votò ancora a favore alla Camera in seconda lettura (il 6 marzo 2012), mentre si astenne al Senato in seconda lettura (il 17 aprile 2012). I leghisti votarono comunque a favore della legge di attuazione del nuovo articolo 81, sia alla Camera sia al Senato, nel dicembre 2012.

L'azione di Monti era necessaria? Sì, e aggiungo che era stata resa necessaria dall'incapacità dei governi precedenti di eliminare le vulnerabilità dell'economia italiana che, come discusso nel capitolo 5, furono alla base della violenta crisi di fiducia che la colse nel 2011. L'azione di Monti servì a evitare l'ulteriore aumento dello spread, la perdita di accesso ai mercati e il collasso completo dell'economia italiana. Non fu però sufficiente a salvare l'Italia da una pesante recessione, soprattutto perché lo spread rimase ostinatamente elevato per tutta la prima metà del 2012. Cosa venne a mancare?

All'epoca, diversi osservatori, e lo stesso Fondo monetario internazionale, sostennero che la stretta fiscale di Monti doveva essere affiancata da un intervento della Banca centrale europea per calmierare lo spread. Io stesso sostenni che l'austerità, in una situazione di crisi, non sarebbe servita a far scendere i tassi, perché l'iniziale caduta del Pil ad essa associata, in una situazione di estremo nervosismo dei mercati finanziari, avrebbe preoccupato gli stessi mercati.[13] In circostanze simili, occorre un intervento diretto sul mercato dei titoli di stato. Tale intervento poteva, in quella specifica situazione, venire soltanto dalla Banca centrale europea. E, in effetti, l'intervento della Bce fu decisivo. Dopo il "*whatever it takes*" di Draghi nel luglio 2012 la Bce introdusse nel proprio armamentario le cosiddette Outright Monetary Transactions, lo strumento che le avrebbe consentito di intervenire, per importi praticamente illimitati, per calmierare gli spread dei paesi in crisi. Strategia che funzionò: lo spread cominciò a scendere e l'economia italiana gradualmente iniziò a riprendersi.

Questo però ci conduce verso due domande finali. La prima è perché la Bce attese nove mesi prima di far scendere i tassi di interesse. È questo il tempo che infatti trascorse fra l'insediamento di Monti e il "*whatever it takes*" di Draghi. Probabilmente anche il governo Monti considerava un intervento tempestivo come essenziale per consentire una ripresa del Pil. Ancora nell'aprile del 2012 (nel Documento di economia e finanza), la crescita del Pil per lo stesso anno era prevista allo 0,5 per cento. Se di qualcosa si può accusare il governo Monti è di aver ecceduto nell'ottimismo nel formulare queste previsioni, ottimismo che però rifletteva la speranza che l'azione riformistica del governo sarebbe stata sufficiente a far scendere i tassi di interesse o che, comunque, i tassi sarebbero scesi per effetto dell'intervento della Bce.

Perché l'intervento fu ritardato? Nessuno ha mai ricostruito in modo dettagliato quello che avvenne dietro le quinte in quei nove mesi e forse nessuno lo farà mai. Un'ipotesi è che servì tempo per convincere i rappresentanti dei paesi nordici nel Board della Bce a sostenere un intervento diretto a favore dei paesi in crisi. Il timore era che tale intervento avrebbe indebolito la credibilità della Bce facendola diventare, per così dire, il bancomat dei paesi del Sud. Draghi era da poco diventato presidente della Bce (il suo mandato iniziò il 1° novembre del 2011) e forse la sua credibilità era inizialmente indebolita dal fatto di provenire da uno dei paesi, l'Italia, che avevano bisogno dell'intervento della banca centrale. Fatto sta che quell'intervento avvenne solo nel luglio 2012, e quei nove mesi in cui lo spread rimase persistentemente alto pesarono in modo cruciale sull'evolversi della crisi italiana.

C'è un'ultima domanda che occorre porsi e che riapre la questione dell'assoluta necessità della stretta fiscale. Se alla fine fu l'intervento della Bce a risolvere il problema, significa forse che l'austerità in realtà fu inutile e che quindi poteva essere evitata? No. Come ho detto, l'austerità di Monti fu necessaria e inevitabile. Il fatto che non fosse *sufficiente* a far scendere spread e tassi, non vuol dire che non fosse *necessaria*. Pensate che sarebbe stato possibile convincere la Bce a intervenire se l'Italia non avesse cercato di sistemare i propri conti? L'austerità di Monti fu il prezzo da pagare per consentire l'intervento della Bce, per dimostrare ai nostri amici d'oltralpe che non stavamo con le mani in mano ad aspettare l'intervento esterno, col rischio poi di scaricare sull'Europa il nostro debito. Non poteva andare in modo diverso, soprattutto perché la Bce stampa denaro che appartiene a tutti i paesi dell'euroarea, non solo all'Italia. Certo, mi pare già di sentire chi sostiene che dovremmo avere la nostra banca centrale, che dovremmo uscire dall'euro. Sì, ma qui si torna al problema già discusso nel primo capitolo e che riprenderemo più avanti, quando parleremo del "divorzio" tra Banca d'Italia e ministero del Tesoro: avere una banca centrale propria che diventa il bancomat del proprio stato può avere pesanti controindicazioni in termini di credibilità della banca centrale, di inflazione, di svalutazione e, in ultima analisi, di stabilità macroeconomica. Torneremo presto su questi temi. Ma prima esaminiamo un'altra bufala, quella che riguarda ancora gli effetti dell'austerità di Monti, questa volta non sul Pil, ma sui conti pubblici.

L'austerità di Monti causò l'aumento del rapporto tra debito pubblico e Pil?

È opinione abbastanza diffusa che l'austerità non solo contribuì alla discesa del Pil nel 2012 (e fin qui ci può stare, anche se, come abbiamo visto, il calo in assenza della stretta di Monti sarebbe stato probabilmente ancora più forte), ma fu anche controproducente: infatti il rapporto fra debito pubblico e Pil aumentò. Si tratta di una bufala particolarmente importante per capire anche il dibattito in corso in Italia su quello che è necessario fare per ridurre il rapporto tra debito pubblico e Pil. Eh sì, perché se l'austerità è controproducente e fa aumentare il rapporto tra debito pubblico e Pil, ne segue – attenzione, perché qui si guarda anche a quello che il governo gialloverde del 2018-2019 ha cercato di fare – che per far scendere il debito pubblico occorre procedere proprio in direzione contraria all'austerità, cioè aumentare la spesa pubblica, oppure tagliare le tasse in deficit. Punto che, peraltro, è ribadito a p. 17 del contratto di governo gialloverde.[14]

Abbondano le accuse di incompetenza dei tecnici che pensavano di poter migliorare lo stato dei conti pubblici attraverso l'austerità. Per esempio, Matteo Salvini ha spesso ricordato che il debito pubblico "è aumentato di 300 miliardi di euro in cinque anni in base a manovre a cui qualcuno batteva le mani".[15] Il 15 dicembre 2015 lo stesso Salvini in un post su Facebook se la prendeva con i governi Monti, Letta e Renzi che avevano aumentato il debito pubblico sempre di 300 miliardi.[16] Ora, occorre innanzitutto capire una cosa molto semplice: per evitare che il debito aumenti occorre pareggiare il bilancio. Se lo stato spende 100 e incassa 95, per finanziare lo squilibrio deve aumentare il proprio debito di 5. E siccome in tutti questi anni abbiamo avuto un deficit di bilancio (le spese superavano le entrate), il debito è sempre cresciuto. Chiaro? Le politiche in stile Monti erano proprio volte a ridurre il deficit raggiungendo infine il pareggio di bilancio, in modo tale che il debito smettesse di crescere in termini di euro.[17]

Una versione un po' più sofisticata della critica alle politiche messe in atto dal governo Monti è che avrebbero portato a un aumento non solo del debito pubblico (cosa inevitabile finché c'è un deficit), ma anche del rapporto fra debito pubblico e Pil. Ce lo dice, tra gli altri, Matteo Renzi: "La cultura dell'austerity ha visto aumentare il numero di famiglie in povertà, un Pil negativo e crescere diseguaglianze. E paradossalmente in quegli anni il rapporto debito-Pil è peggiorato perché senza crescita il debito sale, sempre".[18] Quelle politiche avrebbero causato una caduta del Pil e quindi il rapporto sarebbe aumentato. Insomma, l'effetto sarebbe stato controproducente anche per i conti pubblici.

Guardiamo in maggior dettaglio a questa tesi. Ammettiamo pure che una politica di bilancio più restrittiva, per esempio un taglio della spesa pubblica, faccia scendere il Pil (abbiamo appena visto che il taglio potrebbe essere necessario per evitare una caduta del Pil anche peggiore, ma tralasciamo per ora questo argomento). Ora, se il Pil scende – dice la bufala – succedono due cose. Primo, le entrate dello stato scendono e possono scendere anche più del taglio iniziale della spesa, per cui il deficit può addirittura aumentare: dipende dal livello della tassazione e dal "moltiplicatore", termine usato dagli economisti per indicare l'effetto sul Pil di un taglio della spesa pubblica. Se il livello di tassazione e il moltiplicatore sono abbastanza alti, può accadere che il taglio della spesa pubblica causi un aumento del deficit. Secondo, anche se il deficit scendesse, il calo del Pil potrebbe portare a un aumento del rapporto fra debito pubblico e Pil. Ergo, per far scendere il rapporto fra debito e Pil occorre agire proprio in senso contrario: aumentare la spesa pubblica e tagliare le tasse. Questo farà crescere il Pil, le entrate aumenteranno, compensando in parte o totalmente la maggiore spesa, e in ogni caso l'aumento del Pil ridurrà il rapporto di debito. Perché questo ragionamento è sbagliato?

Vediamo prima di tutto cosa è successo durante il governo Monti al rapporto fra deficit pubblico e Pil e al rapporto fra debito pubblico e Pil. Al contrario di quanto viene talvolta sostenuto, il deficit pubblico nel 2012 si è ridotto dal 3,7 al 2,9 per cento del Pil, con un miglioramento dello 0,8 per cento. Il calo del deficit è avvenuto nonostante l'impennata della spesa per interessi sul debito pubblico dovuta all'aumento dello spread. La parte primaria del bilancio (cioè al netto degli interessi) è migliorata dell'1,5 per cento del Pil, con un aumento dell'avanzo primario dallo 0,8 al 2,1 per cento del Pil. Perciò, l'austerità di Monti è servita a migliorare i saldi di bilancio. Non è un caso: ci sono forti motivi teorici per cui un taglio della spesa deve necessariamente causare una riduzione del deficit rispetto al Pil.[19] E il debito? Quello effettivamente aumentò, passando dal 116,5 al 123,4 per cento del Pil (un incremento di 6,9 punti percentuali). Ciò dimostra che l'azione di Monti fu controproducente? Per niente.

Occorre prima di tutto notare che nel 2012 il deficit, seppur in calo, restò comunque elevato (quasi il 3 per cento del Pil) e questo, come si è detto, alimentava la crescita del debito. In altri termini, scendeva meno acqua dal rubinetto, perché Monti lo aveva stretto, ma l'acqua c'era ancora e continuava a riempire la vasca del debito. Inoltre, il debito era alimentato da varie poste finanziarie, non comprese nel deficit, pari a circa il 2,2 per cento del Pil, la più importante delle quali era il sostegno che in quell'anno l'Italia diede ai paesi in crisi che ricevevano aiuti dall'Europa (Grecia, Irlanda, Portogallo).[20] La parte dell'aumento del rapporto fra debito pubblico e Pil spiegata da questi fattori (deficit del 2,9 per cento del Pil e poste non incluse nel deficit per 2,2 per cento del Pil) è quindi di circa 5 punti percentuali. Il resto dell'aumento (1,8 punti percentuali) era dovuto al calo del Pil, un aumento rilevante anche se molto inferiore a quello che si imputa alla restrizione fiscale.

In effetti, però, è vero che nel primo anno in cui un governo stringe i conti pubblici il rapporto fra debito pubblico e Pil potrebbe aumentare.[21] Ma si tratta di un effetto di breve periodo. Il motivo è che una riduzione del deficit (che, abbiamo visto, si riesce a ottenere attraverso una stretta sui conti pubblici e che anche Monti riuscì a ottenere) causa una riduzione permanente della velocità a cui il debito cresce (il livello dell'acqua nella vasca sale da lì in poi meno rapidamente), mentre causa una riduzione una tantum nel livello del Pil, ma non una riduzione del suo tasso di crescita.[22] Insomma, se in una fase iniziale il rapporto fra debito e Pil può aumentare per effetto di un taglio della spesa pubblica, in seguito il rapporto comincia a scendere perché il debito si accumula a una velocità minore, mentre il Pil, dopo il calo iniziale, non scende più.

Di fatto, dopo l'iniziale aumento, la stretta di Monti riuscì a frenare la crescita del debito. Nel 2013 si verificò un ulteriore piccolo aumento, ma poi il debito si stabilizzò rispetto al Pil a un livello di circa il 131-132 per cento. Si potrebbe controbattere: sì, però non scese. Bisogna notare che i governi che seguirono Monti invertirono in parte la marcia: a forza di bonus vari, l'avanzo primario (la parte del bilancio al netto degli interessi) venne ridotto da oltre il 2 per cento del Pil nel 2012 all'1,4 per cento nel 2017. Insomma, se Monti aveva frenato, i governi successivi accelerarono di nuovo. È anche da notare che una pressione sul debito continuava a essere esercitata dal sostegno che l'Italia dava ai paesi in crisi e al costo delle operazioni di derivati che attenuavano l'effetto benefico della discesa dei tassi di interesse.

Cosa sarebbe successo allora al rapporto fra debito pubblico e Pil senza la stretta fiscale di Monti? Sarebbe aumentato molto più rapidamente. Prima di tutto, senza la stretta di Monti l'economia italiana si sarebbe avviata quasi di sicuro verso una crisi totale: lo spread non sarebbe sceso, anzi avrebbe continuato a salire fino alla perdita di accesso ai mercati (come si è detto sarebbe stato impossibile, politicamente, per Draghi pronunciare il "*whatever it takes*"), con il conseguente collasso del Pil. Ma anche ammettendo che il Pil non sarebbe crollato, e che anzi sarebbe aumentato con una politica di bilancio meno austera, il semplice fatto che il deficit fosse rimasto su un livello più alto (il rubinetto avrebbe continuato a versare più acqua nella vasca) avrebbe portato a una crescita rapida del rapporto fra debito pubblico e Pil. Un semplice calcolo che tiene conto di questi effetti indica che il rapporto fra debito pubblico e Pil sarebbe salito al 142-145 per cento del Pil entro il 2018, rispetto al 131-132 per cento.[23]

Riassumendo, è sbagliato affermare che la stretta di Monti è stata controproducente dal punto di vista dell'andamento dei conti pubblici. Certo, per un po' il rapporto fra debito pubblico e Pil ha continuato a crescere. Ma è un po' quello che succede quando si guida un'auto ad alta velocità. Se si frena, per un po' la macchina continua ad andare avanti. Ma a nessuno verrebbe in mente di concludere che la macchina continua ad andare avanti perché il conducente ha frenato. Ugualmente sbagliato sarebbe concludere che per far rallentare la macchina occorre premere sull'acceleratore, cosa che invece sta alla base della strategia di riduzione del rapporto fra debito pubblico e Pil che era contenuta nel contratto del governo gialloverde del 2018.

E in effetti non conosco casi in cui un paese sia riuscito a ridurre il rapporto fra debito pubblico e Pil attraverso una politica di bilancio più espansiva. Insieme a tre miei colleghi dell'Osservatorio sui conti pubblici italiani dell'Università Cattolica di Milano (Sofia Bernardini, Giampaolo Galli e Carlo Valdes) abbiamo guardato agli episodi di riduzione tendenziale del rapporto fra debito pubblico e Pil nei paesi avanzati negli ultimi tre quarti di secolo. Ci sono circa trenta casi di riduzione del rapporto fra debito pubblico e Pil di importi di almeno 25 punti percentuali. In nessuno, ripeto nessuno, di questi casi la riduzione del debito è stata ottenuta attraverso un'espansione di bilancio.[24] Non ci ha forse mai pensato nessuno o semplicemente non funziona?

E dove lo mettiamo il Portogallo?[25]

A questo punto qualcuno dirà: e il Portogallo? Dove lo mettiamo? Ecco in arrivo una bella bufala d'annata su cui vale la pena di soffermarsi, in quanto sono parecchi quelli che hanno citato il Portogallo come esempio di paese che è riuscito a ridurre il debito espandendo la politica fiscale. Lo ha scritto Federico Rampini in un articolo pubblicato su "D", il femminile di "Repubblica", sabato 29 aprile 2017, con il titolo *Lisbona disobbedisce alla Troika e vince*. Lo ha fatto Ivo Caizzi in un articolo pubblicato poco tempo dopo sul "Corriere della Sera". E lo ha fatto anche il giornalista Matteo Bernabè in un video postato su Facebook che iniziava proprio con una mia intervista, in cui dichiaravo di non conoscere paesi che avessero ridotto il debito pubblico facendo più deficit. Eh no, dottor Cottarelli – anzi, mi chiama "Cotta", come facevano i miei compagni di scuola, fin dalle elementari –, lei non conosce il Portogallo![26]

Cosa è accaduto in Portogallo? Il governo socialista di Antonio Costa entrò in carica nel novembre 2015, dopo una campagna elettorale contro l'austerità che aveva caratterizzato il programma di aggiustamento sostenuto da risorse del Fondo monetario e delle istituzioni europee. Una volta al potere, però, Costa e il suo ministro delle Finanze Mário Centeno, ora presidente dell'eurogruppo, mantennero una notevole prudenza nella gestione dei conti pubblici. Alcune voci di spesa furono aumentate (fra l'altro interrompendo tagli che però anche il programma di aggiustamento aveva considerato come temporanei). Ma questo fu compensato da un'azione di revisione della spesa, settore per settore. Il risultato è che il deficit pubblico scese dal 4,3 per cento del Pil nel 2015 allo 0,7 per cento nel 2018.[27] Chi sostiene che il Portogallo abbia condotto una politica espansiva fa notare che nel 2017 il deficit pubblico aumentò dal 2 al 3 per cento del Pil. Ecco le politiche espansive! Eh no, neanche per sogno. In quell'anno venne ricapitalizzata una grande banca pubblica al costo di 2 punti percentuali di Pil. Si trattò di un'operazione puramente contabile per consentire alla banca di rispettare i vincoli di capitalizzazione imposti dalla regolamentazione bancaria. Insomma, non una manovra in cui si mettono più soldi in tasca ai cittadini, che spendono, fanno crescere il Pil, e così via. Al netto di questa operazione il deficit si ridusse anche in quell'anno dal 2 all'1 per cento del Pil. Dunque, nessuna espansione fiscale. Il deficit si ridusse e questo, insieme alla maggiore crescita economica, portò al calo del rapporto fra debito pubblico e Pil dal 131 per cento del Pil nel 2014 al 121 per cento nel 2018. Nello stesso periodo, lo spread rispetto alla Germania scese rapidamente, e a metà 2019 il Portogallo pagava sui mercati tassi di interesse di circa un punto e mezzo più bassi di quelli dell'Italia.

E la crescita economica? La crescita riflette le riforme strutturali adottate dal Portogallo durante il programma di aggiustamento, con un forte miglioramento nella propria competitività. Altro che espansione fiscale!

La critica ai tecnici come chiave dei miti demagogici: breve parentesi amatoriale

Gli attacchi rivolti negli ultimi anni al governo dei tecnici, e soprattutto al suo presidente, Mario Monti, e al ministro del Lavoro, Elsa Fornero, sono stati troppo pressanti e organizzati per pensare che non abbiano svolto un ruolo funzionale nello sviluppo di miti demagogici, secondo i quali le politiche tradizionali sono alla base di tutti i disastri dell'economia italiana. La demagogia ha bisogno di creare eroi negativi, personaggi che vengono additati all'opinione pubblica, a seconda del periodo storico e delle convenienze del momento, come traditori, corrotti o semplicemente incompetenti.

Consentitemi allora una breve parentesi in un campo, quello storico, che non è il mio. Prendetela per quello che vale: una divagazione amatoriale. Nella storia abbiamo tanti esempi di movimenti demagogici che seguono questa strategia di demonizzazione alla ricerca di colpevoli delle disgrazie che colpiscono un paese, al fine di sostenere la necessità di un cambiamento radicale. La costruzione di miti, o di bufale, è in questo caso funzionale a un obiettivo politico ben definito. L'esempio forse più ovvio è quello della Germania dopo la Prima guerra mondiale. La leggenda della pugnalata alla schiena (*Dolchstoßlegende*) venne sviluppata per convincere l'opinione pubblica che la guerra non era stata persa sui campi di battaglia, ma era il risultato del tradimento dei politici tradizionali, dei "criminali di novembre" (*Novemberverbrecher*). Il problema è che queste bufale, queste leggende, questi miti finiscono per essere piuttosto pericolosi e costosi. Se la Grande guerra non era stata persa sul campo di battaglia, allora occorreva riprendere i combattimenti. Da qui la presa del potere del nazismo, da qui un altro conflitto mondiale. Da qui anche la necessità, proprio per convincersi che la guerra era davvero persa, di combatterla fino all'ultimo metro di terra germanica, fino alla conquista del bunker di Hitler da parte dell'Armata rossa. Alla fine, l'esperimento ha chiarito come stavano le cose: la Germania si è convinta che la guerra, la prima e pure la seconda, non era stata persa per colpa del tradimento di chi non era al fronte. Peccato che sfatare quel mito costò i 50 milioni di morti della Seconda guerra mondiale.

Consoliamoci. Nel nostro caso le bufale economiche avranno probabilmente un costo molto inferiore. Ma non del tutto irrilevante. Continuiamo quindi nella loro caccia.

Il divorzio tra Banca d'Italia e Tesoro[28]

La bufala sul divorzio che ebbe luogo nel 1981 tra Banca d'Italia e Tesoro, divorzio causato dall'incapacità, o forse dalla corruzione, dei tecnici, è diventata uno dei principali "totem" di chi vuole uscire dall'euro (e ce ne sono ancora tanti), di chi pensa che la banca centrale del nostro paese, la Banca d'Italia, dovrebbe essere subordinata alle decisioni della politica, di chi crede che debba tornare a essere il bancomat del governo. Per chi la pensa così, tutto cominciò da un'infausta giornata di un freddo febbraio del 1981 (ancora non c'era il riscaldamento globale), una giornata in cui due loschi individui, Carlo Azeglio Ciampi, allora governatore della Banca d'Italia, e Beniamino Andreatta, allora ministro del Tesoro, decisero la fine della subordinazione della Banca d'Italia al ministero del Tesoro, quello che divenne noto alle cronache con il nome di "divorzio". Da lì si originarono tutti i problemi della finanza pubblica italiana e, forse, dell'economia italiana in generale.

Un paio d'anni fa fui invitato a esporre il mio punto di vista sui conti pubblici italiani all'Università Statale di Milano. Il gruppo che mi aveva invitato era piuttosto critico rispetto alle mie posizioni sui conti pubblici, ma il dibattito fu del tutto civile, compresa la sessione finale di domande e risposte con il pubblico. A un certo punto un tizio tra il pubblico prende la parola, anche lui peraltro con toni del tutto pacati (non accade sempre così quando si parla di questi argomenti, sia nei talk show sia in rete), per dire più o meno questo: primo, il divorzio tra Banca d'Italia e Tesoro ha creato il problema del debito pubblico; se non ci fosse stato il divorzio, il nostro debito pubblico sarebbe molto più basso e sostenibile. Secondo, anche un bambino avrebbe potuto capire che il divorzio sarebbe stato la rovina dell'Italia. Terzo, se il danno era così ovvio, perché non ci si è fermati? Forse perché quelli che presero la decisione, Andreatta e Ciampi, ci fecero su un po' di soldi, o con mazzette o in chissà quale altro modo. L'idea che Andreatta e Ciampi avessero deciso il divorzio per guadagno personale è, per chi li ha conosciuti, talmente assurda da non dover neppure essere considerata degna di replica. Ma ho riportato il fatto per darvi l'idea di quanto radicata sia la convinzione che quel divorzio sia stata un'operazione "sporca", magari anche in combutta con la finanza internazionale. Certo, la maggior parte di quelli che criticano quella decisione probabilmente non la considerano come frutto di corruzione, ma ugualmente la ritengono sbagliata, quasi ripugnante direi, figlia dell'ideologia neoliberista.[29]

Ma cosa accadde esattamente il 12 febbraio 1981? Da un punto di vista formale, non accadde molto. Ci fu semplicemente uno scambio di lettere fra il ministro Andreatta e il governatore Ciampi in cui venne concordato che da lì in poi la Banca d'Italia non si sarebbe più impegnata a comprare i titoli di stato che risultavano invenduti alle aste, una prassi iniziata nel 1975. Cosa vuol dire? Supponiamo che il Tesoro avesse avuto bisogno di vendere titoli di stato (per esempio, BTP) per 10.000 miliardi di lire ma che non fosse stato disposto a pagare un tasso di interesse superiore al 10 per cento. Per quel tasso di interesse però banche e altri investitori erano disposti a comprare solo titoli per 7000 miliardi. Per comprarne di più avrebbero richiesto un tasso di interesse più elevato, per esempio il 12 per cento. Ma non c'era bisogno di portare il tasso di interesse a quel livello per vendere tutti i titoli che il Tesoro voleva vendere: la Banca d'Italia infatti era impegnata a intervenire come compratore residuale, nel nostro esempio per comprare i 3000 miliardi di titoli invenduti al tasso del 10 per cento. Un meccanismo di questo genere comportava che i tassi di interesse alle aste dei titoli di stato non venissero davvero determinati dalla volontà dei risparmiatori di comprare titoli di stato. Ma erano sostanzialmente determinati dalla volontà del Tesoro di pagare un certo tasso di interesse (non più del 10 per cento nell'esempio), visto che ci pensava la Banca d'Italia a comprare i titoli invenduti.[30]

Dopo quello scambio di lettere la Banca d'Italia non avrebbe più comprato residualmente i titoli invenduti. Perché si parlò di divorzio? Perché da allora la gestione della politica monetaria (quanti soldi stampare e, di conseguenza, quale sarebbe stato il livello dei tassi di interesse) sarebbe stato determinato in misura crescente dalla Banca d'Italia: cioè si avviava la separazione della gestione della politica monetaria, affidata ai tecnici della Banca d'Italia, dalla gestione della politica di bilancio, mantenuta nelle mani politiche del governo e del parlamento. Ho detto "si avviava" perché il divorzio del 1981, dal punto di vista formale, non eliminava certo l'accesso del Tesoro al credito della Banca d'Italia, e quindi il finanziamento del deficit pubblico stampando moneta. La Banca d'Italia avrebbe continuato fino al 1994 a comprare titoli alle aste del Tesoro, anche se a sua discrezione e non più con acquisti residuali; e, soprattutto, il Tesoro avrebbe continuato a prendere soldi a prestito direttamente dalla Banca d'Italia attraverso il conto corrente di tesoreria, il cui scoperto per legge poteva arrivare al 14 per cento delle spese correnti.

Ma se, formalmente, la separazione tra Banca d'Italia e Tesoro non era completa, dal punto di vista sostanziale la decisione era importante sia simbolicamente, sia in termini pratici. Era un modo per annunciare ai mercati finanziari che la politica monetaria non sarebbe stata più subordinata all'esigenza di finanziare lo stato italiano, ma poteva essere indirizzata a raggiungere una maggiore stabilità dei prezzi, a combattere l'inflazione.

Già, l'inflazione. Cosa ha a che fare l'inflazione con tutto questo? Oggi, l'inflazione non sembra più un problema, perché, in vent'anni di moneta unica, abbiamo sempre avuto un'inflazione a livelli bassi. Ma negli anni settanta lo era, eccome. Il tasso di inflazione, cioè l'aumento dei prezzi al consumo, superò il 25 per cento nei dodici mesi terminanti al dicembre 1974. L'inflazione rifletteva spinte sui prezzi di diverso tipo, soprattutto l'aumento del prezzo del petrolio e aumenti salariali alimentati anche dal meccanismo della scala mobile. Fenomeni di questo genere si erano manifestati però anche in altri paesi: l'aumento del petrolio in particolare aveva colpito tutti i paesi avanzati, mettendo pressione sui prezzi al consumo, ma in altri paesi queste pressioni erano state smorzate da una politica monetaria più restrittiva e da tassi di interesse più elevati. Quando l'inflazione aumenta, per calmierarla occorre aumentare i tassi di interesse e per farlo occorre stampare meno soldi. Se l'inflazione aumenta e i tassi di interesse restano bassi, il costo del denaro, al netto dell'inflazione, può diventare molto negativo. Supponiamo che l'inflazione annua sia del 10 per cento e il tasso di interesse a cui posso prendere a prestito soldi per un anno sia del 5 per cento. Se io prendo a prestito 100 cocuzze (chiamiamo così la nostra valuta immaginaria, sperando di non dare idee a quelli che vogliono lasciare l'euro), fra un anno dovrò restituire 105 cocuzze. Ma fra un anno 105 cocuzze varranno meno di 100 cocuzze di oggi (nel senso che posso acquistare meno beni di quanti ne posso acquistare oggi con 100 cocuzze visto che i prezzi sono aumentati del 10 per cento). Potrò comprare circa il 5 per cento in meno. Quindi, in termini reali, il tasso di interesse che ho pagato è negativo: è di circa il -5 per cento. Con tassi di interesse reali negativi è conveniente prendere a prestito per acquistare beni, visto che devo restituire meno di quello che ho preso a prestito. Ma questo aumenta la domanda di beni e mette pressione ulteriore sui prezzi. Non solo, ma se il valore in termini di beni della cocuzza si riduce nel tempo, allora preferirò magari comprare più marchi tedeschi. In questo caso la cocuzza perde valore anche rispetto ad altre valute: all'inflazione si aggiunge la svalutazione.

Per smorzare le pressioni inflazionistiche devo dunque aumentare sufficientemente i tassi di interesse. Negli anni settanta, in Italia, questo non poteva avvenire perché la Banca d'Italia doveva finanziare, a tassi di interesse relativamente bassi, il crescente squilibrio dei conti pubblici, squilibrio che si era aperto, per importi mai sperimentati dopo la Seconda guerra mondiale, a partire dalla fine degli anni sessanta.

I dati sono chiarissimi in proposito. Il deficit primario, cioè la differenza tra spese al netto degli interessi ed entrate dello stato, nel corso degli anni settanta si impennò. Infatti, di fronte a una crescente spesa pubblica, i governi dell'epoca decisero di non aumentare in pari misura la tassazione. Il deficit primario superò il 7 e mezzo per cento del Pil nel 1975 e si mantenne su livelli del 3-5 per cento per la maggior parte del decennio. Questo squilibrio veniva colmato in buona parte dalla Banca d'Italia, che comprava in modo massiccio titoli di stato. Tali acquisti della Banca d'Italia avevano un effetto calmieratore sui tassi di interesse e attutivano l'impatto sul deficit complessivo del debito pubblico e dell'elevato deficit primario. I tassi di interesse sul debito pubblico erano più bassi dell'inflazione e, quindi, lo stato prendeva a prestito non solo dalla Banca d'Italia ma anche dai mercati finanziari a tassi di interesse negativi. Era una manna per i conti pubblici: certo, il debito pubblico cominciò a crescere (dal 35 per cento del Pil nel 1969 al 57 per cento del Pil nel 1979), ma l'aumento sarebbe stato molto più forte se i tassi di interesse non fossero stati contenuti dall'azione della Banca d'Italia.

Il prezzo da pagare per questo vantaggio per i conti pubblici era però un'inflazione elevata. E in effetti l'inflazione stessa era uno strumento chiave attraverso cui la crescita del debito pubblico veniva contenuta: tassi di interesse reali negativi (resi negativi dall'inflazione e dalla difficoltà per la Banca d'Italia di aumentare i tassi nominali) riducevano il valore in termini di potere d'acquisto dei titoli di stato in circolazione. Insomma, ci perdeva chi aveva comprato titoli di stato: era come una tassa occulta, ed è anche grazie ad essa che allora si riuscì a contenere la crescita del debito pubblico, cosa che i critici del "divorzio" si guardano bene dal mettere in luce.

I documenti della Banca d'Italia, in particolare le Considerazioni finali del governatore della Banca d'Italia alla presentazione delle relazioni annuali dell'istituto, della seconda metà degli anni settanta, quando il governatore era Paolo Baffi, danno l'idea della difficile posizione della nostra banca centrale.[31] Da un lato, quest'ultima aveva come compito istituzionale di mantenere il valore nel tempo della lira. Dall'altro si trovava privata dello strumento principale per raggiungere tale obiettivo: il controllo del livello dei tassi di interesse, controllo che non poteva avere essendo la politica monetaria subordinata ai bisogni di finanziamento dello stato. Così, per esempio Paolo Baffi a p. 442 della Relazione della Banca d'Italia sul 1975 notava che "il disavanzo dello Stato crea in termini di liquidità la condizione permissiva di fondo dell'inflazione dei redditi" e, l'anno dopo, a p. 410, sottolineava che la riduzione dell'inflazione "non è raggiungibile senza la riduzione del finanziamento monetario del Tesoro".

Ma non era certo solo la Banca d'Italia a essere scontenta. L'inflazione non piaceva a nessuno (o quasi). La perdita di valore nel tempo della lira, anzi della "liretta", come molti la chiamavano allora, era vista come un simbolo di debolezza dell'Italia. Ricordate Celentano che nel 1976 cantava *Svalutation*? Iniziava così:

Eh la benzina ogni giorno costa sempre di più
e la lira cede e precipita giù
svalutation, svalutation.
Cambiando i governi niente cambia lassù
c'è un buco nello Stato dove i soldi van giù
svalutation, svalutation.

L'inflazione era parte della vita quotidiana. Nel 1978, Lucio Battisti (*Al cinema*) si lamentava: "Vuoi il gelato? È aumentato!". L'inflazione costituiva un problema particolarmente grave per chi percepiva un reddito fisso che non si muoveva in linea con i prezzi e veniva eroso in termini di potere d'acquisto. Sempre nel 1978 Rino Gaetano ci parlava di *Gianna* che "difendeva il suo salario dall'inflazione".

L'opinione pubblica era stanca di quella situazione e il divorzio fu uno dei passi compiuti per iniziare una lotta più serrata per raggiungere una maggiore stabilità monetaria. Non fu l'unico passo. Nel 1979 l'Italia aderì al Sistema monetario europeo, che avrebbe limitato la svalutazione della lira. Il governo e le parti sociali si impegnarono al fine di una drastica riduzione dell'inflazione (anche con il cosiddetto "lodo Scotti", l'accordo tra Confindustria e sindacati promosso dal ministro del Lavoro Vincenzo Scotti) e in più si limitò l'aumento automatico dei salari in risposta all'aumento dei prezzi dovuto alla cosiddetta scala mobile. Ma con il divorzio, la Banca d'Italia ebbe la possibilità di aumentare i tassi d'interesse come strumento per contenere svalutazione e inflazione. Da notare che lo stesso stava avvenendo anche in altri paesi: gli anni ottanta videro un forte innalzamento dei tassi di interesse reali per combattere l'inflazione in quasi tutti i paesi avanzati. E pian piano l'inflazione cominciò effettivamente a scendere.

Ma c'era un prezzo da pagare per tutto ciò. L'aumento dei tassi di interesse ridusse la tassa da inflazione che pesava sui risparmiatori, il che aggravò le finanze pubbliche. Per compensare l'aumento dei tassi di interesse e il calo della tassa da inflazione sarebbe stato necessario rafforzare sufficientemente la parte del bilancio dello stato che abbiamo chiamato "primaria" (perché non include la spesa per interessi). Ma il disavanzo primario, pur calando un po', rimase elevato, tra il 2 e il 6 per cento per tutti gli anni ottanta.[32] Sotto la spinta congiunta di tale disavanzo e di spese crescenti per gli interessi sul debito pubblico, quest'ultimo aumentò più rapidamente che negli anni settanta, raggiungendo il 90 per cento del Pil nel 1989.

Ecco, questa è la storia del divorzio. Fu necessario? La decisione di aumentare i tassi di interesse per contrastare l'inflazione rifletteva un desiderio, all'epoca molto sentito, di far tornare l'Italia alla stabilità monetaria che aveva caratterizzato gli anni cinquanta e sessanta, quelli del miracolo economico. Avremmo potuto seguire una strada diversa? Certo, alcuni paesi lo fecero, tra questi la Turchia, che nel corso degli anni ottanta e novanta sperimentò tassi di inflazione dell'80-100 per cento e che, grazie a una tassa da inflazione esorbitante, riuscì a contenere la crescita del debito pubblico, nonostante squilibri primari elevati. Ma non era sicuramente dalla Turchia che volevamo prendere esempio all'epoca, per fortuna. Il divorzio non fu quindi un atto di incompetenza, né il risultato di un complotto internazionale. E se anche non risultò da una legge approvata in parlamento, ma, come si è detto, bastò uno scambio di lettere tra il governatore Ciampi e il ministro Andreatta, non furono in molti a sollevare obiezioni né in parlamento né al di fuori.[33] L'opinione pubblica voleva che si riducesse l'inflazione e l'aumento dei tassi di interesse che il divorzio rendeva possibile fu uno degli strumenti per raggiungere tale risultato.

Prima di concludere questa sezione vorrei tornare però

su un punto di carattere più generale che riguarda l'indipendenza delle banche centrali dal potere politico. I critici del divorzio lo vedono come una componente di un più generale fenomeno, ossia la fine della subordinazione della Banca d'Italia al potere politico, fine che venne poi formalizzata negli anni novanta dopo l'adesione dell'Italia al trattato di Maastricht che, appunto, richiedeva l'indipendenza dal potere politico della Banca d'Italia e delle altre componenti del Sistema europeo di banche centrali (Sebc). I critici di tale indipendenza sostengono che non ha senso che la politica monetaria sia gestita da tecnocrati. Visto che la Banca d'Italia è un ente di natura pubblica, visto che una componente essenziale del potere del "sovrano" è sempre stata quella di creare moneta, perché la banca centrale di un paese non dovrebbe essere subordinata al volere del governo e del parlamento che sono stati legittimamente eletti dal popolo sovrano?

Chiariamo una cosa. Le banche centrali dei principali paesi avanzati sono ormai indipendenti nella gestione della politica monetaria, ma lo sono all'interno di un mandato che è stato approvato a livello politico. Ossia, una legge approvata dal parlamento fissa, in Italia e negli altri paesi, quale debba essere l'obiettivo della banca centrale, nella maggior parte dei casi tenere bassa l'inflazione. È all'interno di questo mandato deciso a livello politico che la banca centrale usa gli strumenti a disposizione, in primis il livello dei tassi di interesse, per raggiungere il proprio obiettivo. In questo senso si parla di indipendenza della Banca d'Italia: è un'indipendenza nell'uso degli strumenti della politica monetaria per raggiungere l'obiettivo definito a livello politico attraverso una legge. Perché nel corso degli ultimi trent'anni questo modello di indipendenza è stato adottato nei paesi avanzati e in buona parte dei paesi emergenti? Perché ci si è resi conto che lasciare la gestione della politica monetaria al governo implicava il rischio che quest'ultimo la usasse per fini elettorali, abusandone per obiettivi politici, un abuso che avrebbe potenzialmente alimentato le aspettative di inflazione e l'inflazione stessa. Insomma, la tentazione di stampare moneta e tenere i tassi di interesse bassi è qualcosa a cui è molto difficile resistere anche per governi ben intenzionati. E se quella non è l'intenzione, se non si intende abusare del potere di stampare moneta e determinare il livello dei tassi di interesse, perché allora non affidare il compito di gestire la politica monetaria a dei tecnici indipendenti nell'uso degli strumenti, sotto il vincolo di un mandato definito a livello politico? Il modello della banca centrale indipendente ci ha in effetti dato decenni di stabilità monetaria. Ed è solo perché ormai ci siamo abituati a tale stabilità monetaria che non ne apprezziamo adeguatamente i vantaggi e qualcuno vorrebbe tornare alla subordinazione della moneta ai voleri del sovrano. Credo sarebbe un errore molto grave.

Lo stato italiano non sa vendere i titoli di stato

Secondo una bufala piuttosto diffusa, il debito pubblico non sarebbe un problema in Italia se solo i tecnici del ministero dell'Economia e delle Finanze sapessero svolgere il loro mestiere e non vendessero i titoli di stato con un metodo d'asta del tutto demenziale. Ma non lo fanno, o per incapacità o perché, peggio, sono asserviti agli interessi del mondo finanziario. Quindi o scemi o corrotti.

Il metodo di vendita dei titoli di stato sotto accusa è quello della cosiddetta "asta marginale", applicato per la vendita dei BTP.[34] Un'asta marginale funziona in questo modo. Ci sono 100 euro in BTP che devono essere venduti. Tizio vuole comprarne 70 ed è disposto ad accettare un tasso di interesse del 2 per cento. Caio vuole comprarne 30 ed è disposto ad accettare un tasso del 2,5 per cento. Sempronio ne vorrebbe 40 ma al tasso di interesse del 3 per cento.[35] Il ministero mette le offerte in ordine crescente di tasso di interesse: vincono l'asta quelli che sono disposti a ricevere il tasso di interesse più basso. Nell'esempio soprastante, Tizio e Caio vincono l'asta mentre l'esoso Sempronio, che voleva il 3 per cento, resta a bocca asciutta. Ma qui arriva il problema. In un'asta marginale i titoli vengono venduti a un prezzo che corrisponde al tasso di interesse più alto tra quelli richiesti dai vincitori, in questo caso il tasso di interesse del 2,5 per cento offerto da Caio. Ma come? Tizio era disposto a ricevere solo il 2 per cento e riceverà invece il 2,5 per cento? Chiaramente il ministero non sa fare il proprio mestiere. Dovrebbe invece usare il metodo dell'asta "competitiva", quello in cui ognuno riceve il tasso di interesse richiesto, metodo peraltro usato anche in Italia per le aste dei titoli a breve termine, i BOT. In questo modo, il ministero risparmierebbe, non butterebbe via i soldi. Non è ovvio?

No, non è affatto ovvio. Chi mette in circolazione queste bufale, cioè che l'asta marginale è chiaramente svantaggiosa rispetto all'asta competitiva, forse non conosce un'ampia letteratura economica e il dibattito sui sistemi d'asta aperto già molti anni fa. Io stesso me ne sono occupato in un lavoro curato con Leonardo Bartolini nel 1997.[36] Nonostante le pratiche nel mondo siano diverse (all'epoca del mio articolo l'asta competitiva era prevalente, anche se molti paesi usavano l'asta marginale), la letteratura sull'argomento tendeva a preferire l'asta marginale. Il motivo per cui quest'ultima può essere preferibile per il venditore dei titoli è semplice: sapendo che il tasso di interesse offerto non sarà necessariamente quello che viene corrisposto, i potenziali compratori tenderanno a offrire dei tassi più bassi (in pratica dei prezzi più alti) di quelli che sarebbero disposti a offrire se l'asta fosse competitiva. In altri termini, il comportamento dei potenziali compratori dipende dal sistema d'asta che viene usato. I critici del sistema dell'asta marginale non colgono questo semplice punto e immaginano invece che i compratori manterrebbero invariate le proprie offerte anche con un sistema d'asta diverso.

Mi verrebbe da pensare che chi sostiene la chiara preferenza per le aste competitive e accusa i nostri tecnici ministeriali di incompetenza lo fa proprio per mancanza di conoscenza della letteratura sull'argomento. Ma la questione dei vantaggi e svantaggi relativi dei due sistemi d'asta è così nota che temo si voglia invece costruire bufale per partito preso, o, meglio, per criticare quei tecnici che manderebbero il paese in rovina per incompetenza o corruzione. Rimpiazziamoli con chi ama davvero il paese e non si fa corrompere dalle lobby della finanza, magari gli autori stessi delle bufale.

I derivati hanno rovinato le finanze pubbliche perché i tecnici hanno scommesso e perso

La saga dei derivati sembra essersi conclusa a inizio marzo 2019 con l'assoluzione, in appello presso la Corte dei Conti, di Maria Cannata, per diciassette anni direttore del Tesoro, ossia la responsabile del ministero dell'Economia e delle Finanze per la gestione del debito pubblico. Insieme a lei sono stati assolti un altro tecnico, il direttore generale del Tesoro Vincenzo La Via, e due ex ministri, anche se di estrazione tecnica, Domenico Siniscalco e Vittorio Grilli. L'accusa era quella di aver causato un danno erariale per aver sottoscritto contratti derivati che permisero alla banca Morgan Stanley di uscire da un contratto derivato incassando circa 3 miliardi di euro. Secondo la Corte dei Conti i contratti derivati sottoscritti erano legittimi e le scelte amministrative prese dai dirigenti in questione non erano sindacabili legalmente.

Ma al di là del caso specifico, cosa sono i derivati? La tesi per cui i derivati sono equivalenti a "scommesse" fatte col denaro pubblico è piuttosto diffusa.[37] I contratti derivati, si dice, comportano una scommessa sul fatto che, per esempio, i tassi di interesse aumenteranno o scenderanno. Se i tassi di interesse aumentano, tipicamente la banca che è controparte del contratto paga qualcosa all'ente pubblico, diciamo lo stato; se invece scendono, è lo stato che deve pagare qualcosa alla banca. E siccome sapere cosa faranno i tassi di interesse da qui ai prossimi dieci anni è davvero difficile da prevedere, il contratto comporterebbe una scommessa che, se va male, può costare tantissimi soldi allo stato.

Messa così sembra proprio una scommessa, no? In realtà quello che non viene detto, anche se dovrebbe essere ovvio, è che lo stato, essendo molto indebitato, in genere ci perde quando i tassi di interesse salgono e ci guadagna quando scendono. In assenza di un contratto derivato, quindi, la spesa per interessi sarebbe soggetta a una maggiore variabilità. Facciamo un esempio. Lo stato ha un debito di 1000 euro e oggi il tasso di interesse su tale debito è del 3 per cento. La spesa per interessi è quindi di 30 euro all'anno. Se il tasso di interesse di mercato aumentasse al 5 per cento, la spesa per interessi salirebbe a 50 euro.[38] Se il tasso di interesse invece scendesse all'1 per cento, la spesa per interessi calerebbe a 10 euro. In assenza di contratti derivati la spesa per interessi è quindi soggetta a una notevole volatilità. Cosa succede se lo stato sottoscrive un contratto derivato? Supponiamo che il contratto stabilisca che se i tassi di interesse salgono dal 3 al 5 per cento la banca paga allo stato 5 euro, mentre se i tassi di interesse scendono dal 3 all'1 per cento, lo stato paga alla banca 5. Se effettivamente i tassi di interesse aumentano, la spesa per lo stato sale da 30 a 45 euro (la spesa per interessi aumenta da 30 a 50 ma lo stato riceve 5 dalla banca, per cui la spesa netta aumenta solo a 45): lo stato perde meno di quello che avrebbe perso in caso di assenza del contratto derivato. Se invece i tassi di interesse scendono, la spesa per interessi dello stato scende da 30 a 15 euro: lo stato risparmia di meno di quello che avrebbe risparmiato in assenza del contratto. *Ex post*, cioè dopo aver visto che cosa accade al tasso di interesse, è sempre possibile dire "avrei fatto meglio a non firmare il contratto derivato", oppure "meno male che ho firmato il contratto derivato". Ma il punto è che, attraverso il contratto, la volatilità della spesa per interessi si è ridotta. Senza il contratto la spesa per interessi poteva oscillare tra i 10 e i 50 euro. Con il contratto può oscillare da 15 a 45 euro. Il contratto ha ridotto l'incertezza sui futuri pagamenti di interesse. Quindi il contratto è il contrario di una scommessa. È un'assicurazione che riduce l'incertezza. Dipende tutto dal punto di partenza. In presenza di una volatilità di base (per esempio, della spesa per interessi), il contratto derivato agisce come un'assicurazione che limita l'incertezza. È invece soltanto in assenza di una volatilità iniziale che il contratto derivato diventa una scommessa che aumenta la volatilità dei flussi finanziari. E siccome la spesa per interessi dello stato è esposta a incertezza, i derivati riducono tale incertezza. Non sono una scommessa.

Detto questo, occorre essere prudenti. Il contratto derivato deve essere scritto, come ogni contratto di assicurazione, in modo corretto. Il "premio di assicurazione", in altri termini, non può essere eccessivo, la compagnia di assicurazione (la banca) deve poter uscire dal contratto solo a certe condizioni. È quindi legittimo chiedersi se uno specifico contratto derivato sia stato un buon contratto, il che vale peraltro per ogni contratto firmato dalla pubblica amministrazione. E, nel caso specifico citato sopra, la Corte dei Conti è giunta alla conclusione che non esistevano gli estremi per ritenere i funzionari colpevoli di azioni tali da configurare un danno erariale. È invece una bufala quella per cui i contratti derivati sono di per sé sbagliati e che rappresentano una scommessa fatta con i soldi dello stato, magari per ingraziarsi i favori delle banche internazionali.

Quindi niente di sbagliato in linea di principio con i derivati. Ma occorre riconoscere che i contratti derivati sono strumenti finanziari molto complessi e che le controparti, le grandi banche internazionali, hanno risorse tecnico-finanziarie di gran lunga superiori a quelle che sono a disposizione di un ente pubblico italiano. Per dirla in parole semplici, quando si parla di derivati, ne sanno una più del diavolo. Quindi, personalmente, se fossi un dirigente pubblico che, in quanto tale, ha a disposizione scarse risorse altamente specializzate, me ne starei ben lontano, sia se fossi un dirigente nazionale, sia, a maggior ragione, un dirigente di un ente territoriale, che probabilmente ha a disposizione anche minori risorse specializzate. È quindi legittima la preoccupazione per il fatto che molti enti territoriali italiani abbiano sottoscritto contratti derivati. Speriamo bene...[39]

Cosa c'è di vero

Essendo io un tecnico, questo capitolo potrebbe essere letto come un incondizionato appoggio alla categoria. Non è questa la mia intenzione. Come ho detto all'inizio, l'economia non è una scienza esatta ed esistono margini di interpretazione. Ma da qui a dire che in campo economico o statistico si può sostenere di tutto ce ne passa. Gli strumenti che gli economisti utilizzano per descrivere i fenomeni economici sono certo imperfetti, ma i critici e i produttori di bufale di norma esagerano nel sottolinearne i limiti. Per esempio, non appena un economista parla di media (per esempio, il reddito medio dei residenti italiani) si alza qualcuno che, con un sorriso ironico, ricorda il problema della media di Trilussa, quella per cui se in media mangiamo un pollo a testa, magari tu ne mangi due e io non ne mangio nessuno. Nelle parole di Trilussa, dalla poesia *La statistica*:

Me spiego: da li conti che se fanno
seconno le statistiche d'adesso
risurta che te tocca un pollo all'anno:
e, se nun entra nelle spese tue,
t'entra ne la statistica lo stesso
perch'è c'è un antro che ne magna due.

Ovviamente economisti e statistici non sono scemi e conoscono bene i limiti del concetto di media. Infatti, insieme alla media, usano altri indicatori come la varianza (che è una misura della dispersione delle osservazioni intorno alla media, ossia del fatto che tu mangi due polli e io nessuno) o indicatori più sofisticati, come il coefficiente di Gini per misurare l'equità della distribuzione del reddito.

Detto questo, in conclusione, mi limito a due considerazioni.

La prima riguarda proprio la difficoltà che gli economisti, almeno quelli tradizionali, hanno avuto nello spiegare gli sviluppi che hanno caratterizzato gli ultimi anni, sviluppi che potrebbero indurre alcuni a pensare che le teorie economiche tradizionali vanno scartate completamente. È un fatto che il debito pubblico è aumentato molto rapidamente negli ultimi dieci anni in molti paesi avanzati e che questo aumento non è stato accompagnato da alcuni di quei fenomeni che ci si sarebbe aspettati sulla base delle teorie tradizionali. In particolare, non si è verificato un aumento generalizzato dei tassi di interesse sui titoli di stato. Certo, si sono aperte alcune crisi del debito pubblico all'interno dell'euroarea all'inizio di questo decennio (Grecia, Portogallo, Irlanda e, in qualche misura, anche Italia). Ma altri paesi hanno aumentato il loro debito pubblico senza conseguenze dannose, si potrebbe dire impunemente.

In realtà, questo fenomeno è almeno in parte spiegato dal fatto che l'aumento del debito è stato, come in alcuni casi rilevanti tra cui il Giappone, interamente o in gran parte finanziato non dai mercati finanziari, ma dalle banche centrali. Si è stampata un mucchio di moneta (elettronica) per finanziare i deficit dei governi. Ma anche qui è successo qualcosa di inaspettato. Tutta questa moneta immessa in circolazione non ha causato quello che gli economisti tradizionali si sarebbero aspettati: l'inflazione. Questo suggerisce che le teorie tradizionali possano essere sbagliate o, per lo meno, non essere più applicabili al mondo moderno.

Ho già dato la mia interpretazione di questi sviluppi nel volume *Il macigno*. La moneta creata dalle banche centrali per spingere l'economia (e, anche se non era l'intenzione immediata, facilitare il finanziamento dei deficit pubblici) non ha avuto un grande impatto sull'attività economica e, quindi, sull'inflazione perché ha finito per ristagnare nel sistema bancario. La vera domanda allora è: cosa frena le banche dall'usare questa liquidità? L'abbiamo discusso nel capitolo 2 di questo libro: a mio parere, svolge un ruolo essenziale la più stretta regolamentazione relativa al capitale che le banche devono detenere quando aumentano i propri prestiti. In altri termini, a una politica monetaria molto espansiva è stata affiancata una politica di regolamentazione bancaria molto restrittiva, con l'effetto di annullare l'impatto inflazionistico (ma anche espansivo dell'attività reale) della moneta che veniva stampata. Resta da vedere quanto questa situazione sia sostenibile nel tempo. Temo che prima o poi questa liquidità sarà usata con un effetto, sì, sull'attività economica, ma anche sui prezzi, causando una vampata di inflazione. A meno che le banche centrali non la riassorbano vendendo titoli di stato sul mercato. A quel punto diventerebbe più difficile sostenere il debito pubblico in circolazione. Ad ogni modo, resta la necessità per noi economisti di cercare di capire meglio un mondo che, in conseguenza della globalizzazione, è cambiato molto rapidamente negli ultimi trent'anni. Ci muoviamo in un territorio ancora poco esplorato. Proprio per questo occorre essere prudenti prima di giungere a conclusioni definitive in una direzione o nell'altra.

La seconda considerazione riguarda un tema che è emerso più volte in questo capitolo: quello della strategia per ridurre il rapporto fra debito pubblico e Pil. Vorrei riassumere, a scanso di equivoci, la mia posizione su questo tema così centrale per il futuro dell'economia italiana.

Primo punto: la crescita del Pil è fondamentale per mettere a posto i conti pubblici, ma non può essere stimolata, soprattutto per un paese che è già molto indebitato, da un'iniziale espansione fiscale (né attraverso un aumento della spesa pubblica, né attraverso un taglio di tasse in deficit), espansione che, secondo me, avrebbe al meglio un effetto di breve termine sulla crescita. Occorre invece un taglio drastico della burocrazia e anche delle tasse ma trovando finanziamenti, in particolare riducendo la spesa non prioritaria e l'evasione fiscale. Occorre rendere la giustizia civile più rapida e ridurre la corruzione. Occorre migliorare i servizi che la pubblica amministrazione fornisce al settore produttivo. Insomma, occorre fare riforme che rendano più facile investire in Italia e che aumentino la nostra capacità di esportare.

Secondo punto: è essenziale risparmiare le entrate da maggiore crescita fino al raggiungimento del pareggio di bilancio, non perché pareggiare il bilancio sia un principio sacro, ma perché se vogliamo ridurre il rapporto fra debito e Pil a una velocità sufficiente bisogna anche frenare l'accumulo di debito, cioè il deficit. Aumentare la crescita senza ridurre il deficit fino al pareggio di bilancio può comportare un calo del rapporto fra debito pubblico e Pil, ma troppo lento. Si noti che risparmiare le entrate che derivano da maggiore crescita non vuol dire fare austerità attraverso un aumento delle aliquote di tassazione: le entrate dello stato aumentano perché il reddito aumenta, non perché aumentano le tasse.

Terzo punto: occorre sperare di avere abbastanza tempo per fare tutto questo. In presenza di uno shock esterno (una recessione importata, per esempio), potremmo trovarci nel bel mezzo di un attacco speculativo, con lo spread che risale a livelli insostenibili. Se ciò avvenisse, temo diventerebbe necessario un approccio più rapido alla risoluzione dei nostri conti pubblici. Ma non credo che tale approccio sarebbe sufficiente a calmare i mercati. Bisognerebbe ricevere l'aiuto delle istituzioni europee, in primis della Bce. Tale intervento, nell'ambito di un programma di riforme concordato con tali istituzioni, dovrebbe però essere immediato. Sarebbe questo l'unico modo per evitare una caduta rapida del Pil che minerebbe la fiducia nella sostenibilità del programma di riforme. Speriamo di non arrivare a trovarci in questa situazione. Speriamo che il mondo e l'Europa continuino a crescere e che non ci siano shock di vario genere che potrebbero rivelare la nostra fragilità. E speriamo che, dovessimo invece trovarci in una situazione di crisi, si possa avere dall'Europa un sostegno rapido e massiccio in cambio di un'azione di vera riforma del nostro paese.

4.
Bufale sulle pensioni

GIUSEPPE CRUCIANI: "Meglio Mussolini della Fornero?"
MATTEO SALVINI: "Meglio della Fornero è chiunque. Lei è il peggio del peggio. Quando andremo al governo cercheremo di farla processare per alto tradimento."

Questo scambio, tratto dalla trasmissione radiofonica *La Zanzara*, è riportato dal "Fatto Quotidiano" il 16 febbraio 2016.[1] Per fortuna Salvini, arrivato al potere, non ha dato seguito alle sue intenzioni. Ma il governo gialloverde ha controriformato la riforma Fornero con l'introduzione di Quota 100 (la possibilità di andare in pensione con almeno 38 anni di contributi e almeno 62 anni), seppure solo per tre anni, ma con l'intenzione, prima della sua caduta, di intervenire ulteriormente al termine del triennio di prova. È una riforma che si muove in controtendenza rispetto alle riforme introdotte negli ultimi trent'anni, riducendo l'età di pensionamento nonostante il previsto aumento delle spese pensionistiche dovuto alle pressioni demografiche.[2] È chiaro, però, che è stata una manovra vincente dal punto di vista elettorale, e questo non sorprende affatto.

Ogni anno vengono erogate in Italia circa 23 milioni di pensioni. Dato che alcuni ricevono più di una pensione, il numero di persone che riceve pensioni è un po' più basso, ma si tratta comunque di un incredibile serbatoio di voti. È ovvio, quindi, che in Italia il tema delle pensioni sia molto sentito e che i politici debbano considerare i pensionati come un'importante categoria. In realtà, il tema delle pensioni coinvolge un numero ben più ampio di persone perché tutti i lavoratori attuali aspirano ad avere una pensione il più elevata possibile e al più presto (tutti, perché anche la stragrande maggioranza di quelli che intendono continuare a lavorare lo fanno più volentieri se comunque percepiscono anche una pensione). Ci si deve stupire allora se le bufale sulle pensioni hanno avuto un particolare sviluppo in Italia? In questo capitolo approfondiamo il tema discutendo prima quattro bufale che riguardano le pensioni in essere, e poi altre due che riguardano invece il futuro della spesa pensionistica in Italia e la sostenibilità del sistema pensionistico sulla base della legislazione corrente.

A pagare sono sempre i pensionati

È forte la percezione che in passato le manovre di aggiustamento dei conti pubblici abbiano penalizzato i pensionati, ossia, per dirla in modo un po' più colorito, che a pagare il conto siano sempre i pensionati o che i pensionati siano il bancomat del governo.[3] Questa percezione è probabilmente alimentata dalle ripetute riforme che dal 1995 (dalla riforma Dini) hanno prolungato l'età lavorativa e ridotto i benefici pensionistici (per esempio, per il calcolo della pensione, col passaggio dal metodo retributivo al meno generoso metodo contributivo) per contenere l'aumento della spesa derivante dalle pressioni demografiche (l'aumento della speranza di vita e il calo della natalità). Nel corso degli anni, però, la spesa per le pensioni (tralasciando per il momento la distinzione tra spesa previdenziale e spesa assistenziale, discussa nel seguito) è comunque sempre aumentata, crescendo di 5 punti percentuali di Pil tra la fine degli anni ottanta e il 2017.

In ogni caso, queste misure di riforma hanno quasi esclusivamente riguardato i benefici per i lavoratori che non erano ancora pensionati, non chi era andato già in pensione, i cui "diritti acquisiti" non potevano essere toccati. In realtà, nel corso degli ultimi anni le misure prese dai vari governi per contenere la spesa per le pensioni già erogate sono state limitate a due aspetti. Il primo è la riduzione degli aumenti per adeguare le pensioni al costo della vita, il blocco (parziale) della cosiddetta "perequazione", il termine usato nel gergo pensionistico per indicare l'indicizzazione delle pensioni ai prezzi. Il secondo riguarda il taglio delle pensioni al di sopra di un certo livello, le cosiddette "pensioni d'oro" (quelle che contengono il "regalo" maggiore implicito nel contributivo), attraverso l'imposizione di vari contributi di solidarietà realizzati con diverse modalità.

Per quanto spiacevoli per chi li ha subiti, questi provvedimenti hanno avuto una portata contenuta. Il blocco della perequazione è stato spesso parziale e ha coinvolto solo le pensioni al di sopra di un certo livello e in misura comunque decrescente al decrescere del livello della pensione. Inoltre, provvedimenti di questo tipo erano più incisivi quando l'inflazione era elevata. Con l'avvento dell'euro e il calo del tasso di inflazione, il blocco della perequazione ha molto contenuto la perdita di potere d'acquisto da parte dei pensionati derivante dalla solo limitata indicizzazione. Insomma, se l'inflazione è del 10 per cento e la perequazione viene bloccata interamente, la perdita in termini di potere d'acquisto è di circa il 10 per cento. Ma se l'inflazione, come per esempio nel 2017, è stata dell'1,3 per cento, la mia perdita in termini di potere d'acquisto in caso di un blocco completo della perequazione è di circa l'1,3 per cento. In realtà, il blocco della perequazione non è solitamente completo. Prendiamo quello introdotto nella legge di bilancio per il 2019 dal governo gialloverde. Per le pensioni fino a 1521 euro mensili (ossia, fino a tre volte il minimo), l'adeguamento è completo. Per le pensioni fino a 2029 euro, l'adeguamento è del 97 per cento del tasso di inflazione, per quelle fino a 2537 euro è del 77 per cento, e via a decrescere, fino a un adeguamento ridotto al 40 per cento per le pensioni oltre i 4566 euro. Che significa questo? Prendiamo un pensionato che rientri nella prima fascia colpita dalla perequazione solo parziale, che abbia, per esempio, una pensione di 1800 euro al mese. Ipotizziamo che quest'anno l'inflazione sia – cosa plausibile visti gli andamenti già osservati – dell'1 per cento. Il pensionato, con un'indicizzazione piena, dovrebbe percepire una pensione dell'1 per cento più alta, cioè pari a 1818 euro, 18 euro in più. Per effetto del provvedimento l'aumento sarà di soli 17,46 euro. Il pensionato ci perde 54 centesimi al mese, ossia 6,48 euro all'anno, insomma non proprio un taglio draconiano. Prendiamo un pensionato "ricco", che ha una pensione di 6000 euro. L'adeguamento dovrebbe essere di 60 euro, invece riceverà soltanto il 40 per cento di questa cifra, ossia 24 euro, con una perdita di 36 euro al mese, ossia 432 euro all'anno. Qui si raggiungono quindi cifre più consistenti, ma, in percentuale del reddito, si tratta comunque di un taglio di solo lo 0,6 per cento. Le pensioni più elevate, le cosiddette pensioni d'oro, sono state però effettivamente più tartassate dai vari contributi introdotti negli ultimi anni, compreso quello del governo gialloverde, ma il numero dei pensionati in queste categorie è limitato: le pensioni superiori a questo limite sono meno del 10 per cento del totale.

Si potrà dire che, comunque, per quanto piccoli, i tagli ci sono stati e che, quindi, i pensionati hanno pagato. Occorre però vedere la posizione dei pensionati nel più generale quadro di un'economia italiana in difficoltà, soprattutto negli ultimi dieci anni. Il reddito medio degli italiani, al netto dell'inflazione e quindi in termini di potere d'acquisto, è sceso tra il 2007 e il 2018 del 7 e mezzo per cento. Nello stesso periodo i pensionati non si sono certo arricchiti, ma sono stati relativamente protetti dal calo generale del reddito italiano. Secondo i dati del rapporto *Il bilancio del sistema previdenziale italiano* (edizione 2017, fig. 1.6 a p. 16) di Itinerari Previdenziali, l'importante centro studi sul sistema pensionistico italiano diretto da Alberto Brambilla, il rapporto fra pensione media e reddito medio pro capite degli italiani, che era rimasto più o meno stabile nei quindici anni precedenti il 2007, è cresciuto nei dieci anni seguenti di oltre il 20 per cento. Come ho detto, questo non vuol dire che i pensionati siano diventati ricchi in assoluto né che le pensioni italiane siano "alte".[4] Ma il valore della pensione media (sempre secondo il rapporto di Itinerari

Previdenziali) è aumentato, al netto dell'inflazione, di circa il 10 per cento nello stesso periodo (anche per provvedimenti ad hoc presi per sostenere il reddito dei pensionati, come l'estensione della quattordicesima mensilità), mentre il reddito medio degli italiani si è ridotto. Un'ulteriore conferma della maggiore protezione che è stata data agli anziani rispetto ai giovani ci viene dai dati Istat sull'incidenza della povertà assoluta (che misura il numero di persone con un reddito inferiore a quello necessario per comprare un paniere di beni di prima necessità) a seconda delle fasce di età. Nel 2017, per esempio, l'incidenza della povertà assoluta era del 9,6 per cento per le persone dai diciotto ai trentaquattro anni, contro un'incidenza del 4,6 per cento per gli ultrasessantaquattrenni.[5] Quindi, sia in termini relativi sia in termini assoluti, negli ultimi anni le condizioni del pensionato medio sono migliorate, e non si può certo dire che a pagare siano stati sempre i pensionati come gruppo.

L'età di pensionamento in Italia è alta

In Italia, è forte la percezione che le riforme dell'ultimo quarto di secolo, a partire dalla riforma Amato del 1992, abbiano portato a un aumento inaccettabile dell'età in cui si può finalmente andare in pensione. In realtà, nonostante il fatto che la nostra speranza di vita sia tra le più elevate al mondo, l'età effettiva di pensionamento, non quella teorica, ma quella effettiva, è stimata essere più bassa della media degli altri paesi.

Cominciamo con la speranza di vita. Secondo l'Ocse, per chi ha 65 anni, la speranza di vita è di 22,9 anni per le donne e 19,4 anni per gli uomini. Insomma, andando in pensione a 65 anni, si percepirebbe una pensione per circa 23 anni in media per le donne e 19 e mezzo per gli uomini. Per le donne la speranza di vita è la quarta più alta tra i paesi dell'Ocse (e, visto che questi sono paesi relativamente avanzati, è probabilmente la quarta più alta nel mondo) e la quinta più alta per gli uomini (al primo posto per le donne c'è il Giappone, con 24,4 anni, e per gli uomini la Svizzera, con 20 anni). Per riferimento, negli Stati Uniti la speranza di vita a 65 anni è di 20,6 anni per le donne e 18 anni per gli uomini.[6] Insomma, in media siamo messi bene, anche se ci sono differenze importanti per regione e grado di istruzione (torneremo su questo punto nell'ultima sezione del capitolo).[7]

Andiamo adesso a vedere qual è l'età effettiva di pensionamento. Anche in questo caso ci aiuta l'Ocse.[8] L'età effettiva di pensionamento differisce dall'età fissata dalla legge come età teorica per una serie di scivoli, agevolazioni o incentivi che differiscono da paese a paese. L'ultimo confronto disponibile su dati Ocse si riferisce al 2016, quando per l'Italia veniva riportata un'età effettiva di pensionamento di 62,1 anni per gli uomini e di 61,3 anni per le donne. Queste età sono di 2-3 anni più basse delle età di pensionamento effettivo per la media Ocse sia per gli uomini (65,1 anni per la media Ocse) che per le donne (63,6 anni). Anzi, eravamo piuttosto indietro nella classifica dell'età di pensionamento (in senso decrescente): ventottesimo posto su trentacinque paesi Ocse per gli uomini e ventiquattresimo posto per le donne.

L'Ocse a questo punto combina i dati della speranza di vita con quelli dell'età effettiva di pensionamento per stimare, paese per paese, gli anni attesi di durata del pensionamento.[9] Quello che viene fuori dall'analisi è che in termini di durata attesa di pagamento della pensione siamo al terzo posto nel mondo (dopo Francia e Belgio), con 25,6 anni per le donne e al secondo posto nel mondo con 21,8 anni per gli uomini (dopo la Francia). Insomma, almeno secondo i calcoli dell'Ocse, siamo ai primi posti nella classifica della durata del periodo medio di pagamento delle pensioni.

I dati sopra riportati sull'età effettiva di pensionamento sono però medie calcolate sul periodo 2011-2016. Comprendono quindi il periodo coperto dalla riforma Fornero, ma è possibile che l'età effettiva di pensionamento nel 2016 fosse più alta della media del periodo 2011-2016. Quanto si era alzata rispetto alla media riportata dall'Ocse l'età effettiva di pensionamento in Italia? Secondo il già citato rapporto di Itinerari Previdenziali, nel 2017 l'età media di pensionamento degli uomini era di 63,9 anni e di 62,5 anni per le donne. In entrambi i casi si tratta di valori inferiori (di un anno e più) rispetto alle medie Ocse per il periodo 2011-2016, riportate sopra. Tenendo conto che, probabilmente, rispetto al periodo 2011-2016, l'età media di pensionamento al 2017 è aumentata non solo per l'Italia, ma anche in altri paesi, penso che si possa concludere che nel 2017 l'età effettiva di pensionamento restava in Italia più bassa della media Ocse, e che quindi, tenendo conto anche della più alta speranza di vita del nostro paese, il periodo medio di pagamento delle pensioni risultava alla stessa data ben più alto in Italia che nella media Ocse.

Insomma, anche prima dell'introduzione di Quota 100, in Italia si andava in pensione prima che nella media degli altri paesi e le pensioni venivano erogate per un periodo più lungo della media degli altri paesi. Ovviamente, l'introduzione di Quota 100, in via sperimentale, si è detto, ci ha ulteriormente allontanato dalla media degli altri paesi, almeno per gli anni della sua applicazione.

Chi ha sostenuto la necessità di introdurre Quota 100 lo ha fatto perché andare in pensione in età non troppo avanzata è "un diritto" e non si può discutere. Matteo Salvini, nella puntata di *Porta a Porta* del 18 settembre 2018, sosteneva:

> Con la Fornero arrivavi a 67 in prospettiva, inaccettabile, impensabile. Io quello che ho chiesto è almeno massimo, ma proprio al massimo 62, però ho chiesto di essere ancora più rigorosi. C'è un diritto alla pensione che riguarda alcune centinaia di migliaia di italiani e quel diritto alla pensione diventa diritto al lavoro per altrettanti giovani...[10]

Nel resto del capitolo vedremo quanto sia valida la tesi per cui le assunzioni di giovani riprenderanno in corrispondenza con il pensionamento degli anziani. Per il momento, mi limito a chiedermi perché questo diritto inalienabile a non andare in pensione oltre, al massimo ma proprio al massimo, 62 anni non sia rispettato nella maggior parte degli altri paesi Ocse e perché debba essere considerato fisso mentre la speranza di vita aumenta.

La pensione me la sono guadagnata perché ho pagato i contributi

La pensione è comunque un diritto. Certo, anche perché si sono pagati contributi per tutta una vita lavorativa. Diventa quindi difficile accettare le riforme delle pensioni (quanto meno quelle in senso restrittivo, mentre quelle in senso espansivo, come Quota 100, sono naturalmente ben accolte), visto che, pagando i contributi, si è acquisito un diritto ad avere una pensione di una certa entità. Questo è però un punto che occorre capire meglio: qual è la relazione tra l'entità della pensione e i contributi pagati?

L'idea molto diffusa che la pensione rappresenti davvero il rendimento dei contributi pagati corrisponderebbe a verità in un sistema in cui l'importo della pensione dipendesse dal rendimento di tali contributi investiti sul mercato finanziario, come avviene nei sistemi pensionistici a "capitalizzazione". Sistemi di questo tipo esistono in diversi paesi del mondo, spesso in forma di integrazione alle pensioni pubbliche (come anche in Italia) e, più raramente, come sostituto delle pensioni pubbliche (come avveniva, per esempio, in Cile prima della parziale riforma introdotta dal governo Bachelet). In realtà, nella maggior parte dei casi, incluso il nostro, l'importo delle pensioni erogate dal settore pubblico è invece determinato sulla base di qualche formula e le risorse che servono a pagare queste pensioni sono costituite da entrate dello stato sotto forma dei contributi pagati dai lavoratori correnti integrati, se i contributi non bastano, dalle risorse che provengono dalla tassazione (torneremo su questo punto tra poco, quando parleremo della differenza tra spesa per previdenza e per assistenza). La pensione, quindi, e bisogna ribadirlo chiaramente, non corrisponde al rendimento dei contributi che un lavoratore ha versato in passato, ma è fissata dalla legge sulla base di una certa formula.

Le formule utilizzate sono di diverso tipo ma tengono tipicamente conto di fattori quali il numero degli anni di contributi, la retribuzione, eccetera. Qui qualcuno obietterà che questo era vero quando, in Italia, per il calcolo della pensione si adottava il metodo retributivo.[11] Ma dal 1995 il nostro sistema pensionistico si sta lentamente trasformando in un sistema contributivo in cui il livello della pensione dipende dai contributi versati. Non è forse questo un cambiamento fondamentale, e non è quindi vero che il livello della pensione dipende da quanti contributi sono stati versati? Il cambiamento è stato importante, certo, ed è servito a rendere più sostenibile il nostro sistema pensionistico. Ma anche col sistema contributivo l'importo della pensione non dipende dal rendimento dei contributi versati su un mercato finanziario.[12] Resta comunque determinato da una specifica formula. Col sistema retributivo, prendendo in esame il numero di anni di lavoro e gli ultimi stipendi; ora, col contributivo, prendendo in esame il totale dei contributi versati, che pure dipende dal numero di anni di lavoro e dallo stipendio ricevuto (seppure in tutta la vita lavorativa e non soltanto nell'ultimo periodo). Ci sono differenze. Il fatto che la formula per il calcolo della pensione si applichi ai contributi scoraggia l'evasione dal pagamento dei contributi. Inoltre, la formula che viene applicata – e questo è stato importante per frenare la crescita nella spesa pensionistica che stava salendo troppo rapidamente – è meno generosa di quella che esisteva col metodo retributivo. Ma la sostanza non cambia: sempre di formule si tratta. In altri termini, il livello delle pensioni nel nostro sistema non riflette il rendimento di contributi versati né assicura l'equilibrio nel tempo del sistema pensionistico. Questo equilibrio si raggiungerebbe, ma a spese di una grande incertezza sull'importo delle pensioni, solo se l'importo della pensione dipendesse dal rendimento finanziario dei contributi versati.

Da questo punto di vista, il diritto alla pensione appare allora esattamente uguale a ogni altro diritto che deriva dal fatto di essere cittadini di un certo paese, come il diritto alla pubblica istruzione, il diritto ad avere una giustizia che funzioni bene o ad avere buone strade. Sono tutti diritti in cambio dei quali paghiamo delle tasse. Per le pensioni, nello specifico, invece di tasse paghiamo "contributi", ma è comunque denaro che lo stato incassa.

Inoltre, neppure a livello aggregato esiste più una corrispondenza tra spesa per pensioni corrente e contributi versati nello stesso periodo. In un sistema come il nostro – "a ripartizione" è il termine tecnico (o, in inglese, un sistema "*pay-as-you-go*") –, spese per pensioni e contributi erano originariamente isolati dal resto del bilancio, il che giustificava, fra l'altro, la gestione della spesa e dei contributi da parte di un istituto previdenziale, l'Inps nel nostro caso. Il bilancio di questo istituto era supposto essere in pareggio: in altri termini, i contributi versati dai lavoratori in un certo anno dovevano essere sufficienti a pagare le pensioni, e la formula per determinare le pensioni era calibrata per ottenere approssimativamente questo obiettivo. Ma nel corso del tempo, questo equilibrio, questa autosufficienza del bilancio dell'Inps è andata gradualmente persa, poiché la legislazione che determinava le spese dell'Inps era meno rigorosa di quella che determinava le sue entrate. Nel nostro sistema attuale, quindi, i soldi che vengono pagati come contributi non sono neppure sufficienti per colmare le spese degli enti previdenziali, ma devono essere integrati da trasferimenti che lo stato fa ogni anno all'Inps e che traggono origine dal pagamento di tasse (o dai prestiti che lo stato contrae quando opera in deficit). Parleremo di questo nella prossima sezione, ma il punto che vorrei, di nuovo, sottolineare qui è che il diritto alla pensione non è molto diverso da ogni altro diritto a ricevere prestazioni da parte dello stato. E, come talvolta accade, a meno di non voler versare più imposte (o contributi) allo stato o di volersi indebitare sempre di più, diventa necessario rinunciare a una parte di quei diritti che sembrerebbero, nel caso delle pensioni, essere inalienabili perché… abbiamo pagato dei contributi.

La spesa per pensioni in Italia non è alta

Tutto questo ci porta a una bufala che circola da diversi anni, quella secondo cui la spesa pensionistica in Italia non è particolarmente alta rispetto agli altri paesi. Sembra alta, si sostiene, solo per tre distorsioni contabili: primo, l'Istat considera come spesa per pensioni anche i pagamenti fatti ai pensionati come liquidazione, un istituto particolarmente rilevante in Italia; secondo, la spesa è riportata in Italia al lordo della tassazione sulle pensioni, che è più alta nel nostro paese rispetto all'estero; terzo, i dati italiani classificano come spesa pensionistica delle erogazioni che hanno natura assistenziale, non strettamente previdenziale (colpa dell'Istat o dell'Eurostat, l'istituto statistico europeo, le cui convenzioni statistiche l'Istat applica).

Vorrei chiarire una cosa. A mio avviso, la storia che la nostra spesa pensionistica non è alta perché occorre applicare tutte queste correzioni ai dati pubblicati dall'Istat è una bufala, ma non vorrei offendere nessuno. Anche grandi esperti di sistemi pensionistici pensano che i confronti internazionali siano fuorvianti. Io sono di diverso parere e vi spiego perché.[13]

Partiamo dai numeri. Nelle classifiche internazionali l'Italia appare di solito al secondo posto tra i paesi avanzati in termini di rapporto tra spesa per pensioni e Pil. Per esempio, nella classifica pubblicata dall'Ocse sulla spesa per pensioni nel 2013 (e le cose in termini relativi non possono essere cambiate molto da allora), al primo posto troviamo la Grecia, con il 17,4 per cento, e al secondo l'Italia, con il 16,3 per cento, ben al di sopra della media Ocse (8,2 per cento). Chi critica questi confronti lo fa, come si è detto, per tre motivi. Vediamoli e vediamo anche perché le argomentazioni non mi sembrano valide.

Primo, la spesa per pensioni in Italia comprende le liquidazioni (il trattamento di fine rapporto), che non sarebbero pensioni. Si tratta però di una cifra piuttosto modesta, corrispondente a circa lo 0,4 per cento del Pil. In ogni caso, sono soldi che spettano a chi va in pensione, e il fatto che siano pagati in un colpo solo piuttosto che per importi mensili non mi sembra che ne cambi la natura di spesa pensionistica.

Secondo, in Italia si pagano tasse elevate sulle pensioni, più elevate che all'estero. Questo è vero. Ma anche al netto della tassazione siamo al secondo posto. Nella classifica che l'Ocse pubblica anche al netto della tassazione l'Italia, sempre per il 2013, è ancora al secondo posto con il 13,4 per cento del Pil, dopo la Grecia (16,2 per cento del Pil) e prima del Portogallo (13 per cento del Pil).

Terzo, la spesa per l'Italia comprenderebbe spese che non sono per previdenza, ma per assistenza. La differenza qual è? Le spese per previdenza sarebbero relative a pensioni per cui si sono pagati i contributi, mentre quelle per assistenza sarebbero relative a pensioni per cui non si sono pagati abbastanza contributi (per esempio, l'integrazione per raggiungere il trattamento minimo), per cui lo stato interviene con fondi propri. La distinzione tra spese previdenziali e assistenziali venne formalmente introdotta in Italia, ai fini della preparazione del bilancio dell'Inps, con la legge 88 del 1989 che comportò la creazione della Gestione degli interventi assistenziali e di sostegno alle gestioni previdenziali (la Gias), a carico del bilancio dello stato. Nel 2013 si trattava di circa il 2 per cento del Pil. Al netto di questi, si dice, la spesa considerata dall'Ocse scenderebbe nel 2017 dal 16,3 al 14,3 per cento.

Sorgono diversi problemi con questa logica. Prima di tutto, le classifiche Ocse sono omogenee per tutti i paesi: non solo in Italia vengono considerate certe spese per assistenza. Quindi non è legittimo sottrarre alle spese italiane il sopracitato 2 per cento del Pil e non fare correzioni simili per gli altri paesi. Secondo, la Gias comprende diverse voci di natura per lo meno ambigua.[14] Terzo, anche sottraendo interamente gli interventi Gias e non facendo nessuna correzione per gli altri paesi, l'Italia resterebbe comunque alta nella classifica Ocse: al quinto posto, anche al netto della tassazione. Ma forse il punto principale è che la distinzione tra previdenza e assistenza non è poi così rilevante dal punto di vista economico: si tratta comunque di spese erogate a cittadini, relativamente anziani, che non sono corrisposte in cambio di una prestazione lavorativa, e che quindi rispettano non solo la definizione di pensione a fini statistici, ma anche la logica di una pensione, un reddito corrisposto a chi non lavora e ha una certa età. Da un punto di vista economico, e non legale, è irrilevante in che modo siano finanziati questi redditi (con contributi o con tasse, come abbiamo già discusso nella sezione precedente). Si tratta comunque di spese che gravano sui conti pubblici e che vanno comunque coperte dallo stato con tasse se i contributi versati nel periodo stesso dai lavoratori non sono sufficienti. Come si è detto, la stessa distinzione tra contributi e tasse è piuttosto vaga in un sistema in cui il livello della pensione è determinato da una formula e non rappresenta quindi un reddito generato dall'investimento sui mercati finanziari dei contributi pagati e in cui, comunque, lo stato è costretto, se necessario, a integrare con trasferimenti i contributi che vengono versati dai lavoratori correnti.

Si potrà dire, però, che la distinzione tra previdenza e assistenza resta importante per capire se la formula usata per calcolare il livello delle pensioni deve essere cambiata. Quando si parla di riforma delle pensioni si parla generalmente proprio di modificare la formula per calcolare la pensione e magari di aumentare l'età di pensionamento. Se i problemi del sistema pensionistico italiano sono dovuti al fatto che, per esempio, ci sono tante persone che non hanno raggiunto il minimo di contributi per avere la pensione minima, per cui è necessaria un'integrazione da parte dello stato, perché occorre cambiare la formula per tutti gli altri, piuttosto che far gravare la maggiore spesa sulla fiscalità generale? Be', una risposta è proprio che non fa molta differenza se, per coprire tali spese, si aumentano le tasse o si aumentano i contributi sociali (o, cosa equivalente, se si tagliano le pensioni o se si richiede alle persone di lavorare più a lungo pagando più contributi). Si tratta sempre di soldi che escono dalle tasche degli italiani, sia che li si chiami contributi, sia che li si chiami tasse.

Ma c'è un ulteriore importante argomento che spiega

perché, ai fini di valutare la necessità di riformare il sistema pensionistico, è necessario focalizzarsi sui cambiamenti nel sistema previdenziale: le pressioni che emergeranno nei prossimi decenni sulla spesa per pensioni non derivano da un aumento previsto della spesa per assistenza, ma dalle pressioni demografiche che comporteranno uno squilibrio elevato tra spese previdenziali in senso stretto e dimensione del Pil (e quindi delle tasse e dei contributi pagati). È ora quindi di guardare avanti al futuro della spesa per pensioni.

Gli andamenti previsti nella spesa per pensioni per i prossimi decenni

Consideriamo gli andamenti della spesa per pensioni prima di Quota 100. A prima vista, la situazione non sembrerebbe così disastrosa. Le previsioni ufficiali della Ragioneria generale dello Stato fatte a luglio 2018 (quindi prima di Quota 100) ci dicevano questo.[15] Il rapporto fra spesa per pensioni e Pil, dopo essere sceso verso il 15 per cento nel 2019, per effetto delle riforme introdotte in passato, si sarebbe mantenuto su questi livelli per i successivi dieci anni, poi sarebbe cresciuto di un punto percentuale tra il 2030 e il 2045 e infine avrebbe cominciato a scendere. Insomma, le riforme sarebbero state in grado di contenere l'aumento della spesa nonostante le forti pressioni demografiche. Ci sarebbe stato un aumento della spesa, ma abbastanza contenuto e comunque rinviato al periodo 2030-2045.

È essenziale capire, però, che queste previsioni erano basate su ipotesi ottimistiche sugli andamenti economici e demografici nei prossimi decenni. Il tasso di fecondità (numero medio di figli per donna), sarebbe aumentato dall'attuale 1,32 per cento all'1,50 per cento. Ogni anno il flusso migratorio avrebbe prodotto un saldo netto fra le 185.000 unità nel 2020 e le 165.000 unità nel 2040, scendendo poi solo lentamente. Quindi un flusso persistente in entrata di immigrati che si sarebbero stabilizzati in Italia (non ditelo a Salvini). Il numero di occupati ogni 100 persone di età compresa tra i 15 e i 64 anni sarebbe salito dal 65,7 per cento nel 2020 al di sopra del 70 per cento dal 2040 in poi, per effetto sia di una maggiore partecipazione al mercato del lavoro, sia di un calo del tasso di disoccupazione (al 6 per cento nel 2040; si noti che il tasso di disoccupazione non è mai sceso al di sotto del 7 per cento dalla fine degli anni settanta). L'ipotesi forse più ottimistica è però che il tasso di crescita della produttività, di poco superiore allo zero negli ultimi vent'anni, salga all'1,5 per cento dal 2030 in poi. Per effetto di tutte queste ipotesi, il Pil e quindi i contributi versati aumenterebbero più rapidamente che sotto ipotesi meno ottimistiche. Ma sviluppi come quelli citati richiederebbero un forte cambiamento degli andamenti economici in Italia, cambiamento non impossibile, ma su cui non si può certo contare. Talvolta nei talk show a cui ho partecipato mi è stato obiettato che il problema dell'aumento della spesa per pensioni può essere risolto se scende la disoccupazione, se si mettono al mondo più figli, se si varano riforme per far crescere la produttività, eccetera eccetera. Ecco, queste componenti sono già incorporate nelle previsioni di spesa pensionistica della Ragioneria generale dello Stato, e, nonostante questo, è previsto che la spesa per pensioni cresca, anche se in modo contenuto.

Cosa accadrebbe se queste previsioni, piuttosto ottimistiche, non si realizzassero? La Ragioneria generale dispone anche uno scenario di andamenti della spesa pensionistica utilizzando le ipotesi preparate da un gruppo di lavoro dell'Unione Europea (il Working Group on Ageing dell'Economic Policy Committee, un organo tecnico che supporta il lavoro del comitato dei ministri finanziari dell'Unione, l'Ecofin). Si tratta di ipotesi meno ottimistiche di quelle della Ragioneria generale, ma che comunque ipotizzano un miglioramento delle condizioni economiche e demografiche italiane (per esempio, il tasso di crescita della produttività salirebbe all'1 per cento entro il 2040). In questo scenario la spesa per pensioni su Pil raggiungerebbe il 18,4 per cento nel 2030, due punti e mezzo in più rispetto a quanto previsto nello scenario di base della Ragioneria generale; scenderebbe successivamente ma resterebbe superiore al livello attuale fin quasi al 2060. Scenari ancora più pessimistici sono stati tracciati dal Fondo monetario internazionale.[16]

Queste previsioni dimostrano che anche prima dell'introduzione di Quota 100 gli andamenti della spesa pensionistica non erano molto rassicuranti. Quota 100 è stata introdotta in via sperimentale, solo per tre anni, ed era prevista per consentire la fuoriuscita dal mercato del lavoro di circa un milione di persone in più (rispetto alla situazione precedente), anche se le adesioni sono state meno del previsto, dati i paletti che il governo è stato costretto a mettere per contenere l'aumento di spesa. Il governo gialloverde aveva comunque escluso il ritorno alla situazione precedente allo scadere dei tre anni. Vedremo cosa accadrà col nuovo governo giallorosso, ma il problema della pressione sui conti pubblici della spesa per pensioni si è certamente aggravato con l'allentamento della legge Fornero.

Per assumere giovani occorre pensionare gli anziani

Uno dei motivi principali che vengono addotti dai sostenitori di Quota 100 è che, se si vuole dare lavoro ai giovani, occorre mandare in pensione gli anziani. La cosa sembrerebbe ovvia, no? Come possono trovare lavoro i giovani se gli anziani continuano a lavorare? Anzi, siccome lo stipendio di chi va in pensione è più elevato di quello dei nuovi assunti, per ogni anziano che va in pensione si possono magari assumere due o forse tre giovani. Lo sosteneva Matteo Salvini nella già citata intervista a *Porta a Porta*: "Io sono pieno di imprenditori che mi dicono: Salvini, modifica la Fornero perché io se posso mandare in pensione un mio collaboratore di 62 anni che ormai è stanco, io al posto di quel sessantaduenne stanco prendo due ragazzi e quindi lo stato mi prende anche più contributi".[17]

Facciamo chiarezza. A parte il fatto che se lo stato prende più contributi lo stipendio dei due giovani deve essere superiore a quello dal sessantaduenne (ma allora non si capisce perché l'imprenditore ne potrebbe prendere due con i soldi che risparmia col pensionamento del sessantaduenne), prima del pensionamento lo stato prendeva comunque i contributi, ma non doveva pagare la pensione. Dopo il pensionamento lo stato deve pagare la pensione e la deve finanziare o con maggiori tasse, o tagliando la spesa, o, cosa che forse Salvini aveva in mente, prendendo a prestito i soldi dai cittadini italiani, ossia facendo spesa in deficit (anche la spesa in deficit, vorrei sottolinearlo, è finanziata da soldi che comunque vengono dalle tasche degli italiani, visto che gli stranieri prestano poco all'Italia in questo momento).

Sulla stessa linea, il presidente del Consiglio Conte che l'11 gennaio 2019 annunciava:

> Vi anticipo solo che una importante azienda di stato, Eni, mi ha anticipato, ma non è la sola, che nel 2019 per un lavoratore che andrà in pensione con questa riforma ne verranno occupati 2-3.[18]

Ora, è forse prematuro dire quale sarà l'effetto di Quota 100 sulle assunzioni di giovani. I segnali indicano che il rimpiazzo è ben al di sotto del rapporto di uno a due e persino di uno a uno.[19] Ma se anche si verificasse una più ampia assunzione di giovani, si tratterebbe probabilmente di un effetto di breve periodo.

Per quanto intuitiva, l'idea che per assumere dei giovani devo mandare a casa degli anziani è basata su un preconcetto: quello che il numero di posti di lavoro sia fisso come il numero di sedie intorno a un tavolo. Se vogliamo che i giovani si siedano al tavolo, gli anziani devono alzarsi. È possibile che questo sia vero nell'immediato: nel caso dell'Italia, un lavoro di Tito Boeri, Pietro Garibaldi e Espen Moen del 2017 evidenzia proprio che la riforma delle pensioni di fine 2011 spiega il 60 per cento dell'aumento della disoccupazione giovanile nel corso del 2012.[20] Altri studi, peraltro, arrivano a conclusioni opposte anche in termini di effetti nel breve periodo.[21] Ma si tratta, in ogni caso, di effetti che alla lunga non durano semplicemente perché il numero di posti di lavoro non è fisso, ma può crescere. Anzi, *deve* crescere in un'economia sana. Di conseguenza, esiste una relazione positiva, non negativa, tra tasso di disoccupazione dei giovani e degli anziani. In economie sane ci sono pochi disoccupati sia tra gli anziani che tra i giovani. Naturalmente, l'osservazione di tale correlazione positiva non è sufficiente a trarre conclusioni. Occorrono analisi econometriche per tener conto dei diversi fattori che possono influire sul tasso di disoccupazione per età dei lavoratori. Ma gli studi econometrici disponibili concludono, appunto, che nel lungo periodo non esiste un effetto negativo di una maggiore occupazione degli anziani su quella dei giovani.[22] C'è anche il fatto che lavoratori giovani e anziani non sono proprio intercambiabili, viste le differenze di esperienza e mansioni. Anzi, molti studi concludono che lavoratori anziani e giovani sono tra loro complementari, non sostituti gli uni degli altri.[23] Insomma, se vogliamo che i nostri giovani trovino lavoro, dobbiamo fare in modo che l'economia italiana sia in grado di crescere, e non prima mandare a casa i lavoratori più anziani ma che sono ancora in grado di lavorare.

Cosa c'è di vero

Ho qualche difficoltà a trovare un fondo di verità nelle bufale di questo capitolo. Gli attacchi alle riforme delle pensioni degli ultimi anni, soprattutto alla riforma Fornero, sono stati in gran parte ingiustificati. Certo, ci sono stati errori, cosa peraltro inevitabile vista l'urgenza con cui la riforma dovette essere realizzata.[24] I primi due errori sono tra loro collegati. Il primo è stato forse quello di non prevedere una maggiore gradualità nell'introduzione della riforma. Il secondo è stato quello di sottostimare il numero delle persone che, avendo lasciato il lavoro con l'aspettativa di ricevere la pensione in tempi relativamente brevi, si sarebbero trovate, dopo la riforma che aveva allungato i tempi del pensionamento, in una posizione tale da non poter ricevere né una retribuzione lavorativa né la pensione (i cosiddetti "esodati"). Il terzo errore, forse per timore dell'impossibilità costituzionale, o forse per la maggiore difficoltà politica, a muoversi in questa direzione, è stato quello di puntare troppo alla modifica delle condizioni di pensionamento future piuttosto che a ridurre la spesa per le pensioni già in essere, pensioni relativamente elevate rispetto a quelle di chi avrebbe lasciato il lavoro in futuro. Detto questo, nel suo impianto generale, la riforma rifletteva la necessità di contenere la spesa per pensioni, dell'epoca e in prospettiva, dettata dalle pressioni demografiche. Torneremo su queste pressioni nell'ultima parte di questa sezione, dopo aver parlato della questione degli esodati, forse il problema che, *ex post*, almeno dal punto di vista mediatico, portò alle più aspre polemiche rispetto alla riforma Fornero.[25]

Non è mai stato chiarito chi fosse responsabile della sottostima del numero di esodati, anche se alcuni sospettano che la fornitura di dati sottostimati fu il frutto di lotte politiche tra l'allora presidente dell'Inps Antonio Mastrapasqua e il governo. È di questo parere Tito Boeri, futuro presidente dell'Inps che, insieme ad Agar Brugiavini, scriveva sul "Fatto Quotidiano" nel 2012:

> Da tempo denunciamo su questo sito come Antonio Mastrapasqua utilizzi a fini di battaglia politica i dati amministrativi raccolti dal suo istituto nell'esercizio delle sue funzioni. Ne ha il monopolio assoluto e, come abbiamo documentato, anziché renderli pubblici, li fornisce in modo del tutto inadeguato e li interpreta prestando il fianco a un loro uso politico. Diventano, questi dati, quasi un'arma di ricatto nei confronti della classe politica.[26]

Tre punti al momento sono chiari. Primo, che il problema degli esodati è stato risolto attraverso successivi interventi, di cui il più importante realizzato dallo stesso governo Monti. Secondo, che alla fine sono state tutelate anche persone che non erano proprio esodati, ma alle quali si voleva comunque garantire una maggiore gradualità nell'entrata in vigore della riforma. Terzo, che il numero delle persone coinvolte, seppure superiore a quello inizialmente stimato, era di gran lunga inferiore alle cifre che iniziarono a circolare nel corso del 2012 e che quasi tutti presero per vere.

I dati sugli interventi a favore degli esodati sono forniti, per esempio, dalla già citata pubblicazione sul sistema pensionistico curata da Itinerari Previdenziali. A p. 29, la tabella 2.3 contiene il riepilogo delle otto operazioni di salvaguardia degli esodati (aggiornata all'8 settembre 2018, con poco più di 2200 domande ancora da smaltire). A quella data, per le otto operazioni, erano state accolte 142.359 domande – un numero inferiore a quello massimo previsto dai provvedimenti, che era di oltre 200.000 unità – e 117.507 pensioni erano già state erogate. Il costo di queste operazioni varia di anno in anno e scende naturalmente nel tempo: nel 2017 era di oltre 800 milioni.

Come si confrontano queste cifre con le stime iniziali? In prima battuta, il governo aveva stimato un numero di 65.000 esodati per cui era stato previsto il mantenimento delle regole pensionistiche pre-riforma. Nel corso del 2012 l'Inps indicò che il numero degli esodati era di circa 130.000, mentre i sindacati avevano parlato di 300.000 esodati. Nel giugno del 2012 l'Ansa riportò le stime contenute in un rapporto dell'Inps secondo cui gli esodati erano oltre 390.000.[27] Si tratta quindi di cifre ampiamente superiori al numero delle persone coperte dalle otto salvaguardie che dovrebbero aver risolto il problema, anche se comunque si trattava di numeri superiori alla stima iniziale di 65.000 persone.

Al di là delle polemiche sugli esodati, la riforma Fornero rafforzava una serie di riforme introdotte a partire dal 1992 per contrastare l'effetto che l'aumento della speranza di vita e il parallelo crollo demografico stavano avendo sul rapporto tra spesa pubblica per pensioni e Pil e per riequilibrare il rapporto economico tra generazioni fortemente sbilanciato a sfavore dei giovani.

Ho già trattato in altri miei libri degli effetti sull'economia italiana dei cambiamenti demografici, per cui non mi dilungo molto.[28] Il problema principale è che sia l'aumento della speranza di vita, sia il calo della natalità causano una riduzione del rapporto tra numero di persone meno anziane (diciamo tra i 15 e i 64 anni) e numero delle persone anziane (oltre i 64 anni). Nel caso italiano tale rapporto è attualmente di 2,9, il che vuol dire che di ogni anziano, se l'età di pensionamento fosse 64 anni, si dovrebbero far carico circa 3 lavoratori. Nel 2045 invece, anche ipotizzando un flusso migratorio dell'ordine di quello previsto nel sopracitato scenario di base della Ragioneria generale, date le attuali tendenze demografiche, il rapporto scenderebbe a 1,6, il che vorrebbe dire che a farsi carico di un potenziale pensionato ci sarebbe soltanto un lavoratore e mezzo.

Quali sono le conseguenze di tali tendenze demografiche? La cosa fondamentale da capire, prima di tutto, è che in ogni momento le risorse che vengono trasferite ai pensionati non possono che derivare da chi sta lavorando (tranne che nel caso in cui tali risorse provengano dal reddito di investimenti all'estero).[29] Per cui, se il rapporto tra lavoratori e potenziali pensionati scende, la pressione sui primi aumenta. Quali possono essere le soluzioni in questo caso?

Primo, si possono tagliare le pensioni pro capite, cosa che in parte si è fatto, visto che le pensioni calcolate con il metodo retributivo erano più alte di quelle calcolate con il contributivo. In tal caso ci perdono gli anziani.

Secondo, a perderci possono essere i lavoratori, che sono obbligati a trasferire più risorse agli anziani. Questo richiede aumentare le tasse o i contributi pro capite gravanti sui lavoratori (o attraverso un aumento delle aliquote, o attraverso una riduzione dell'evasione fiscale). Oppure, si può tagliare la spesa pubblica di cui beneficiano i lavoratori e i loro figli (per esempio, la spesa per la scuola). Si può anche tagliare la spesa di cui beneficiano gli anziani, per esempio la sanità, ma allora tanto varrebbe tagliare le pensioni.

Terzo, si possono prendere più soldi a prestito dai lavoratori. È quanto avviene quando, coraggiosamente, si "sfida l'Europa" e si finanzia la maggiore spesa per pensioni in deficit: le risorse vengono comunque sempre dalle tasche dei lavoratori, anche se sotto forma di prestiti che chissà se verranno mai restituiti.

Naturalmente, più rapido è l'aumento della dimensione della torta da dividere tra pensionati e lavoratori (cioè il reddito complessivo), più facile è risolvere il problema. Se il Pil cresce più rapidamente (o perché aumentano i lavoratori, o perché aumenta il prodotto per lavoratore, ossia la produttività), si possono dare più risorse ai pensionati senza ridurre in pari misura quelle che vanno ai lavoratori (c'è, anche in questo caso, uno spostamento della distribuzione del reddito dai lavoratori ai pensionati, ma è più facile accettarlo se le risorse trattenute dai lavoratori non si riducono in valore assoluto). Purtroppo, come abbiamo visto, le previsioni sul rapporto fra spesa pensionistica e Pil della Ragioneria generale già incorporano ipotesi ottimistiche sulla crescita del numero dei lavoratori e della produttività, e quindi del Pil.

Non resta allora che una soluzione: ridurre il numero dei pensionati ritardando l'età di pensionamento. E questa è stata la strada seguita da tutte le principali riforme introdotte fin dal 1992. Quota 100 si muove nella direzione opposta anche se, per il momento, solo per tre anni.

E non si potrebbero invece cambiare le tendenze demografiche? Certo, eviterei di farlo riducendo la speranza di vita, per ovvi motivi. Non resta che una strada, ossia aumentare la natalità (oppure aumentare l'immigrazione, ma abbiamo visto che le previsioni attuali della Ragioneria generale comunque prevedono un massiccio afflusso di immigrati). Insomma, se il problema è il calo del numero dei lavoratori rispetto al numero degli anziani, perché non aumentiamo il numero dei lavoratori aumentando il tasso di fecondità (numero di figli per donna) e di natalità (nati ogni anno)? Il problema è che non è facile farlo. Paesi come la Svezia sono riusciti a invertire la tendenza a una riduzione del tasso di fecondità attraverso politiche a favore della famiglia (asili nido quasi gratis, sussidi ai genitori che stanno a casa per assistere i figli). Ma questi interventi sono molto costosi. Inoltre, le politiche a favore della famiglia, pur avendo comunque un effetto positivo, sembrano essere state meno efficaci nella media degli altri paesi, rispetto ai risultati ottenuti in Svezia.[30]

Un problema di queste politiche (maggiori spese pro-famiglia o detassazione per chi fa più figli), per un paese come l'Italia che ha un debito pubblico piuttosto elevato, è che, a meno di trovare altre fonti di finanziamento, comportano un aumento ulteriore del debito. Qualcuno potrà dire: è per una buona causa, visto che più nati oggi comportano più produzione domani e più entrate per lo stato (per sostenere gli anziani). Già, ma chi presta soldi all'Italia, compresi gli stessi italiani, spesso non è così lungimirante, e potrebbe preoccuparsi piuttosto dell'aumento del debito nell'immediato. Da questo punto di vista la differenza tra Italia e Svezia è abissale. Il debito pubblico in Svezia è al di sotto del 40 per cento del Pil, un livello inferiore a un terzo del nostro. Con un debito pubblico più basso la Svezia riesce a prendere a prestito a tassi molto più bassi dei nostri e la sua spesa per interessi è un sesto più piccola della nostra. Inoltre, l'evasione fiscale in Svezia è minima, mentre da noi è di circa 130 miliardi l'anno.

Ci sarebbe una soluzione rivoluzionaria, che forse varrebbe la pena di esplorare. Si potrebbe consentire a chi fa più figli di andare in pensione prima. In questo modo, si creerebbe un incentivo a procreare senza aumentare la spesa pubblica oggi. Certo, in futuro lo stato fronteggerebbe una maggiore spesa per pensioni, ma questa sarebbe appunto compensata dalle maggiori entrate dovute al maggior numero di lavoratori, visto il passato aumento delle nascite. Non ho mai sviluppato in dettaglio questa proposta per valutarne la sua efficacia in pratica (e non conosco paesi in cui questo approccio venga seguito). Ma lavorare su questa idea almeno metterebbe in chiaro il legame che esiste fra tasso di fecondità ed età di pensionamento. Insomma, è troppo facile lamentarsi di dover lavorare più a lungo da anziani quando, da giovani, si è deciso di non fare figli e quindi di non creare quelle risorse (i figli!) che, nella storia dell'umanità, hanno sempre costituito la fonte di sostentamento per gli anziani.

Tenendo conto di tutto questo, le proposte e le azioni per ridurre l'età di pensionamento in Italia sembrano davvero inappropriate. C'è però ancora un punto su cui è necessario riflettere. Finora abbiamo parlato di un aumento medio della speranza di vita in Italia. In realtà, è possibile che l'aumento della speranza di vita non abbia riguardato tutte le fasce di popolazione. Se così fosse, aumenti generalizzati dell'età di pensionamento non sarebbero equi: si applicherebbero anche a classi di lavoratori per cui la speranza di vita non è aumentata. Quanto è rilevante il problema e quali possono essere le soluzioni?

Purtroppo, non sappiamo quanto è rilevante il problema. Ci sono studi per altri paesi, soprattutto negli Stati Uniti, che dimostrano come dell'aumento della speranza di vita negli ultimi decenni abbia beneficiato molto più chi ha un reddito elevato e un maggiore grado di istruzione. Ma non esistono studi simili per l'Italia. Per il nostro paese sappiamo, però, che esistono differenze nelle aspettative di vita alla nascita a seconda del livello di istruzione e, quindi, probabilmente anche nel livello di reddito.[31] Quanto queste differenze siano cambiate nel tempo (e quindi quanto la speranza di vita sia aumentata in modo diverso per diversi strati della popolazione) e quanto esse valgano anche per la speranza di vita all'età di pensionamento è un tema che dovrebbe essere approfondito.

Ma, assumendo che il problema esista, la soluzione non può essere un abbassamento dell'età di pensionamento per tutti. Semmai, occorre una differenziazione tra le età di pensionamento. Questa è la strada che era stata seguita dalle passate riforme delle pensioni in cui si erano previste età di pensionamento diverse per lavori particolarmente gravosi e usuranti, inclusa, nella passata legislatura, l'introduzione della cosiddetta "APE social".[32]

Un post scriptum di carattere personale

Dopo la lettura di questo capitolo ci sarà forse qualcuno che pensa: e bravo Cottarelli che ci fa ancora la predica sulla necessità di ritardare il momento del percepimento della pensione. È falso e ipocrita perché lui è un pensionato del Fondo monetario internazionale e ha cominciato a ricevere una lauta pensione all'età di cinquantanove anni.

Molti mi dicono di ignorare queste critiche: "Rispondere serve solo a dare pubblicità ad accuse ingiustificate". Sarà, ma a me non sembra giusto stare zitto, per cui colgo l'occasione per chiarire alcuni punti.

Quando, nell'ottobre del 2013, il governo italiano mi chiese di tornare in Italia come Commissario per la revisione della spesa mi dimisi immediatamente dal Fondo monetario. Non provai neppure a chiedere l'aspettativa o altre forme di distacco temporaneo per evitare ogni sospetto di conflitto di interessi. Mi dimisi e basta. Forse i miei critici suggeriscono che avrei dovuto fare altrimenti?

Viste le regole del Fmi (che certo non ho scritto io) mi spettava una pensione. Non era la pensione massima che avrei potuto percepire se fossi rimasto, ma era comunque un'ottima pensione, visto anche che il mio stipendio era elevato, avendo raggiunto il vertice nello staff di un'organizzazione molto selettiva. Come però ho già indicato in un'apparizione televisiva di fine 2017, quando ero al Fondo monetario avevo cercato di far cambiare quelle regole, rendendole più stringenti. Lascio a voi immaginare quanto simpatico questo mi abbia reso agli occhi dei miei ex colleghi del Fmi (chiedete pure se ne conoscete qualcuno). Lo feci sia quando ero nello staff (prima dell'ottobre 2013) come capo dell'Administration Committee, che monitora le attività del fondo pensioni dello staff del Fmi, sia dopo il mio ritorno negli Stati Uniti nel novembre 2014, quando diventai membro del Board. La risposta che generalmente mi venne data all'epoca, anche dai massimi vertici dell'istituzione, fu che non c'era motivo di apportare cambiamenti dato che il fondo pensioni era solidissimo e che un cambiamento delle regole solo per motivi di immagine – la mia principale preoccupazione – non era giustificabile.

In effetti, il fondo pensioni dei dipendenti del Fondo monetario non ha certo un problema di sostenibilità, al contrario del sistema pensionistico italiano, come abbiamo visto. Quando il Fmi venne creato, i contributi pensionistici versati non furono spesi (non c'erano ovviamente pensioni da pagare inizialmente), ma furono investiti sui mercati finanziari, con un sistema di completa separazione dalle normali attività del Fondo. Se ben ricordo, il rendimento medio annuo dell'investimento è stato nel corso di diversi decenni di circa l'8 per cento in dollari, e attualmente il fondo amministra un capitale di oltre 11 miliardi di dollari. Questo capitale fornisce buona parte delle risorse necessarie a finanziare un sistema di pensioni che, rispetto agli standard di paesi con sistemi diversi, sono piuttosto generose. Non solo: il sistema è in surplus, tanto che negli ultimi anni i contributi pagati dal Fmi (14 per cento; un altro 7 per cento è versato dai dipendenti) non sono neppure stati necessari per far tornare i conti e quindi sono stati messi interamente a riserva.

Il fatto di essere andato in pensione con le regole che si applicano ai dipendenti del Fondo monetario dovrebbe allora impedirmi di sostenere che rivedere le passate riforme pensionistiche in Italia è sbagliato? Cosa dovrei fare? Non dire la verità sullo stato dei conti pubblici italiani per evitare queste critiche? Forse che i conti pubblici italiani starebbero meglio se stessi zitto? Sarebbe come dire che un medico che è sano non dovrebbe dire al paziente che è malato! Ma come, tu che stai bene, mi dici che io sto male e devo essere operato? Mah, temo che chi non vuole intendere continuerà a fare orecchie da mercante. Me ne devo fare una ragione. Queste accuse fanno parte di quegli attacchi personali che mirano a screditare una persona visto che non si possono screditare le sue idee. Tornerò su questo tema nel capitolo 7, quando ci occuperemo delle tecniche di produzione delle bufale.

5.
Bufale sui poteri forti

> Bergoglio per me è un massone messo su dagli americani facendo dimettere Ratzinger per portare avanti il programma di Soros.
>
> ALBINO GALUPPINI, terrapiattista

Soros, finalmente il grande vecchio ha un nome. Già, perché le tesi per cui siamo tutti marionette nelle mani dei poteri forti che ci fanno credere tutto quello che vogliono sono in giro da decenni, forse da sempre. Ma ora abbiamo nomi e cognomi e George Soros è uno dei principali colpevoli, anche quando ci vogliono far credere che la Terra sia una sfera.[1]

Ora, non voglio negare che i poteri forti esistano. Ricordate quando il presidente americano Eisenhower parlò dei rischi causati dalla crescente influenza negli Stati Uniti del "complesso militare-industriale"?[2] Nel suo discorso di commiato alla nazione dopo otto anni di presidenza, Eisenhower dichiarò: "Nei concili di governo, dobbiamo proteggerci dall'acquisizione di influenze ingiustificate, sia ricercate sia non ricercate, esercitate dal complesso militare-industriale. Esiste e persisterà in futuro il rischio di un'ascesa disastrosa di poteri che travalicano la loro sede".

La potenza delle grandi multinazionali e delle grandi banche, le loro influenze lobbistiche, non vanno certo sottovalutate, e tornerò sul tema nell'ultima sezione di questo capitolo. Ma da qui a pensare che tutto sia governato da qualche burattinaio mondiale, o, come dice Francesco Gabbani nella canzone che dà il titolo a questo volume, "dalle lobby gay, da banchieri ebrei, un padrone solo...", ce ne passa. I poteri forti esistono ma spesso gli interessi di alcuni vanno contro gli interessi di altri, il che fortunatamente impedisce una coalizione di forze per dominare il mondo. In ogni caso, è piuttosto semplicistico, e fin troppo facile, imputare tutti i problemi del pianeta, o dell'Italia, a qualche complotto internazionale.

Eppure, nel nostro paese le teorie complottistiche hanno sempre avuto un grande successo e hanno alimentato la produzione di diverse bufale in campo economico, che prenderemo in esame in questo capitolo. Cominciamo da quelle che riguardano l'interazione tra economia e politica.

Le congiure internazionali contro i governi italiani (1): la caduta del governo Berlusconi

C'è una vittima: il governo italiano. C'è l'arma del delitto: lo spread. Manca solo l'assassino: qui, a seconda dei gusti, si va dalla Commissione europea, alle banche internazionali, ad altri non meglio identificati poteri forti che comunque congiurano contro l'Italia. E il colpevole non è solo un assassino. Se non è proprio un serial killer, almeno è un omicida plurimo che ha colpito l'Italia almeno due volte negli ultimi dieci anni. La prima quando l'arma dello spread fu usata per far cadere il governo Berlusconi, portando poi al potere i tecnici neoliberisti (Monti, Fornero...). La seconda quando lo spread venne usato per far vacillare l'appena insediato "governo del cambiamento", magari per rilanciare un governo tecnico guidato dal sottoscritto (non mi erano bastati quattro giorni da presidente del Consiglio incaricato!). Consideriamo questi due episodi che sono fondamentali per capire l'interpretazione data da molti a quello che è accaduto in Italia negli ultimi dieci anni.

Partiamo dalla primavera del 2011.[3] Nell'aprile di quell'anno lo spread (cioè il differenziale) fra tasso di interesse pagato sui BTP italiani a dieci anni e quello pagato sui titoli di stato tedeschi è di circa 150 punti base (ossia 1,5 per cento), certo ben più alto di quello che aveva prevalso prima della crisi economica mondiale del 2008-2009, ma ancora sostenibile. Poi lo spread inizia a salire, raggiungendo un picco di 575 punti base a novembre. Questo livello era chiaramente insostenibile: avrebbe reso il servizio del debito pubblico troppo oneroso, avrebbe causato perdite enormi per le banche e un crollo del nostro Pil, come abbiamo già discusso nel capitolo 3. In questa situazione, il 12 novembre Berlusconi rassegna le dimissioni da presidente del Consiglio e viene sostituito quattro giorni dopo da Mario Monti, con l'obiettivo di stabilizzare la situazione economica.

Chi sostiene che questi eventi siano il risultato di una congiura internazionale per far cadere il governo Berlusconi identificano alcuni momenti di fondamentale importanza che hanno scandito l'aumento dello spread, momenti che sarebbero anche indizi di un piano preordinato per far cadere Berlusconi (e si sa che tre indizi fanno una prova, no?).[4] A maggio Standard & Poor's, una delle principali agenzie di rating mondiale, rivede da "stabile" a "negativo" il cosiddetto "*outlook*" (cioè la tendenza) dell'economia italiana. A luglio sempre Standard & Poor's, a mercati aperti, diffonde un proprio bollettino in cui si dà un giudizio negativo sulla manovra adottata dal governo italiano ("Restano sostanziali rischi per il piano di riduzione del debito, principalmente a causa della debole crescita"). Ad agosto il "Financial Times" definisce Tremonti "un povero esempio per gli italiani, non indispensabile" e l'edizione tedesca dello stesso giornale sentenzia che Mario Monti sarebbe un ottimo sostituto per Berlusconi ("Asciutto, obiettivo, minuzioso, ligio alle regole e un po' rigido, Monti ha tutte le qualità che mancano a Berlusconi"). Il 5 agosto arriva la lettera congiunta del presidente della Bce Jean-Claude Trichet e del successore designato Mario Draghi, la quale sollecita il governo italiano a prendere misure drastiche per ridurre il deficit pubblico e riformare l'economia. A settembre Standard & Poor's declassa l'Italia. A ottobre Angela Merkel e Nicolas Sarkozy a Bruxelles, dopo una riunione del Consiglio europeo, rispondendo a domande dei giornalisti sulla fiducia che viene data a Berlusconi, si scambiano sorrisi ironici.

E non è tutto. Il libro di memorie scritto da Tim Geithner, all'epoca dei fatti segretario del Tesoro (cioè ministro delle Finanze) americano, pubblicato nel 2014 rivela quanto segue:

> A un certo punto in quell'autunno, alcuni funzionari europei ci hanno avvicinato con un piano per provare a fare cadere il primo ministro italiano Silvio Berlusconi; volevano che rifiutassimo di appoggiare i prestiti del Fondo monetario internazionale all'Italia fino a quando lui non se ne fosse andato. Abbiamo riferito al presidente di questo sorprendente invito ma, per quanto sarebbe stato utile avere una migliore leadership in Europa, non potevamo essere coinvolti in un piano come quello. "Non possiamo avere il suo sangue sulle nostre mani," ho detto.[5]

Cosa si vuole di più per gridare al complotto? Ed è lo stesso Berlusconi che, prima ancora che il libro di Geithner fosse reso pubblico, dichiarava: "Quello che è successo per farmi cadere è stata una congiura, nazionale e internazionale, e anche per la storia serve istituire un'indagine con una commissione d'inchiesta".[6]

Ora, la domanda che dobbiamo porci è se questa sequenza di eventi costituisca un insieme preordinato (un complotto) per ottenere il risultato di mettere in crisi l'Italia e far cadere Berlusconi, o se piuttosto sia la manifestazione di una crisi di fiducia nel nostro paese dovuta a ben precise cause oggettive di natura sia economica che politica. Propendo per la seconda ipotesi. Sorge innanzitutto un'obiezione ovvia: se l'obiettivo della congiura era far cadere Berlusconi e l'arma era lo spread, perché lo spread resta alto anche dopo l'uscita di scena di Berlusconi e l'arrivo di Monti (come abbiamo visto nel capitolo 3)? Ma cerchiamo di essere più analitici. Esistevano motivi economici e politici oggettivi per spiegare la crisi di fiducia verso l'Italia che si sviluppò nel 2011?

Non c'è dubbio che esistessero motivi economici. Occorre prima di tutto capire che uno spread elevato significa che chi compra titoli di stato italiani vuole essere compensato per affrontare un rischio elevato: quello di non essere ripagati (rischio di una bancarotta o, per dirla in modo più elegante, di una ristrutturazione del debito pubblico) o di essere ripagati in una valuta diversa dall'euro (la "nuova lira" dopo l'uscita dell'Italia dall'euro e la conversione forzata del debito da euro a nuove lire). Perché esisteva questo rischio? L'Italia soffriva di due problemi che avrebbero potuto implicare la sua uscita dall'euro e la ristrutturazione del debito pubblico.

Il primo problema era la perdita di competitività che l'Italia aveva subìto dopo l'entrata nell'euro. Ne ho parlato già nel settimo capitolo del mio *I sette peccati capitali dell'economia italiana* e ho anche accennato alla questione nell'ultima sezione del capitolo 1 di questo libro: dopo l'entrata dell'euro i nostri costi di produzione (in particolare il costo del lavoro per unità di prodotto) erano cresciuti molto più rapidamente che in Germania, le nostre esportazioni ne avevano sofferto, si era aperto un buco tra importazioni ed esportazioni (tecnicamente il saldo del conto corrente della bilancia dei pagamenti era finito in deficit) e la crescita del Pil ne aveva sofferto. L'uscita dell'euro avrebbe potuto aiutare a risolvere questo squilibrio e accelerare la crescita perché, pensavano gli investitori, dopo l'uscita dall'euro, la svalutazione della nuova lira rispetto all'euro avrebbe consentito all'Italia di recuperare competitività. Proprio come facevamo negli anni settanta, negli anni ottanta e negli anni novanta, quando la competitività dei nostri prodotti rispetto alla Germania veniva mantenuta, nonostante il più rapido aumento dei nostri costi di produzione, attraverso periodiche svalutazioni della lira rispetto al marco tedesco.

Il secondo problema riguardava il nostro debito pubblico. L'esperienza di tanti paesi dimostra che gli investitori si preoccupano di non essere ripagati quando il debito pubblico da un livello già alto, rispetto al Pil, comincia a crescere.[7] Nel 2011 (peraltro come ora) il nostro debito pubblico era il secondo più alto nell'area dell'euro, dopo quello greco. Ed era in crescita (da circa il 100 per cento del Pil nel 2008 a oltre il 116 per cento del Pil a fine 2011). Il governo avrebbe potuto frenare l'aumento del debito aumentando le tasse o tagliando la spesa, ma questo sarebbe stato impopolare e, oltre a un certo livello, del tutto impossibile. C'era però un'altra strada: l'uscita dall'euro. Perché l'uscita dall'euro avrebbe potuto aiutare a eliminare il problema dell'alto debito pubblico? Perché uscendo dall'euro si sarebbe potuto convertire per legge il debito da euro a nuove lire (una ristrutturazione del debito) e poi chiedere alla Banca d'Italia di stampare nuove lire per ripagare il debito. Nella migliore delle ipotesi, la Banca d'Italia non avrebbe neppure dovuto stampare le nuove lire: la semplice possibilità di stamparle avrebbe assicurato gli investitori che sarebbero stati ripagati e questo avrebbe fatto scendere lo spread.[8] Ma se anche fosse andata male e lo spread non fosse sceso (per esempio, per aspettative di svalutazione della nuova lira rispetto all'euro), l'intervento della Banca d'Italia avrebbe consentito la monetizzazione del debito. E se ciò avesse innescato una spirale di inflazione, quest'ultima avrebbe eroso il valore del debito pubblico in circolazione che sarebbe quindi sceso ancor più rapidamente rispetto al Pil. Alternativamente, se l'Italia avesse comunque deciso di restare nell'euro, il governo avrebbe potuto seguire la strada della ristrutturazione del debito (tu hai prestato 100 allo stato italiano e lo stato te ne restituisce 50 alla scadenza), riducendo in tal modo il rapporto fra debito pubblico e Pil. In entrambi i casi (uscita dall'euro con conversione del debito da euro a lire e svalutazione della nuova lira oppure niente uscita ma taglio nel valore facciale del debito), si sarebbe verificata una forte perdita per chi aveva comprato titoli di stato. Questo, ossia la necessità di compensare gli investitori per il rischio affrontato, e non un complotto, spinse verso l'alto i tassi di interesse sul debito e lo spread.

Esistevano quindi motivi economici oggettivi che spiegano perché un paese con bassa competitività e alto (e crescente) debito pubblico potesse essere attaccato dai mercati finanziari. Ma perché proprio nel 2011? Il motivo è che si era rotto un incantesimo. Per tutto il decennio precedente i mercati finanziari erano stati convinti di due cose: del fatto che l'adesione all'euro fosse irrevocabile (insomma, che chi entrava non poteva più uscire) e del fatto che il debito pubblico dei paesi dell'euroarea non sarebbe mai stato ristrutturato. Con la crisi greca, soprattutto dopo la disastrosa dichiarazione di Deauville da parte di Merkel e Sarkozy già ricordata nel capitolo 1 (un errore ma non certo un'azione volta a colpire l'Italia), i mercati avevano capito che il re era nudo. E se poteva essere contemplata un'uscita dall'euro o una ristrutturazione del debito pubblico per la Grecia, perché non poteva essere così anche per l'Italia, che pure aveva problemi?

Esistevano anche motivi politici che rendevano il governo Berlusconi debole ed esponevano l'Italia a un rischio di una crisi di fiducia. Nel corso dell'anno si erano intensificati gli attacchi da parte di esponenti della maggioranza a Giulio Tremonti, che cercava di tenere i conti pubblici sotto controllo. A luglio si era aperta una frattura nel centrodestra tra Berlusconi e Umberto Bossi, sulla questione dell'arresto del deputato Alfonso Papa. Alla fine, il governo cadde di fatto alla Camera, l'8 novembre, quando l'approvazione del Rendiconto generale dello Stato passò con solo 308 sì, contro i 316 necessari per un voto di fiducia. Come ricorda "Repubblica", Berlusconi stesso dichiarò: "Mi dimetto, per colpa di otto traditori".[9]

Visto quindi che esistevano motivi economici e politici oggettivi che potevano spiegare la crisi di fiducia verso l'Italia e l'aumento dello spread, perché si dovrebbero andare a ipotizzare l'esistenza di complotti internazionali per far cadere Berlusconi e affossare l'Italia? Non ce n'è motivo. In quest'ottica, gli "indizi" sopra citati di un complotto possono essere chiaramente interpretabili come normali sviluppi di una crisi causata da motivi economici oggettivi. Standard & Poor's declassa l'Italia perché la situazione economica si è deteriorata con l'aumento dello spread e il rallentamento economico, checché ne dica il tribunale di Trani.[10] Trichet e Draghi scrivono al governo chiedendo di agire rapidamente perché la situazione economica era oggettivamente seria. La lettera viene peraltro anticipata di un giorno da un documento congiunto delle parti sociali (Confindustria e altri rappresentanti dei datori di lavoro e dei sindacati) in cui si chiede al governo di agire rapidamente in una direzione del tutto simile a quella indicata da Trichet e Draghi, compreso il raggiungimento entro tre anni del pareggio di bilancio, che doveva diventare un obbligo costituzionale, e un programma di investimenti pubblici e privati, nonché di liberalizzazioni e privatizzazioni per rilanciare la crescita.[11] E gli oscuri funzionari europei citati da Geithner semplicemente sostennero che, se l'Italia avesse avuto bisogno di un prestito dal Fondo monetario internazionale, sarebbe stato necessario avere in carica un governo con una solida maggioranza che avrebbe potuto porre in essere le misure necessarie per avere finanziamenti esterni, non un governo appoggiato da una maggioranza che, come poi avvenne, si dissolse rapidamente.

Ho lasciato per ultime due postille che riguardano due eventi che vengono spesso addotti come prova di un complotto contro l'Italia. L'ho fatto per non rompere il ritmo del discorso, ma non posso trascurarli.

Il primo evento riguarda la vendita di titoli di stato italiani decisa da Deutsche Bank nel 2011. Anche in questo caso è il solito tribunale di Trani a iniziare un procedimento per manipolazione dei mercati, procedimento poi passato, per competenza, al tribunale di Milano. Il procedimento è ancora in corso, ma l'accusa è di aver venduto titoli di stato per 7 miliardi nella primavera del 2011 causando quindi, o almeno contribuendo, all'attacco speculativo contro l'Italia. Ora, fa parte delle attività di mercato di una banca quella di vendere o comprare titoli di stato, per cui non capisco la natura del problema. Farei anche notare che 7 miliardi rappresentavano all'epoca meno dello 0,4 per cento della consistenza del debito pubblico italiano e che le vendite avvennero in aprile, mentre lo spread ebbe un brusco aumento solo sul finire del giugno 2011. Ciò detto, qualcuno dirà che il mio punto di vista è influenzato dal fatto che Deutsche Bank è uno dei finanziatori dell'Osservatorio sui conti pubblici dell'Università Cattolica di Milano, che dirigo. È vero. Il contributo per l'anno accademico 2018-2019 di Deutsche Bank è stato pari a circa il 5 per cento del totale dei finanziamenti dell'Osservatorio. Giudicate voi...

Il secondo evento riguarda la decisione presa dalla

Banca centrale europea di aumentare i tassi di interesse di 50 punti base (mezzo punto percentuale) tra aprile e luglio 2011. Che sia stato un errore aumentare i tassi di interesse in quella circostanza non c'è dubbio e la Bce corresse la propria decisione nella seconda metà dell'anno. Ma non si trattò certo di un attacco premeditato contro l'Italia. L'aumento dei tassi riguardò l'intera area dell'euro e fu motivato dal fatto che l'inflazione era in chiaro aumento rispetto all'anno precedente, attestandosi nella media dell'anno al 2,7 per cento. Col senno di poi, fu un errore, ma ricordiamoci una cosa: anche dopo l'aumento dei tassi di interesse di 50 punti base, il tasso di interesse sulle operazioni di rifinanziamento della Bce era dell'1,5 per cento, un tasso molto basso e inferiore al tasso di inflazione (e alle aspettative di inflazione) dell'epoca, il che comportava un tasso di interesse reale ampiamente negativo. Insomma, le condizioni monetarie rimanevano molto espansive. Mi sembra quindi improbabile che l'aumento di 50 punti base deciso tra aprile e luglio 2011 sia stato la causa principale della crisi dell'euroarea. Contarono secondo me molto di più i già ricordati segnali dati a Deauville da Francia e Germania riguardo alla possibile ristrutturazione dei debiti pubblici nei paesi dell'euroarea e la decisione, che andò materializzandosi nel corso del 2011, di ristrutturare il debito greco.

Le congiure internazionali contro i governi italiani (2): l'attacco al governo del cambiamento

Nel febbraio 2018, prima delle elezioni che portarono al potere il governo del cambiamento, lo spread era intorno a 130 punti base. A novembre raggiunse i 320 punti base e diversi rappresentanti del governo gialloverde puntarono il dito contro la congiura internazionale che voleva impedire il cambiamento in Italia. Per esempio, come riportato dal "Giornale", l'8 ottobre Salvini denunciava: "Dietro questa impennata c'è una manovra finanziaria di speculatori alla vecchia maniera, come 25 anni fa con

George Soros, per comprarsi in saldo le aziende italiane... chi pensa di speculare perde tempo, a nome del governo dico che non torneremo indietro".[12] E un mese più tardi: "Sono preoccupato per l'attacco di alcune parti del mondo finanziario che vedono nell'Italia un boccone da mangiarsi... Mi viene il dubbio che qualcuno agisca a colpi di spread per comprare pezzi dell'economia italiana".[13]

Di nuovo la teoria del complotto, questa volta per affossare il governo del cambiamento e comprarsi l'Italia. In realtà, i mercati non avevano reagito male al risultato delle elezioni. Lo spread era rimasto sui livelli pre-elezioni fino a inizio maggio, quando già si era capito che si sarebbe formato un governo gialloverde. Fino a quando? Fino a quando cominciarono a filtrare notizie su cosa era stato inserito nelle prime bozze del contratto di governo. Richieste innocue del tipo: chiederemo alla Bce di cancellare i 250 miliardi di titoli italiani acquistati negli ultimi anni e all'Unione Europea di chiarire un percorso per la possibile uscita dall'euro.[14] Come dire, non intendiamo usarla, però è giusto avere un'uscita di sicurezza, no?

Le istanze più evidentemente assurde, al limite dell'ingenuità, spariscono presto dal contratto di governo, ma restano tante altre questioni, come l'idea che per ridurre il rapporto fra debito pubblico e Pil la cosa giusta da fare sia spendere più soldi pubblici (abbiamo già discusso di questa bufala nel capitolo 3). Ad ogni modo, almeno inizialmente sono solo parole. Parole che però si trasformano in fatti quando in autunno il governo manda in parlamento un Documento di economia e finanza e poi una legge di bilancio che prevede un deficit che cresce dall'1,8 per cento del Pil allora previsto per il 2018 al 2,4 per cento del Pil nel 2019, nonostante un'ipotesi molto ottimistica di crescita economica dell'1,5 per cento.[15] Ovviamente, niente di tutto questo era in linea con le regole europee, per cui comincia a diffondersi l'idea che il governo voglia cercare lo scontro con l'Europa per avere la scusa di raggiungere il vero obiettivo non scritto nel contratto: l'uscita dall'euro. Eh già, pensano in molti, non compare nel contratto, ovviamente, ma perché non compare? Quelli che prima di andare al governo dicevano che volevano il referendum sull'euro, quelli che andavano in giro con magliette con su scritto "Basta Euro", perché hanno cambiato idea? E l'avranno davvero cambiata? E i motivi di fondo che avevano portato alla crisi del 2011 (bassa competitività con l'estero e alto debito pubblico) sono forse spariti o persistono facendo dell'Italia, anche indipendentemente da chi sta al governo, un buon obiettivo per la speculazione internazionale? Dopo tutto, il nostro debito pubblico è ancora il secondo più alto nell'area dell'euro. Quanto alla situazione dei conti con l'estero, quelli sono migliorati: l'Italia ha una differenza positiva tra esportazioni e importazioni, ma queste ultime sono basse perché il reddito pro capite non ha più recuperato i livelli raggiunti nel decennio scorso, il che tiene artificialmente basse le importazioni.[16] Forse allora esiste anche un problema di scarsa competitività? Certo, esiste il problema di una capacità di crescita di lungo termine persistentemente più bassa che nel resto d'Europa.

Ancora una volta, quindi, l'aumento dello spread può essere spiegato da motivi del tutto oggettivi, senza dover far ricorso a teorie complottistiche. E infatti, una volta rivisti i piani di finanza pubblica (il governo si accorda a fine dicembre 2018 per un deficit del 2,04 per cento, con un'ipotesi di crescita dell'1 per cento), lo spread si porta su livelli più accettabili, intorno a 250 punti base. Risale di nuovo dopo la pubblicazione del Documento di economia e finanza nell'aprile 2019, dove si prevede, ancora una volta, che il deficit del 2019 salga al 2,4 per cento (anche se, stavolta, per effetto di una crescita ancora più bassa, rivista dal governo allo 0,2 per cento). Ma, raggiunto di nuovo l'accordo con Bruxelles per un pacchetto di misure che mantiene il deficit al (siamo da capo!) 2,04 per cento, lo spread riprende a scendere. Anzi, scende sui valori minimi del governo gialloverde, intorno a 200 punti base nel giugno del 2019. La conclusione è che, anche nel caso del governo gialloverde, lo spread si è mosso in risposta a dichiarazioni fatte e ad azioni prese dal governo, e non per effetto di congiure di poteri forti nazionali o internazionali.

Chiudo con un ricordo personale. In quei quattro giorni in cui fui presidente del Consiglio incaricato, a fine maggio 2018, lo spread, dopo un calo iniziale, il lunedì che arrivai a Roma salì rapidissimamente. Ero stato chiamato a formare un governo tecnico per portare il paese a nuove elezioni dopo lo stallo delle discussioni tra il presidente Mattarella e i rappresentanti del futuro governo gialloverde sul nome del ministro dell'Economia (Paolo Savona, proposto dai gialloverdi, era visto da molti come troppo euroscettico). Si sapeva che non avrei passato il voto di fiducia del parlamento (vista la forte opposizione di Lega e Movimento 5 Stelle) e che, se il tentativo fosse proseguito, sarei rimasto in carica solo per l'ordinaria amministrazione. La rottura tra gialloverdi e il presidente Mattarella aveva però immediatamente focalizzato la campagna elettorale sul tema dell'euro – il punto su cui era avvenuta la rottura –, innervosendo non poco i mercati. Fra l'altro, un governo con i soli poteri dell'ordinaria amministrazione non avrebbe avuto nessuno strumento per contrastare l'aumento dello spread (neppure la possibilità di ricorrere al sostegno delle istituzioni europee, che richiedono, per poter erogare prestiti, di avere un governo in grado di prendere decisioni ben al di là dell'ordinaria amministrazione perché sostenuto da una maggioranza parlamentare). Fortunatamente, si riuscì ad arrivare al compromesso che calmò i mercati (prima della risalita autunnale dello spread che ho già commentato). Conclusione: anche l'impennata dello spread degli ultimi giorni di maggio può essere spiegata senza dover ricorrere a ipotesi di congiura internazionale. Mah, o forse Soros ce l'aveva pure con me?

L'establishment affama il popolo italiano: la privatizzazione della Banca d'Italia

L'economia italiana non è andata molto bene negli ultimi vent'anni: il nostro reddito medio pro capite, in termini di poteri di acquisto (cioè al netto dell'inflazione) è più o meno ai livelli di vent'anni fa, e la distribuzione del reddito non è certo diventata più egualitaria (come discusso poi).

Le sacche di povertà, di conseguenza, sono aumentate, e certe aree del paese, soprattutto al Sud, sono state particolarmente penalizzate, come lo sono stati i giovani. Questo è un problema oggettivo, che ha però fornito terreno fertile per la crescita e la diffusione di una marea di bufale di diverso genere caratterizzate da un comune elemento: l'idea che i poteri forti (politici ed economici) abbiano agito per mantenere in povertà un gran numero di italiani ed estrarre il più possibile ricchezza da distribuire a banche e amici loro. Un esempio di una bufala circolata a sostegno di questa tesi riguarda l'appropriazione indebita da parte dei poteri forti (leggi, in questo caso, le banche) di quello che era un caposaldo della nazione e dello stato italiano: la Banca d'Italia. È infatti opinione diffusa che la Banca d'Italia sia stata in qualche modo privatizzata, che non appartenga più alla res publica, ma che ormai sia controllata e faccia gli interessi della finanza privata.

Hanno contribuito alla diffusione di questa opinione alcuni esponenti pentastellati, per esempio Alessandro Di Battista, che, nella puntata di *DiMartedì* del 24 gennaio 2017, rivelò:

> Il problema, non so se lo sanno gli italiani, è che oggi Banca d'Italia, che dovrebbe controllare le banche private ed evitare che possano fallire, non è più una banca pubblica, perché è una banca controllata da quelle stesse banche private che dovrebbe controllare.[17]

Sulla stessa linea il sito euroscettico Noeuro, che in un post del 3 gennaio 2018 titolava: *Italiani ingannati sulla Banca d'Italia: una SPA privata che non fa gli interessi dei cittadini*. Il "tradimento" viene fatto risalire addirittura agli anni ottanta (forse per via del "divorzio" di cui ho già parlato nel capitolo 3?):

> La parola d'ordine dei politici è confondere le idee agli italiani. La Banca d'Italia non è più pubblica dagli anni ottanta. In conseguenza a delle grosse speculazioni dell'alta finanza mondiale e con la collaborazione dei politici italiani. Vi ricordate che alla Banca d'Italia venne attribuito anche il nome di "Bankitalia"? E il gioco fu fatto...[18]

Eh, si sa che le k sono importanti per il controllo delle masse (i meno giovani di voi si ricorderanno "Kossiga")! I video in rete poi abbondano: si vedano, a titolo di esempio, il video, con oltre 10.000 visualizzazioni, che denuncia l'illegalità della Banca d'Italia, dopo la sua privatizzazione (prodotto da un sito intestato al "Dipartimento Europeo di controllo degli Illeciti bancari"), o il video al link https://www.youtube.com/watch?v=c4sXI9EI3ko, che contiene diverse interviste a comuni cittadini amaramente sorpresi alla rivelazione della natura ormai privatistica della Banca d'Italia.

Molti di questi siti hanno carattere propagandistico, sono volti a convincere il pubblico della necessità di ribellarsi alla congiura dei poteri forti, quelli delle banche, in primis. Ma molti, anche tra gli esperti, sono incerti sulla natura della Banca d'Italia. Qualche tempo fa un docente universitario in pensione, della cui buona fede non posso dubitare, mi scrisse notando che una mia precedente affermazione secondo cui i profitti della Banca d'Italia venivano passati allo stato era evidentemente sbagliata, visto che la proprietà della Banca d'Italia era in mano quasi esclusivamente a banche e assicurazioni private. Cerchiamo allora di chiarire la questione.

Ci aiuta in questo il sito ufficiale della stessa Banca d'Italia, nel quale leggiamo: "La Banca d'Italia è la banca centrale della Repubblica italiana; è un istituto di diritto pubblico, regolato da norme nazionali ed europee".[19] Più chiaro di così! La Banca d'Italia è un istituto di diritto pubblico, non privato. Qual è il problema allora? Il problema è che le quote del capitale della Banca d'Italia sono effettivamente non in mano allo stato ma ai cosiddetti "partecipanti" (infatti l'assemblea annuale non è l'assemblea degli azionisti, ma è l'assemblea dei partecipanti), e questi partecipanti sono al 95 per cento banche e assicurazioni prevalentemente private (ora il Monte dei Paschi di Siena è a maggioranza pubblica).[20] È una struttura effettivamente un po' strana, che trae origine dalla storia della Banca d'Italia. Ancora dal sito ufficiale:

Per ragioni storiche che risalgono agli anni trenta del secolo scorso, la Banca d'Italia già aveva una forma giuridica associativa, che ricordava quella di una società per azioni; le quote di partecipazione al capitale erano distribuite tra banche ed enti di assicurazione e previdenza, per la maggior parte divenuti dagli anni novanta di natura privata.[21]

Una legge del 2005 aveva previsto il passaggio del capitale della Banca d'Italia allo stato, ma non venne mai attuata per due motivi. Il primo è che avrebbe implicato la necessità di introdurre per legge ulteriori garanzie per mantenere l'indipendenza della Banca d'Italia dal potere politico, richiesta dai trattati europei per evitare che la gestione della moneta divenisse preda di pressioni politiche. Il secondo è che avrebbe comportato il pagamento di un indennizzo da parte dello stato ai privati pari al valore della Banca d'Italia (che era aumentato nel tempo, come vedremo fra poco).

Come fa un istituto di diritto pubblico ad avere un capitale partecipato prevalentemente da privati? E come fa la partecipazione privata a essere compatibile con l'indipendenza della Banca d'Italia dagli interessi privati? Occorre prima di tutto notare che questa stranezza istituzionale è condivisa con altre banche centrali, come quella americana, la Federal Reserve (Fed).[22] Ma, andando alla sostanza, il fatto che il capitale della Banca d'Italia sia partecipato da banche e assicurazioni non comporta che queste abbiano, formalmente e di fatto, il controllo delle decisioni prese dalla Banca d'Italia. Né comporta che i profitti della Banca d'Italia vadano a banche e assicurazioni, se non in minima parte. Sono punti essenziali, questi, per cui vale la pena di considerarli più da vicino.

Per quanto riguarda il controllo delle decisioni della Banca d'Italia, il compito principale dell'assemblea dei partecipanti è quello di nominare il Consiglio superiore della banca. A sua volta, il Consiglio ha compiti limitati, compiti di amministrazione e vigilanza interna alla banca e non di gestione della politica monetaria o di supervisione bancaria.[23] È vero che il Consiglio deve nominare il direttore generale e i vicedirettori generali della Banca d'Italia (che sono membri del Direttorio della stessa banca), ma può far questo solo su proposta del governatore che, di fatto, sceglie gli altri membri del Direttorio. Il governatore stesso, che ha di gran lunga la posizione più influente all'interno della banca, è invece nominato dal presidente della Repubblica su proposta del presidente del Consiglio (il Consiglio superiore esprime solo "un parere" in proposito). Anche in termini di nomine, quindi, il Consiglio superiore ha un ruolo di fatto marginale. Per quanto riguarda le operazioni della Banca d'Italia, il Consiglio "non ha alcuna ingerenza nelle materie relative all'esercizio delle funzioni pubbliche attribuite dal Trattato, dallo statuto del Sebc [il Sistema europeo di banche centrali] e della Bce, dalla normativa dell'Unione Europea e dalla legge alla Banca d'Italia o al governatore per il perseguimento delle finalità istituzionali", come stabilito dallo stesso statuto della Banca d'Italia (al comma 2, articolo 19). Insomma, banche e assicurazioni nominano, sì, il Consiglio superiore, ma di fatto questo non ha modo di influire sulle politiche della Banca d'Italia. Forse la prova più chiara del ruolo marginale svolto dal Consiglio è la modesta remunerazione dei suoi membri: 31.710 euro lordi annui. Un po' poco se i consiglieri dovessero prendersi la responsabilità di gestire le politiche della Banca d'Italia.

Per quanto riguarda i profitti della Banca d'Italia, l'articolo 38 dello statuto della banca prescrive che l'utile, al netto delle tasse, sia destinato a riserva ordinaria, fino al massimo del 20 per cento, alla riserva straordinaria ed eventuali fondi speciali, fino al massimo del 20 per cento, ai partecipanti, fino al massino del 6 per cento, e che il resto vada allo stato. I partecipanti, quindi, possono ricevere al massimo il 6 per cento degli utili. Facciamo un esempio di come sono stati distribuiti i profitti nel 2018. Secondo il bilancio della Banca d'Italia l'utile netto di 6240 milioni è stato così ripartito: 150 milioni alla riserva ordinaria, 340 milioni ai partecipanti (ma con un'erogazione effettiva di soli 227 milioni, per una norma che prevede che i dividendi relativi alle quote eccedenti il limite di detenzione del 3 per cento del capitale siano comunque attribuiti alla riserva ordinaria),

40 milioni alla speciale posta costituita nel 2016 per stabilizzare nel tempo l'ammontare degli utili netti corrisposti ai partecipanti nell'ambito della politica di distribuzione dei dividendi pro-tempore vigente, e 5710 milioni allo stato.[24] Ai partecipanti quindi sono andati solo 227 milioni, ossia il 3,6 per cento dei profitti, e, con eccezione di una piccola parte mandata a riserva, il resto è andato allo stato. Alla faccia di quelli che dicono che la Banca d'Italia e il signoraggio (il vantaggio di poter stampare moneta, il che vuol dire, nel mondo moderno, i profitti della banca centrale) sono stati privatizzati![25]

C'è un'ultima questione, connessa ai partecipanti della Banca d'Italia, che vale la pena di affrontare perché ha dato origine a una bufala collegata alla precedente. Quella relativa alla rivalutazione decisa nel 2014 del capitale della Banca d'Italia. Prima della riforma nella contabilità delle banche e degli altri partecipanti al capitale della Banca d'Italia, le relative quote erano contabilizzate a un valore bassissimo, il valore storico, che non era mai stato rivalutato e che ammontava a 300 milioni di lire, ossia 156.000 euro, probabilmente meno del valore di una delle tante opere d'arte in mostra negli uffici romani di via Nazionale 91, la sede della Banca d'Italia. Nel 2014 una legge rivalutò il capitale della Banca d'Italia portandolo a 7,5 miliardi di euro, una cifra che rifletteva l'accumulo di riserve da parte della Banca d'Italia e quindi il suo valore effettivo. Le banche e gli altri enti, quindi, beneficiarono di un guadagno di ammontare pari alla rivalutazione delle quote. Apriti cielo! Si scatenò una valanga di critiche per questo regalo fatto alle odiate banche.[26] Sembrava quasi che lo stato avesse dovuto tassare gli italiani, tagliare servizi pubblici o indebitarsi, per dare soldi alle banche. In realtà, fu un'operazione puramente contabile. Riportiamo, in proposito, quanto dice la stessa Banca d'Italia:

> I 7,5 miliardi della rivalutazione sono già nel bilancio della Banca d'Italia. Erano iscritti come fondi di riserva, ora entrano nel capitale sociale e servono a delimitare i diritti dei partecipanti. Il capitale della Banca viene rivalutato a 7,5 miliardi, secondo un criterio che tiene conto del flusso storico di dividendi pagati e della sua evolu-

zione nel tempo. Né lo Stato né i contribuenti sborsano alcunché per questa riforma. Il patrimonio della Banca (capitale + riserve) resta inalterato.[27]

Certo, i partecipanti al capitale della Banca d'Italia ne trassero un vantaggio perché nel loro attivo ebbero effettivamente la possibilità di riportare le quote al loro valore effettivo. Ebbero un guadagno in conto capitale (una plusvalenza), ma a fronte di questo guadagno (che comunque non costò nulla allo stato, essendo, come si è detto, un'operazione puramente contabile) dovettero pagare delle tasse. L'aliquota di tassazione fu inizialmente fissata al 12 per cento, per un gettito di quasi un miliardo.[28] L'aliquota però venne innalzata successivamente al 26 per cento dal decreto legge 66 del 2014, quello che introdusse gli "80 euro di Renzi" per detassare i redditi bassi, portando così l'incasso dello stato a circa 2 miliardi. Se il capitale della Banca d'Italia non fosse stato rivalutato, l'unica cosa che, di fatto, sarebbe cambiata per lo stato, è che quest'ultimo non avrebbe incassato questi 2 miliardi.

In realtà, c'è un'altra cosa da ricordare: come abbiamo visto nel capitolo 2, negli ultimi anni il principale vincolo ai prestiti delle banche all'economia non è stato costituito dalla mancanza di fondi liquidi (cioè di soldi da prestare), ma dalla mancanza di capitale proprio, che deve crescere in linea con i prestiti erogati: la rivalutazione delle quote della Banca d'Italia, aumentando il capitale delle banche, permise loro di aumentare la propria capacità di prestare al settore privato.

I costi della casta rovinano le finanze pubbliche

Come Commissario per la revisione della spesa avevo avanzato diverse proposte per ridurre i "costi della politica" e, in generale, i privilegi della "casta" (tra queste, la riduzione delle auto blu e l'introduzione di un tetto ai compensi dei dirigenti pubblici, fissato poi in 240.000 euro lordi, anche se le misure da me proposte riguardo agli stipendi della dirigenza pubblica erano più ampie). Avevo motivato le mie proposte in quest'area con un semplice grafico che trovate a p. 32 delle slide con cui avevo riassunto il mio lavoro.[29] Il grafico riproduceva l'andamento della spesa pubblica statale fra il 2009 e il 2012, confrontandola con la spesa degli organi "politici" (parlamento, Corte costituzionale e altri). La cosa sorprendente è che, mentre la spesa dello stato nel triennio si era ridotta del 10 per cento in termini di euro, nello stesso periodo la spesa degli organi politici era rimasta praticamente invariata. Chi aveva deciso i tagli di spesa (il parlamento), in un momento di grave difficoltà finanziaria, non aveva tagliato le proprie spese: i costi della politica non erano stati tagliati, se non in misura minore. Qualcosa era stato fatto: nel 2012, per esempio, su iniziativa del governo Monti, il parlamento decise di adeguare la normativa pensionistica dei parlamentari con il passaggio al metodo contributivo, anche se in modo non completo.[30] Ma questo avrebbe influito sulla spesa del parlamento solo nel lungo periodo. Nel frattempo, le spese non venivano tagliate.

Dopo aver lasciato l'incarico di Commissario ho continuato a sostenere, nelle mie diverse apparizioni televisive, la necessità di abbattere i costi della politica, per esempio i vitalizi di chi era stato parlamentare prima della riforma del 2012. O le auto blu (per le quali le sforbiciate introdotte dal governo Renzi restano secondo me insufficienti). Voglio ribadirlo perché di tutto mi si può accusare tranne che di essere stato tenero con la "casta".

Di quale bufala allora intendo parlare in questa sezione? Del fatto che i problemi della finanza pubblica italiana siano dovuti alla "mangiatoia" dei politici. La questione è semplice: i costi della politica sono semplicemente una porzione piuttosto piccola della spesa pubblica italiana. Quest'ultima è di oltre 800 miliardi all'anno. I costi della politica (le spese per gli stipendi e il funzionamento di Camera, Senato, Corte costituzionale e altri organi costituzionali o di rilevanza costituzionale, e mettiamoci pure le spese della politica a livello locale, per regioni, province e comuni) si aggirano sui 5 miliardi, una piccolissima frazione del totale. Le spese per tutte le auto blu erano nel 2013 di circa 300 milioni (forse ora sono scese un po'). Milioni, capite? Non miliardi. E di questa spesa circa l'80 per cento era spesa per gli autisti, non per le vetture in sé. Inutile quindi affermare che tutti i problemi della finanza pubblica italiana si possano risolvere tagliando i costi della politica.

Perché allora, come Commissario, ne avevo raccomandato una drastica riduzione (di circa il 20 per cento in un arco di tre anni) e perché anche adesso penso che sia importante tagliarli? Perché, per quanto i risparmi relativi siano limitati quantitativamente, occorre che la politica dia un segnale forte e chiaro se poi si vuole contenere il resto della spesa pubblica. Insomma, l'esempio deve venire dall'alto.

Un'ultima annotazione su questo tema, per completezza. Si dice che il taglio del numero dei parlamentari di recente approvato dalle Camere porterà a un risparmio di mezzo miliardo. È una bufala anche questa. Prima di tutto (come vedremo anche nel capitolo 7), la cifra di mezzo miliardo si riferisce all'intera legislatura, non alla spesa annuale, concetto cui normalmente si fa riferimento parlando di spesa pubblica. Secondo, si tratta comunque di un'approssimazione per eccesso: il risparmio per legislatura è di 410 milioni o 82 milioni l'anno. Infine, tenendo conto del fatto che sul costo dei parlamentari si pagano tasse, al netto di queste il vero risparmio per le casse pubbliche è di soli 57 milioni annui, lo 0,007 per cento della spesa pubblica annuale.[31]

I 60 miliardi di costi della corruzione sottraggono risorse al popolo

Sarò breve su questo punto perché ne ho già parlato in dettaglio nel secondo capitolo dei *Sette peccati capitali*. Diversi politici, tra questi, ancora una volta, Di Battista, hanno dichiarato che la corruzione in Italia costa 60 miliardi ogni anno e che il recupero di questi soldi avrebbe consentito il finanziamento di diverse iniziative a favore del popolo, tra cui, per esempio, il reddito di cittadinanza. In quel libro ho narrato di come quel numero (60 miliardi) si sia originato e come sia stato sfortunatamente ufficializzato da alcune dichiarazioni della Corte dei Conti (trovate nel libro tutti i riferimenti puntuali delle citazioni sotto riportate). In breve, la paradossale storia è che nel marzo 2009 il SAeT (Servizio anticorruzione e trasparenza) della presidenza del Consiglio in un suo rapporto scrisse che: "Le stime che si fanno sulla corruzione, 50-60 miliardi all'anno, senza un modello scientifico, diventano opinioni da prendere come tali ma che, complice a volte la superficialità dei commentatori, aumentano la confusione...". Appunto, la superficialità dei commentatori... Tre mesi dopo un rapporto della Corte dei Conti – un po' più che un "commentatore" – indicava testualmente che la corruzione poteva "incidere sullo sviluppo economico del Paese anche oltre le stime effettuate dal SAeT... nella misura prossima a 50/60 miliardi di euro all'anno, costituenti una vera e propria tassa immorale e occulta pagata con i soldi prelevati dalle tasche dei cittadini". Vista l'autorevolezza della Corte, da lì in poi la cifra cominciò a circolare come stima ufficiale, di fonte Corte dei Conti, anche, per un po' di tempo, da rappresentanti della Corte stessa.[32] Trovo questa vicenda incredibile. È però ormai chiaro ai più (almeno spero) che la cifra di "60 miliardi" non ha alcun fondamento.

Anche qui voglio chiarire due passaggi. Primo, i costi della corruzione in Italia, costi diretti per le finanze pubbliche, sono probabilmente elevati, e ancora più elevati sono i costi della corruzione per il funzionamento della nostra economia. Ho quindi inserito i "60 miliardi" nella lista delle bufale non certo per minimizzare la gravità del problema. Ma la bufala resta. Secondo, visto che sono stato piuttosto critico sull'operato del governo gialloverde, spesso mi chiedono se c'è qualcosa di buono che questo governo ha fatto. La mia risposta solitamente è che la legge spazza-corrotti ha appropriatamente inasprito le pene per i reati di corruzione e affini e fornito giustamente nuovi strumenti di indagine. Anzi, secondo me poteva anche spingersi oltre.

Cinque milioni di italiani sono in povertà assoluta

Il 18 giugno 2019 RaiNews riportava la notizia che, secondo l'Istat, c'erano "5 milioni di italiani in povertà assoluta". L'anno precedente si era più o meno sullo stesso livello, ma la cifra era ben più alta di quella del 2014 (un po' più di 4 milioni), nonostante la ripresa economica in corso da quell'anno.[33] La notizia dei 5 milioni di italiani poveri venne riportata da diversi quotidiani e siti nazionali, tra cui "Il Sole 24 Ore" (*Oltre 5 milioni di italiani in povertà assoluta*), "il Giornale" (*Istat – In povertà assoluta 5 milioni di italiani*), "TGCOM 24" (*5 milioni di italiani in povertà assoluta*), Ansa (*Oltre 5 milioni di italiani in povertà assoluta*), ADN-Kronos (*In povertà assoluta 5 milioni di italiani*) e l'autodefinitosi "quotidiano sovranista", "Il Primato Nazionale" (*Istat, dati drammatici: 5 milioni di italiani vivono in povertà assoluta*). Salvini riprende il tema con diversi tweet (per esempio, il 4 dicembre 2018: "Con 5 milioni di italiani poveri non posso ospitare centinaia di migliaia di persone che vengono dal resto del mondo"; e l'8 gennaio 2019: "Ho 5 milioni di italiani poveri, quando avrò sfamato loro, penserò agli altri. Io la penso così"). Fratelli d'Italia lancia l'iniziativa di portare, anche in parlamento, una maglietta azzurra per richiamare la politica a occuparsi dei "5 milioni di italiani sotto la soglia di povertà".[34]

In effetti, l'aumento della povertà in Italia negli ultimi anni è un problema molto serio (torneremo su questo nell'ultima sezione del capitolo). Ma l'Istat è stata ben chiara nell'indicare che il numero di 5 milioni non si riferisce agli italiani in povertà, ma al numero dei residenti in Italia in povertà che comprende quindi anche il numero degli stranieri, quelli che, secondo Salvini, devono venire dopo gli italiani e che, quindi, devono essere contati a parte, anche nei suoi tweet. Anzi, l'Istat ormai da anni fornisce i dati sull'incidenza della povertà fra i cittadini italiani e fra gli stranieri. Cosa ci dicono?

L'Istat indica effettivamente che i poveri in Italia erano nel 2018 5 milioni e 40.000. Di questi, un milione e 523.000 (il 30 per cento) erano stranieri, nonostante gli stranieri rappresentino solo circa l'8 per cento della popolazione residente. In effetti l'incidenza della povertà (cioè il rapporto tra numero di poveri e numero di persone dello stesso gruppo) è molto più alta per gli stranieri (30,3 per cento nel 2018) rispetto agli italiani (6,4 per cento). Quindi, il numero di italiani poveri è di circa 3 milioni e mezzo: sempre troppi, ma non 5 milioni. C'è anche da notare che l'aumento nel numero di poveri negli ultimi anni è stato più forte tra i residenti non italiani, come evidenziato in uno studio presentato nel settembre 2019 a un convegno tenutosi a Milano da Andrea Brandolini basato sull'indagine sui bilanci delle famiglie della Banca d'Italia.[35]

La questione della distinzione tra poveri italiani e poveri stranieri ha assunto poi particolare rilevanza politica quando si è dovuto decidere a chi assegnare il "reddito di cittadinanza": spettava solo agli italiani (come il nome del provvedimento pareva suggerire) o anche agli stranieri residenti? Il fatto che la distinzione tra poveri italiani e poveri stranieri fosse balzata al centro del dibattito politico rende quindi ancora più incomprensibile come, anche di recente, i media continuino a far riferimento ai 5 milioni di italiani in povertà. In ogni caso, il reddito di cittadinanza è stato concesso solo agli stranieri che sono cittadini dell'Unione Europea o, se extracomunitari, che hanno risieduto in Italia almeno per dieci anni (di cui gli ultimi due in modo continuativo).

Un'ultima questione riguarda la validità dei dati Istat. In linea di principio, i dati Istat non dovrebbero essere influenzati dall'evasione fiscale, dato che essi provengono dall'analisi dei consumi delle famiglie e non da fonti fiscali. Resta però un mistero. Il reddito di cittadinanza era volto proprio a portare il reddito di chi lo riceveva al di sopra della soglia di povertà assoluta. Anche escludendo i cittadini esteri, i potenziali beneficiari dovevano quindi essere circa 3 milioni e mezzo, stando ai dati Istat. In realtà, il numero dei potenziali beneficiari avrebbe dovuto essere ben superiore, non solo perché avevano diritto al reddito di cittadinanza alcuni non cittadini, ma anche perché l'Istat considera come soglia di povertà assoluta nel Sud, per gli individui, un reddito mensile al 2018 compreso tra i 410 e i 467 euro, un livello molto al di sotto del reddito di cittadinanza per gli individui (780 euro).[36] Quindi una persona che aveva un reddito mensile di 600 euro al Sud non era classificato come povero dall'Istat, ma aveva comunque diritto a un'integrazione attraverso il meccanismo del reddito di cittadinanza.

Tuttavia, il numero degli individui coperto dalle domande accettate per il reddito di cittadinanza è al momento stimato intorno ai 2 milioni e mezzo, ben al di sotto persino del numero dei cittadini italiani considerati dall'Istat come poveri. Perché così pochi? Sorge il dubbio, che, nonostante tutto, una parte dei poveri misurati dall'Istat benefici comunque di redditi in nero e non abbia fatto domanda viste le elevate penalità che la legge stabiliva per dichiarazioni mendaci al momento della richiesta del reddito di cittadinanza (minimo due anni di carcere).

La Francia affama l'Africa con il franco CFA

Non avrei mai pensato che la questione del franco CFA avrebbe attratto in Italia tanta attenzione come è accaduto a cavallo tra il 2018 e il 2019. Sarà stato perché in quel periodo lo spread era alto e il governo gialloverde si sentiva sotto attacco dei poteri forti europei, in questo caso identificati con il governo francese di Emmanuel Macron. Da un lato, Macron dichiarava che l'Italia meritava leader all'altezza. Dall'altro, Di Maio e Di Battista andavano a far visita ai gilet gialli. E Salvini non perdeva occasione per attaccare il leader francese, simbolo dell'Europa dei ricchi. Fatto sta che la questione degli attacchi gialloverdi al franco CFA diventò per un po' oggetto di discussioni animate nel corso dei vari talk show, attirando anche l'attenzione della stampa internazionale.[37] Ora se ne parla un po' meno, ma vorrei approfondire il tema perché è un buon esempio di come questioni piuttosto complicate e tecniche possano facilmente essere travisate (temo volontariamente) per alimentare attacchi politici. Prima di procedere, però, un avvertimento: le pagine seguenti sono forse un po' "tecniche" da leggere per i non economisti. Si parla di politica monetaria, di politica di cambio, di regimi di tasso di cambio, di riserve in valuta estera. Non è colpa mia se il tema richiede un po' di concentrazione. Ma se non si approfondisce, si rischia di dire delle sciocchezze in materia. O per credere a chi dice sciocchezze. Tenetevi quindi pronti per un corso accelerato di teoria monetaria internazionale.[38]

Per capire il tipo di accuse che vengono mosse alla Francia, è utile partire dalle parole pronunciate da Di Battista a *Che tempo che fa* nel gennaio 2019 (quella sera c'ero pure io!). Mostrando ai telespettatori una banconota disse[39]:

> È una banconota da 10.000 franchi, diciamo, delle colonie, franco SFA [proprio così, franco SFA, ma il piglio è così deciso che nessuno nota l'errore]. Se non affrontiamo il tema della sovranità monetaria in Africa, qua non se ne esce più. Attualmente la Francia, vicino a Lione, stampa la moneta utilizzata in 14 paesi africani, tutti i paesi africani, diciamo, della zona subsahariana i quali, appunto, non soltanto hanno una moneta stampata dalla Francia, ma per mantenere il tasso fisso prima con il franco francese, oggi con l'euro, sono costrette a versare circa il 50 per cento dei loro denari in un conto corrente gestito dal Tesoro francese, con il quale ci paga una cifra irrisoria, Fazio, del debito pubblico francese, pari circa allo 0,5 per cento. Ma soprattutto la Francia attraverso questo controllo geopolitico dell'area dove vivono 200 milioni di persone che utilizzano una banconota e monete stampate in Francia, gestisce la sovranità di questi paesi impedendo la loro legittima indipendenza, sovranità monetaria, fiscale, valutaria, la possibilità di fare politiche espansive. Fino a quando non si strapperà questa che è una banconota ma in realtà è una manetta nei confronti dei popoli africani, noi qui possiamo parlare per ore di porti aperti, di porti chiusi, ma continueranno a scappare le persone, a morire in mare, a trovarsi altre rotte, a provare a venire in Europa e per me, lo dico e l'ho anche detto al Movimento, oggi è necessario per la prima volta occuparsi delle cause, perché se ci si occupa esclusivamente degli effetti si è nemici dell'Africa. Questa è la mia opinione.

Questa è la sua opinione. Capite? I migranti arrivano in Italia per colpa della politica colonialista della Francia, che li sfrutta attraverso il franco CFA e li spinge così a lasciare il loro paese e sbarcare da noi. Ecco perché è fondamentale che gli italiani se ne occupino. E in effetti il legame tra franco CFA e sbarchi di migranti è un tema frequente tra chi diffonde questa bufala transfrontaliera.[40] Ma qual è la verità?

Il franco CFA (che inizialmente era l'acronimo di Colonies françaises d'Afrique, per poi significare, dal 1958, Communauté financière africaine) è la valuta di due unioni monetarie (cioè di due gruppi di paesi che, come i paesi dell'euro, hanno la stessa banca centrale e politica monetaria).[41] La prima è la West African Economic and Monetary Union, o Waemu, che comprende otto paesi, di cui sette ex colonie francesi (Benin, Burkina Faso, Costa d'Avorio, Mali, Niger, Senegal e Togo) e una ex colonia spagnola (Guinea-Bissau). La seconda è la Central African Economic and Monetary Community o Cemac, che comprende sei paesi di cui cinque ex colonie francesi (Camerun, Repubblica Centrafricana, Chad, Congo-Brazzaville e Gabon) e una ex colonia portoghese (Guinea Equatoriale). Il primo gruppo di paesi è il più grande, con un po' più di 100 milioni di abitanti. Il secondo ha invece più di 50 di milioni di abitanti. La popolazione totale è quindi un po' sopra i 150 milioni (non 200 come dice Di Battista, ma si sa che la popolazione africana cresce in fretta).

Sia la Waemu, sia la Cemac hanno una propria banca centrale e una propria moneta, nel primo caso il franco CFA Waemu, nel secondo il franco CFA Cemac. Quindi in teoria ci sono due franchi CFA ma in pratica non fa molta differenza perché funzionano nello stesso modo. Le banconote in franchi CFA sono effettivamente stampate in Francia, come dice Di Battista, ma questo è del tutto irrilevante.[42] La quantità di banconote stampate non è infatti decisa dalla stamperia francese, ma dalle banche centrali delle due aree monetarie. Il fatto di far stampare le banconote in Francia è una scelta delle due banche centrali, presumibilmente perché ritengono che gli stampatori francesi riescano a produrre banconote di migliore qualità. È una cosa abbastanza comune: la società inglese De La Rue stampa banconote per circa 140 paesi del mondo, su circa 200 paesi esistenti, e nessuno si è mai sognato di sostenere che tale società gestisca la politica monetaria di oltre i due terzi del mondo.[43] Quindi, ovviamente, la localizzazione della stamperia non influisce sulla politica monetaria di un paese che casomai dipende da quante banconote si stampano e si mettono in circolazione. In ogni caso, il numero di banconote in circolazione non è certo, l'aspetto principale della politica monetaria nel modo moderno, neppure in Africa.

Più rilevante è il fatto che il tasso di cambio tra il franco CFA e l'euro (precedentemente il franco francese) è fisso: per comprare un euro servono circa 656 franchi CFA. La decisione di fissare il tasso di cambio della propria valuta a quella di un altro paese (o gruppi di paesi come nel caso dell'euro) è una delle principali decisioni di politica monetaria di un paese. Ha vantaggi e svantaggi. Il principale vantaggio è quello di garantire una stabilità monetaria se il cambio è fissato rispetto a una valuta a inflazione bassa, come l'euro. Nei decenni passati la preferenza per un regime di cambio fisso era molto comune, ma anche ora esistono decine di paesi che fissano il valore della propria valuta a quello della valuta di un altro paese. Lo svantaggio è quello di ridurre la propria autonomia nel determinare la politica monetaria e, in particolare, i tassi di interesse. Notate, ho detto ridurre, non perdere completamente. La possibilità di avere un livello dei tassi di interesse diverso da quello del paese col quale si fissa il tasso di cambio dipende da quanto mobili sono i capitali da un paese all'altro. Se i capitali sono molto mobili, cioè si trasferiscono facilmente da un paese all'altro, diventa più difficile fissare i tassi di interesse a un livello diverso. Se la banca centrale abbassa il tasso di interesse senza un cambiamento del tasso di interesse nel paese a cui si è agganciato il tasso di cambio (chiamiamolo il paese "àncora"), i capitali tendono a spostarsi in quel paese, il che limita lo spazio per variazioni indipendenti dai tassi di interesse nazionali. Se però, per diversi motivi, compresi vincoli amministrativi ai movimenti di capitale, i capitali non sono molto mobili, i margini di flessibilità sono maggiori. Di fatto, le due banche centrali della Waemu e della Cemac mantengono un certo grado di flessibilità anche se è minore di quello che avrebbero se il cambio fosse flessibile. Come ho detto, a fronte della maggiore flessibilità, questi paesi hanno beneficiato di un'inflazione bassa per diversi decenni. Da notare che l'inflazione è rimasta bassa anche in periodi di forti tensioni politiche (guerre civili, colpi di stato), tensioni che in altri paesi, africani e non, hanno spesso portato a ondate di inflazione e svalutazione.

Fissare il tasso di cambio non significa però soltanto ridurre gli spazi per una politica monetaria autonoma. Significa anche non poter usare il tasso di cambio stesso come strumento di politica economica. Un tasso di cambio flessibile consente di compensare eventuali squilibri interni che potrebbero mettere a rischio la competitività di un paese: per esempio, un forte aumento del tasso di inflazione potrebbe essere compensato, per non perdere competitività, attraverso una svalutazione del cambio, cosa che non è possibile fare se il cambio è fisso. Inoltre, legare il proprio destino in termini di tasso di cambio a un altro paese può portare a un indesiderato apprezzamento del cambio (come avvenne per i paesi del franco CFA nel periodo in cui l'euro si apprezzò nei confronti del dollaro). Il contrario accade in caso di deprezzamento della valuta "àncora". Detto questo, in presenza di uno squilibrio elevato è comunque sempre possibile un riallineamento del cambio. Nel caso della Waemu e della Cemac, il franco CFA venne leggermente rivalutato nel 1948 e pesantemente svalutato nel 1994 per stimolare le esportazioni dell'area.

Se la politica monetaria e di cambio risulta più vincolata dalla fissazione del cambio a un'àncora esterna, la politica di bilancio (la politica fiscale) mantiene invece un elevato grado di flessibilità. Nel caso dei quattordici paesi in questione, tale politica non è certo stata determinata dalla Francia. I paesi dell'area hanno fissato delle regole che vincolano l'accumulo di deficit elevati, ma questo è normale tra paesi che condividono la stessa moneta (come sanno bene i paesi dell'area dell'euro) e non ha certo implicato che le decisioni di bilancio dipendessero dalla Francia. Diventa di sicuro più difficile gestire le finanze pubbliche in modo irresponsabile se il tasso di cambio è fisso, perché se ne pagano più rapidamente le conseguenze. Ma restano notevoli margini di manovra. Per esempio, il debito pubblico nella media dei paesi Waemu è aumentato dal 43 al 53 per cento del Pil tra il 2015 e il 2018 per effetto di deficit pubblici in media del 4 per cento del Pil.

Veniamo a un altro punto sollevato da Di Battista e da altri critici del franco CFA: l'obbligo per questi paesi di "versare circa il 50 per cento dei loro denari in un conto corrente gestito dal Tesoro francese". Il termine "dei loro denari" non è molto chiaro. Altri hanno invece addirittura sostenuto che i paesi in questione sono costretti a vendere metà delle loro esportazioni alla Francia o che la Francia assorbe metà degli aiuti esteri ai paesi in questione.[44] Chiariamo. La Francia garantisce la convertibilità del franco CFA. Questo significa che se ci fosse un'ondata di sfiducia verso il franco CFA e la gente se ne volesse liberare per avere euro, la Francia sarebbe impegnata a comprarsi quantità illimitate di franchi CFA cedendo euro. Non mi sembra un impegno da poco. A fronte di questo impegno le due banche centrali della Waemu e della Cemac devono tenere metà delle proprie riserve nel conto corrente presso il Tesoro francese. Hanno quindi un vincolo nel modo di gestire le proprie riserve di valuta estera.

Cosa sono le riserve delle banche centrali? Tutte le banche centrali detengono attività in valuta estera per far fronte a eventuali squilibri tra importazioni ed esportazioni (o squilibri legati ai movimenti di capitali tra paesi). Questi squilibri sono colmati riducendo le proprie riserve di valuta estera in caso di bisogno: per esempio, una banca centrale vende le proprie riserve se le importazioni eccedono le esportazioni. Queste riserve sono normalmente costituite da attività denominate in valuta estera, per esempio titoli di stato a breve termine emessi dal Tesoro americano (che poi vengono rapidamente convertiti in dollari se la banca centrale deve intervenire per coprire lo squilibrio tra importazioni ed esportazioni). Quello che si richiede ai paesi che usano il franco CFA è di detenere metà delle proprie riserve sotto forma di un deposito presso il Tesoro francese. Ci perdono nel far questo? Assolutamente no. Anzi, in questo momento ci guadagnano parecchio. Il Tesoro francese oggi paga un tasso di interesse tra lo 0,50 e lo 0,75 per cento su tale deposito. Se i paesi in questione volessero investire le proprie riserve in altro modo, per esempio prestando alla Germania (cioè comprando titoli di stato tedeschi a breve termine, visto che, come ho detto, le riserve valutarie sono solitamente detenute sotto forma di titoli a breve scadenza) riceverebbero al momento tassi di interesse negativi. Il rendimento sarebbe più elevato per i titoli emessi dal Tesoro americano, ma il detentore dovrebbe in quel caso affrontare un rischio di cambio (cioè il rischio di un deprezzamento del dollaro rispetto all'euro). Di questi giorni, un tasso dello 0,75 per cento in euro è un affare per chi lo riceve. Non è invece un affare per il Tesoro francese che può al momento prendere a prestito dai mercati finanziari a tassi di interesse molto più bassi di quelli a cui prende a prestito dai paesi africani.

Già, perché un'altra accusa che viene mossa alla Francia è quella di utilizzare quei soldi per finanziare il proprio deficit. Lo ha detto chiaramente anche Di Maio ("Usano la moneta coloniale per il debito pubblico").[45] Di Battista fa cenno a questo fatto, anche se fa un po' di confusione dichiarando che sul conto corrente il Tesoro francese "ci paga una cifra irrisoria, Fazio, del debito pubblico francese, pari circa allo 0,5 per cento". Si riferisce al tasso di interesse? Ma parla di uno 0,5 per cento "del debito pubblico francese". Questa effettivamente è la quota del debito pubblico francese rappresentata dal conto detenuto dalle due banche centrali africane. Il che significa che, prima di tutto, si tratta di cifre molto modeste per la Francia e che, comunque, su queste cifre la Francia al momento ci perde, perché le converrebbe prendere a prestito dai mercati finanziari a tassi più bassi di quello pagato alle due banche centrali africane. Si potrebbe obiettare che le cose cambierebbero se i tassi di interesse in euro aumentassero. Non è così, perché i tassi pagati dal Tesoro francese sui depositi Waemu e Cemac sono indicizzati verso l'alto a quelli della Bce.

Prima di chiudere vorrei sottolineare ancora due punti.

Il primo riguarda l'accusa secondo cui l'uso del franco CFA abbia portato alla miseria economica dei paesi in questione, miseria che avrebbe indotto alla fuga (verso l'Italia) della popolazione. Qui basta guardare i numeri sulla crescita dei paesi delle due aree monetarie in questione. Nel periodo 2010-2015, il Pil della Cemac, la più piccola delle due aree monetarie che usa il franco CFA, è cresciuto del 3,9 per cento all'anno. Sono seguiti a questo due anni di leggera recessione, dovuta prevalentemente all'aumento del prezzo delle materie prime, seguita da una ancor lenta ripresa (con una crescita dell'1,7 per cento nel 2018 e una previsione del 3,3 per cento nel 2019).[46] Ma la principale delle due aree monetarie, la Waemu, ha continuato a crescere a tassi elevati per tutto il decennio, a tassi medi del 5,2 per cento l'anno nel periodo 2010-2015 e a tassi superiori al 6 per cento negli anni successivi, ben al di sopra dei pur elevati tassi di crescita della popolazione. Dunque, non mi sembra proprio che si possa sostenere che l'ondata migratoria da questi paesi sia stata causata da un deterioramento delle condizioni di crescita imputabile al franco CFA.

L'ultimo punto – lo lascio per ultimo anche se è fondamentale – riguarda il fatto che la partecipazione alle due aree del franco CFA è del tutto volontaria, per cui non esiste nessun obbligo per i 14 paesi in questione di rimanervi. In passato alcuni paesi sono entrati, altri sono usciti. Il Mali, per esempio, è uscito nel 1962 e rientrato nel 1984. Se l'accordo è svantaggioso per i partecipanti, perché non se ne sono andati via tutti da un pezzo?

Certo, non è detto che alla fine non lo facciano, anche se forse soprattutto per motivi politici, come simbolo ulteriore di un distacco dalla Francia. È in discussione la proposta del presidente della Costa d'Avorio Alassane Ouattara di ribattezzare il franco CFA "éco" e di riformarne la regolamentazione una volta integrati anche paesi che ora non fanno parte dell'area del franco CFA. Insomma, si tratterebbe di introdurre un giorno un "euro africano", magari sganciato dall'euro (europeo) in modo da assicurare una maggiore competitività di cambio, slegando la nuova valuta dai movimenti dell'euro rispetto alle altre principali valute.[47] Ciò detto, i paesi che attualmente ne fanno parte preferiscono tenersi l'euro. Concludo quindi questa sezione con le parole che lo stesso Ouattara espresse a commento delle critiche volte da Di Maio al franco CFA[48]:

> Ho sentito molte dichiarazioni sul franco CFA [...]. Non capisco questo falso dibattito [...]. Il franco CFA è la nostra moneta, è la moneta dei paesi che l'hanno liberamente scelta, dopo l'indipendenza negli anni sessanta [...]. È solida, è apprezzata, è ben gestita [...]. Noi siamo molto, molto felici di avere questa moneta che porta stabilità.

Cosa c'è di vero

Cosa c'è di vero nelle bufale sui poteri forti? Poco, o nulla, se per "poteri forti" si intende l'esistenza di una sorta di regia volta a impoverire e a tenere soggiogate le masse, il popolo. Il grande vecchio, Soros, il gruppo Bilderberg, la trilaterale, mettiamoci anche i rettiliani! Pensare che il mondo possa essere governato da queste entità varie è assurdo. I poteri forti, il potere di certi gruppi economico-finanziari, il complesso militare-industriale che ho citato all'inizio di questo capitolo, le lobby affaristiche esistono e devono essere temute. Ma in un'economia capitalista, o di mercato se vogliamo usare un termine più morbido, questi poteri forti sono spesso in conflitto tra di loro e tendono a bilanciarsi. Occorre evitare l'accumularsi di un potere eccessivo, e la legislazione anti-monopoli e per la concorrenza serve proprio a questo. Va probabilmente rafforzata, anche di fronte ai nuovi poteri forti e ai monopoli legati allo sviluppo tecnologico dell'ultimo decennio (ci sono 2 miliardi e mezzo di utenti Facebook, un social network nato solo poco più di quindici anni fa). Ma le critiche che vengono mosse a questi gruppi di potere, la loro presentazione come un unico moloch con una chiara strategia predefinita di controllo del mondo è non solo esagerata, ma sembrerebbe anche essere funzionale a giustificare, almeno da parte di alcuni, un'alternativa ben peggiore, quella di un monopolio di stato. Quello sì che rappresenterebbe un potere unico, monolitico, impossibile (o quasi) da contrastare. Insomma, l'umanità ha già percorso anche quella strada (sia nella versione di estrema destra, che nella versione di estrema sinistra) con risultati, mi sembra, non proprio esaltanti.

Detto questo, non c'è dubbio che l'evoluzione delle economie di mercato negli ultimi anni, e tra queste anche la nostra economia, ha rivelato problemi seri che vanno corretti. Ne cito due.

Ho già parlato nel capitolo 2 della crescita abnorme che i mercati finanziari hanno avuto negli ultimi decenni rispetto all'economia reale. Anche qui, sarebbe sbagliato vedere nei "mercati finanziari", l'espressione di un'unica volontà politica mirante a sovvertire i desideri del popolo. Ma neanche io mi fido della "saggezza" dei mercati, della loro capacità di muoversi sempre in modo razionale. I movimenti dei mercati finanziari assomigliano talvolta a quelli di una mandria. La mandria può rimanere tranquilla o muoversi ordinatamente in una direzione. Ma può anche accadere – e accade di tanto in tanto – che un animale cominci a scappare in una certa direzione, e allora via, tutti gli corrono dietro, e quello che era un movimento lento e ordinato si trasforma in una fuga precipitosa. Ed è proprio per sfuggire agli elementi di erraticità dei mercati finanziari, alla loro potenza e tirannia disordinata, che è essenziale per l'Italia liberarsi dal peso del debito pubblico, ed è necessario farlo in tempo, prima che la mandria si svegli.

Ma forse il problema più serio che riguarda gli sviluppi nelle economie di mercato negli ultimi decenni, per lo meno nei paesi che chiamiamo "avanzati", quelli ancora a reddito relativamente più alto, riguarda le ridotte prospettive che esistono per la maggioranza dei cittadini di veder realizzate le proprie aspettative di miglioramento economico e sociale. Per motivi legati alla globalizzazione, e forse in parte per cambiamenti tecnologici (torneremo su questo punto nel prossimo capitolo), la distribuzione del reddito si è spostata verso i più ricchi. Allo stesso tempo, l'ascensore sociale si è bloccato, anche nei paesi dove in passato riusciva a offrire alle persone prospettive di miglioramento sociale ed economico.

Il fenomeno ha interessato diverse parti del mondo in maniera diversa e in tempi diversi. Come dimostrato da Andrea Brandolini nello studio già citato, lo spostamento nella distribuzione del reddito in Italia verso una maggiore disuguaglianza è avvenuto soprattutto con la crisi economica dell'inizio degli anni novanta. Ciò detto, i dati Istat sulle famiglie in povertà assoluta ci dicono che il loro numero è aumentato negli ultimi quindici anni per effetto degli andamenti economici insoddisfacenti del nostro paese. Nel 2005 c'erano 819.000 famiglie povere in Italia, il 3,6 per cento del totale. Nel 2008, con la crisi economica globale, la percentuale comincia a crescere passando al 4 per cento. Riprende a crescere nel 2011, con la crisi dell'eurozona che ci vede coinvolti pesantemente, raggiungendo il 6,3 per cento nel 2013. I critici di Monti attribuiranno questo aumento all'austerità, ma la crisi è in gran parte invece il frutto delle politiche che avevano esposto l'Italia a quella perdita di fiducia sulla sua possibilità di restare nell'euro che alla fine ci colpì. Preoccupante è il fatto che l'incidenza della povertà assoluta riprenda a salire, seppur leggermente, anche nel 2017-2018, anni di crescita economica (seppure soltanto fino al primo trimestre del 2018, poi ci siamo fermati di nuovo). Nel 2018, come abbiamo visto, il numero delle famiglie povere raggiunge un massimo di un milione e 822.000, con un'incidenza del 7 per cento. Con tutti i suoi difetti di disegno e implementazione non si può sostenere che un intervento volto a ridurre la povertà come il reddito di cittadinanza fosse del tutto ingiustificato. Si noti però che l'aumento della povertà in questo periodo, come già notato nelle pagine scorse, è stato più forte per i cittadini non italiani, come segnalato da Brandolini nel già citato studio, e che questi hanno un limitato accesso al reddito di cittadinanza.

In ogni caso il problema del cambiamento nella distribuzione del reddito va ben oltre i confini del nostro paese e dell'Europa. L'aumento della disuguaglianza nella distribuzione del reddito ha coinvolto anche gli Stati Uniti d'America e in misura molto maggiore.

I dati in proposito, riassunti in un recente rapporto del Fondo monetario, sono preoccupanti.[49] Negli Stati Uniti, dal 1980 ad oggi la quota di reddito percepita dall'1 per cento più ricco della popolazione è aumentato dall'11 al 21 per cento (superando i livelli esistenti un secolo fa). Nello stesso periodo, la quota percepita dal 50 per cento più povero della popolazione è invece scesa dal 20 al 12 per cento. Questo al lordo delle tasse e visto che la tassazione sui più ricchi si è ridotta dall'inizio degli anni ottanta, la distribuzione al netto delle tasse si è sbilanciata ancora di più. Lo spostamento in termini di distribuzione della ricchezza è stato ancora più forte. Il 50 per cento più povero della popolazione americana non ha nessuna ricchezza accumulata. L'1 per cento più ricco ha visto aumentare la propria ricchezza da poco più del 20 per cento a quasi il 40 per cento del totale.

Abbiamo detto che l'incidenza della povertà assoluta in Italia ha raggiunto il 7 per cento nel 2019. Anche se il confronto non può essere perfetto dati i diversi criteri per definire la soglia di povertà assoluta, l'incidenza della povertà è circa il doppio negli Stati Uniti (13,9 per cento), il che vuol dire circa 45 milioni di poveri. L'incidenza della povertà si è un po' ridotta negli ultimi anni, ma resta al di sopra del minimo raggiunto alla fine degli anni novanta, che eccedeva il 12 per cento. Inoltre, come detto, l'ascensore sociale si è fermato, il che è forse ancora più preoccupante. Il "sogno americano" era basato proprio sul funzionamento di quell'ascensore. I nati negli anni quaranta avevano più dell'80 per cento di probabilità di raggiungere un livello di reddito superiore, in termini di potere d'acquisto, di quello dei loro genitori. Per i nati all'inizio degli anni ottanta la probabilità era già scesa al 50 per cento: insomma, come lanciare una moneta.

Tendenze di questo genere (distribuzione del reddito più ineguale, ascensore sociale che non funziona) si sono manifestate, seppure in diversa misura, in quasi tutti i paesi a economia di mercato negli ultimi decenni, come documentato, per esempio, in un rapporto di 355 pagine pubblicato nel giugno 2018 dall'Ocse.[50] Alcuni vedono in questa tendenza il prossimo fallimento delle economie di mercato e del capitalismo. Personalmente, sono del parere che un'economia basata sulla proprietà privata dei mezzi di produzione, sul merito, sulla concorrenza e su un sistema dei prezzi che funziona, affiancata da una regolamentazione per rendere tale concorrenza effettiva, resti, con tutti i suoi evidenti difetti, la migliore possibile. Ma non c'è dubbio che le aspettative di un tempo appaiano ridotte in assenza di riforme e che l'attuale, continua concentrazione del reddito e della ricchezza nelle mani di pochi rimanga problematica e, probabilmente, abbia alimentato l'emergere di movimenti populisti in diversi paesi avanzati.[51] Insomma, per dirla con Amleto, c'è del marcio in Danimarca...[52]

6.
Bufale dell'establishment

> Confermiamo il nostro impegno ad usare tutti gli strumenti di politica economica disponibili per ottenere una crescita forte, sostenibile, bilanciata e inclusiva.
>
> *Dal Comunicato dei ministri delle Finanze dei G20*

La citazione con cui ho voluto aprire il capitolo è tratta dal comunicato stampa pubblicato alla fine della riunione dei ministri delle Finanze dei G20 (le più importanti venti economie del mondo) tenuta a Fukuoka, in Giappone, nel giugno 2019. Il G20: è difficile trovare un esempio più chiaro del termine "establishment", un termine che si può tradurre in italiano con "forze istituzionali". In questo caso preferisco usare il termine inglese perché è ormai entrato nel linguaggio comune per descrivere i centri di potere politico e finanziario da cui dipendono sviluppi, economici e sociali, nel mondo.

Questo capitolo si occupa delle bufale dell'establishment o, appunto, delle bufale istituzionali. L'ho inserito perché, in un libro che parla in buona parte di bufale messe in circolazione in Italia da movimenti populisti e anti-establishment, non volevo dare l'impressione di fare lo "gnorri", di scordarmi che anche il potere e le istituzioni tradizionali delle economie di mercato, che hanno dominato i tre quarti di secolo dopo la Seconda guerra mondiale, hanno spesso fatto circolare storie che non sono propriamente veritiere, storie che cercano di edulcorare la realtà per ottenere e sostenere il consenso. Bufale, appunto.

In realtà, in questo capitolo mi focalizzo su un aspetto particolare, ma molto importante, delle bufale dell'establishment, un aspetto che mi sembra sia diventato più rilevante negli ultimi anni: quello di negare l'esistenza di effetti negativi collegati a certe politiche che si intendono intraprendere, quello di negare che qualcuno ci possa perdere per effetto di queste politiche, almeno nell'immediato, ma forse anche nel lungo periodo. E, visto che mi sono consentito già l'uso di un termine inglese in questo capitolo, continuo sulla stessa strada anche perché le organizzazioni internazionali (compresi il Fondo monetario internazionale dove ho lavorato per ventotto anni) hanno spesso coniato termini, ovviamente in inglese, molto ricorrenti per questo tipo di bufale. Spesso l'establishment ha difeso certe politiche come se comportassero solo delle "*win-win situations*", situazioni in cui tutti hanno da guadagnare. Oppure situazioni in cui non esistono "*trade-offs*", cioè in cui non si deve perdere nulla per poter guadagnare qualcosa. Purtroppo, la realtà è più complicata.

Prendiamo la frase citata dal comunicato dei G20. Chi non vorrebbe una crescita "forte, sostenibile, bilanciata e inclusiva"? Facile dire che quello sarà l'obiettivo, ma che si fa se, per lo meno nell'immediato, esistono dei vincoli al raggiungimento di una crescita che sia al tempo stesso forte, sostenibile, bilanciata e inclusiva? E se non è possibile averla, a cosa dobbiamo rinunciare? E chi deve rinunciare a qualcosa? Ecco, il punto è proprio questo: non dire che, talvolta anche nel lungo periodo e molto spesso nell'immediato, può succedere che al guadagno di qualcuno corrisponda la perdita di qualcun altro. Oppure non dire che se vogliamo, tutti, guadagnare qualcosa in un certo ambito, dobbiamo, tutti, rinunciare a qualcos'altro.

Vi faccio un esempio che va anche al di là delle questioni economiche. Credo che quello del riscaldamento globale sia un problema molto serio. Che si sia registrato un aumento della temperatura del nostro pianeta negli ultimi decenni è un dato di fatto ed è altrettanto certo che questo riscaldamento sia dovuto soprattutto alle emissioni di CO_2. Occorre intervenire al più presto, anche se, purtroppo, questo ci costerà qualcosa. Magari dovremo accettare una crescita del Pil un po' più bassa. O magari dovremo abituarci a consumare un po' meno energia a parità di Pil. Magari, per raggiungere l'obiettivo, dovremo accettare l'introduzione nei principali paesi di una tassazione sull'energia derivata da combustibili fossili più alta e più in linea con i danni che le emissioni di CO_2 causano all'ambiente. Questo soprattutto negli Stati Uniti, dove basta entrare in qualsiasi locale pubblico d'estate per accorgersi dell'energia sprecata per raffreddare gli ambienti e renderli vivibili anche ai pinguini. O magari dovremo spendere più risorse per trovare una soluzione tecnologica al problema (riusciremo mai a riassorbire, a costi limitati, la CO_2 che è già nell'aria?), il che però significa dirottare risorse a questo scopo rispetto ad altre finalità di ricerca. Credo che, alla luce dei disastri che sarebbero legati a un ulteriore riscaldamento globale, sia comunque necessario dare priorità alla risoluzione di tale problema. Altri potrebbero avere opinioni diverse, ma quel che è certo è che far passare l'idea, o dare l'impressione, che risolvere il problema del riscaldamento globale non comporti dei sacrifici è del tutto fuorviante. È una bufala, che spesso i politici e alcune lobby tendono a far circolare liberamente.[1]

Devo riconoscere che queste bufale istituzionali sono spesso molto più sofisticate della media di quelle citate nei capitoli precedenti. Le bufale dell'establishment di solito non contengono delle bugie palesi. Diciamo piuttosto che spingono al limite, esagerano, certi aspetti e non ne mettono in luce altri. Ma forniscono comunque descrizioni, per lo meno, incomplete della realtà. Anche in questo caso, di bufale ne girano tante. Mi occupo solo di alcune di queste.

È sempre possibile disegnare un consolidamento dei conti pubblici che favorisca la crescita

Come alcuni di voi sapranno, il debito pubblico dei paesi avanzati è aumentato rapidamente negli anni immediatamente seguenti la crisi del 2008-2009. Nella media di questi paesi il debito pubblico è passato dal 72 per cento del Pil nel 2007 al 107 per cento del Pil nel 2010. Alcuni paesi sono andati in crisi al crescere di questo debito (Grecia, Irlanda, Islanda, Portogallo, Italia, Spagna) e hanno dovuto introdurre rapidamente misure correttive. Altri hanno comunque cercato, dopo una fase di iniziale aumento del debito, di mettere a posto i propri conti pubblici, seppur più gradualmente. Il problema è che rafforzare i propri conti pubblici introducendo misure correttive (aumento delle tasse e taglio della spesa) non fa bene, nell'immediato, all'economia. Meno soldi in tasca alla gente vuol dire meno domanda per beni e servizi e, nel breve periodo, quanto producono le imprese dipende soprattutto da quanta domanda c'è nell'economia: meno domanda, quindi, per effetto di una stretta nei conti pubblici, di solito vuol dire meno produzione, cioè meno Pil.

Abbiamo accennato a questo argomento nel capitolo 3 parlando dell'"austerità di Monti", ma vale la pena di riprenderlo qui perché negli ultimi anni soprattutto le organizzazioni internazionali hanno contribuito a diffondere l'idea che si potesse disegnare un programma di aggiustamento fiscale, anche di notevoli dimensioni, in modo tale da non penalizzare la crescita, nemmeno nel breve periodo. Anzi, si è anche coniato un termine per descrivere tale aggiustamento: "*growth-friendly fiscal consolidation*", cioè un consolidamento fiscale amico della crescita.

Un buon esempio di questa tendenza è un lavoro dell'Ocse del 2013 che risponde alla domanda "Come raggiungere un consolidamento dei conti pubblici che sia amico della crescita e dell'equità?".[2] Ma gli esempi abbondano. Un altro lavoro dell'Ocse spiega "Come riconciliare l'aggiustamento fiscale con la crescita e l'equità".[3] Un lavoro del Fmi descrive "Un sentiero amico per la crescita per ampliare gli spazi fiscali nel Caucaso e in Asia Centrale".[4] Un altro lavoro sempre di economisti del Fmi tratta di come muoversi "Verso un sentiero di consolidamento fiscale amico della crescita" in Belgio.[5] E, in generale, una recente nota ufficiale del Fmi indirizzata ai G20 suggerisce ai paesi con un deficit nei conti con l'estero di adottare un "consolidamento fiscale amico della crescita".[6] Il termine magico è sempre lo stesso: "*growth-friendly fiscal consolidation*" o la sua variante "*growth-friendly fiscal adjustment*" ("aggiustamento fiscale amico della crescita").

A me questa cosa del *growth-friendly fiscal consolidation* mi è sempre sembrata un po' sospetta, perché troppo buona per essere vera. Ma, scusate, se fosse possibile mettere a posto i conti pubblici senza ridurre la crescita, perché non lo si farebbe? Quale sarebbe l'ostacolo politico? In realtà, ci sono degli strumenti di aggiustamento fiscale che sono migliori o peggiori per la crescita. Per esempio, se taglio la spesa per la pubblica istruzione o per gli investimenti pubblici, sto intaccando l'accumulazione di capitale umano e fisico a disposizione dell'economia e quindi sto riducendo le prospettive di crescita nel lungo periodo. Se taglio sussidi pubblici che vanno a chi non ne ha bisogno (perché sufficientemente benestante), allora sto tagliando una spesa improduttiva e nel lungo periodo il potenziale di crescita dell'economia non ne viene intaccato. Occorre quindi andare a cercare degli strumenti che non intacchino troppo il potenziale di crescita dell'economia. C'è effettivamente un'ampia letteratura economica sugli strumenti di spesa pubblica e di tassazione che, nel lungo periodo, sono più o meno favorevoli alla crescita.[7]

Avrete però notato che, nel capoverso precedente, ho sempre indicato che la scelta degli strumenti di aggiustamento dei conti pubblici influisce sulla crescita potenziale o di lungo periodo dell'economia. Nell'immediato, però, tagliare la spesa pubblica, anche quella "improduttiva", toglie comunque soldi dalle tasche di famiglie e imprese e dunque ha un effetto sulla domanda per beni e servizi e sulla produzione. Stessa cosa se aumento le tasse: posso anche aumentare tasse che, nel lungo periodo, non alterano il potenziale produttivo dell'economia perché eliminano rendite di posizione, ma, nell'immediato, se aumento le tasse – qualunque tassa – è probabile che ci sia un impatto sulla domanda di beni e servizi. Certo, si può andare a vedere se l'impatto sulla domanda di certe misure di restrizione fiscale possa essere minimizzato. Per esempio, se aumento le tasse a chi ha un reddito basso e non risparmia (anche tralasciando questioni legate all'equità dell'aggiustamento fiscale) vado a intaccare direttamente la spesa delle famiglie. Se invece aumento le tasse a chi ha un reddito alto e risparmia parecchio, magari vado a intaccare il risparmio, ma non la spesa, o per lo meno non in pari misura. Non sono pochi gli studi che hanno misurato l'impatto di breve periodo, sulla domanda di beni e servizi, dei diversi strumenti di finanza pubblica. Ma pensare che le misure di restrizione fiscale non abbiano un impatto mi sembra davvero difficile.[8] Quindi, promettere di trovare un pacchetto di misure che metta a posto i conti pubblici e non abbia un impatto di breve periodo sulla crescita mi sembra voler addolcire la medicina un po' troppo.

Il problema è che è molto più difficile dire alla gente: guardate, per evitare guai peggiori, ora o in futuro, è necessario mettere a posto i nostri conti pubblici, nell'immediato questo causerà un rallentamento temporaneo della crescita, ma ne vale la pena. Per fare un discorso di questo genere occorrerebbe avere politici che hanno orizzonti e obiettivi di lungo periodo. E organizzazioni internazionali che non abbiano il timore di dare notizie spiacevoli all'opinione pubblica. Altrimenti, meglio rassegnarsi alle bufale. Che poi magari piacciono alla gente, nel breve periodo.

Una distribuzione del reddito più equa non comporta costi in termini di crescita

Abbiamo visto che, oltre all'accumulo di debito pubblico, un altro sviluppo poco piacevole degli ultimi anni, anzi, in questo caso, degli ultimi decenni, è stato lo spostamento della distribuzione del reddito verso i più ricchi. La distribuzione del reddito è diventata meno egualitaria o, per metterla in altri termini, quelli usati dal comunicato dei ministri dei G20 riportato all'inizio, la crescita non è stata "inclusiva".

Le bufale legate a questo tema sono due. La prima, forse parziale ma che voglio citare lo stesso, è che si possano facilmente prendere misure correttive per avere una più equa distribuzione del reddito e, al contempo, una maggiore crescita economica. Qui, devo dire, mi sento un po' in difficoltà perché davvero si possono trovare molti argomenti teorici per spiegare perché una distribuzione del reddito più equa può servire anche a far crescere un paese più rapidamente. Basti pensare al fatto che una distribuzione più equa consente, a parità di altre condizioni, di evitare lo spreco di capitale umano: i figli di chi ha un reddito più basso hanno una maggiore possibilità di rafforzare il proprio capitale umano se il reddito dei genitori non è troppo basso. Questo sul lato dello sviluppo della capacità produttiva di un paese. Dal lato della domanda si può sostenere, ed è probabilmente vero, che la quota di reddito spesa per ogni 100 euro dati ai "ricchi" è più bassa di quella di 100 euro dati ai "poveri" (come ho già fatto notare nella sezione precedente), per cui anche dal lato della domanda si può pensare che, nel breve periodo, almeno ci sia un vantaggio da una redistribuzione del reddito verso i redditi bassi. Ma ci sono contro-argomenti, che hanno a che fare con gli incentivi economici. Si potrebbe sostenere, per esempio, che se lo stato trasferisce risorse a chi non se le è guadagnate, questo scoraggia il lavoro, l'impegno, la responsabilità personale, e quindi la crescita. Insomma, in un'economia di mercato occorrono gli incentivi giusti e ridurre, con tasse o altri strumenti, tali incentivi finisce per penalizzare la crescita. Si potrebbe obiettare, come ha fatto lo stesso Fmi, che gli attuali livelli di progressività nella distribuzione del reddito non sono estremi come quelli che esistevano in certi paesi fino agli anni settanta, per cui una maggiore progressività nella tassazione dei redditi non dovrebbe causare disincentivi rilevanti al lavoro di chi ha redditi più elevati. Ma resta il fatto che teoricamente esistono forze che possono in linea di principio comportare maggiori disincentivi alla crescita in presenza di una distribuzione del reddito più equa.

Si potrebbe allora dire che valutare l'effetto sul livello del reddito e sulla crescita di una distribuzione del reddito più egualitaria è una questione empirica. E, prontamente, il Fondo monetario internazionale, che negli ultimi anni sembrerebbe essere diventato più "*de sinistra*", ha pubblicato lavori che mostrano proprio che correggere la distribuzione del reddito attraverso strumenti appropriati porta, addirittura, a maggiore crescita, salvo casi estremi.[9] Il problema è che le stime empiriche su questo aspetto sono ancora parecchio limitate. Occorrerebbe per lo meno maggiore prudenza nel trarre conclusioni. Oppure ammettere che, per raggiungere il fine di avere una più equa distribuzione del reddito, dobbiamo essere disposti a rinunciare a un po' di reddito. Dopo tutto, che scopo ha massimizzare il prodotto (il Pil) se solo pochi ne beneficiano?

La seconda bufala in tema di redistribuzione del reddito è che esista un modo, anche nel moderno mondo globalizzato, per redistribuire facilmente. Anche in questo caso, il Fondo monetario internazionale è intervenuto negli ultimi anni, con un insieme di studi in quest'ambito.[10] E il tema di come si possa raggiungere una distribuzione del reddito più egualitaria è stato anche oggetto di seminari organizzati dal Fondo nel corso dei suoi incontri annuali. Per esempio, in un evento introdotto da Christine Lagarde tenuto durante gli incontri di primavera del Fmi del 2019, il tema era proprio quello di trovare "politiche economiche per risolvere il problema della ineguaglianza economica" (fra l'altro, anche in questo caso "evitando o mitigando le possibili ripercussioni negative su efficienza e crescita").[11]

Non è così semplice redistribuire il reddito in un mondo globalizzato. Lo strumento classico per redistribuire è la tassazione, ma in un mondo globalizzato una maggiore tassazione sui ricchi, o sul capitale, può rapidamente spingere i ricchi e il capitale verso paesi a tassazione più bassa. Esistono circa duecento paesi al mondo, ognuno con il suo sistema di tassazione. Al momento, questi duecento paesi si stanno facendo concorrenza tra di loro per attirare capitale e individui a reddito alto. Non è quindi un caso, o il risultato di una macchinazione internazionale, se la tassazione dei redditi da capitale e le aliquote massime di tassazione nei vari paesi si siano tendenzialmente ridotte negli ultimi decenni, il che ha accentuato, invece che corretto, lo spostamento della distribuzione del reddito verso i più ricchi. Andare contro tendenza non è quindi per niente facile, purtroppo. Il tentativo di correggere la distribuzione del reddito attraverso aumenti di tassazione (o, cosa equivalente, riducendo la spesa pubblica o forme di sussidio di cui possono beneficiare i percettori di redditi più elevati o il capitale) potrebbe quindi portare a uno spostamento di chi si vuole tassare maggiormente verso altri paesi, vanificando gli sforzi. Be', la soluzione ci sarebbe. Servirebbe un accordo internazionale per coordinare gli strumenti di tassazione tra paesi. Un tale accordo non sembra però al momento possibile da un punto di vista politico (e non mi sembra che le organizzazioni internazionali, Fmi e Ocse in primis, stiano insistendo abbastanza su questo punto fondamentale). Anzi alcuni dei principali paesi, come gli Stati Uniti, si sono mossi di recente proprio nella direzione di inasprire la concorrenza fiscale (ricorderete il taglio di tasse alle imprese attuato da Trump nel 2018). Non dico certo che azioni unilaterali in senso opposto per migliorare la distribuzione del reddito non siano possibili, ma occorre essere prudenti e non promettere risultati che saranno difficili da ottenere. Altrimenti non si fa che diffondere bufale.

Tagliare le tasse ai ricchi fa bene ai poveri e magari aumenta anche le entrate dello stato

Parlando di tasse non posso non citare allora quella che è stata una delle principali bufale dell'establishment americano *"de destra"*. Quella per cui tagliare le tasse ai ricchi fa bene a tutti. Si tratta della cosiddetta *"trickle-down economics"*, l'economia del gocciolamento. Se tagli le tasse al vertice, cioè ai più ricchi, questi lavorano e spendono di più e le gocce scendono anche ai livelli più bassi della distribuzione del reddito. Insomma, questa bufala è un po' l'opposto di quella per cui se aumenti le tasse ai ricchi ottieni al tempo stesso una migliore distribuzione del reddito e una maggiore efficienza e crescita. Qui tagli le tasse ai ricchi e tutti stanno meglio.

La *trickle-down economics* è stata ampiamente criticata. Un recentissimo e potente attacco viene da uno studio pubblicato su una delle principali riviste economiche (il "Journal of Political Economy").[12] Questo studio ha concluso che "la relazione positiva che esiste tra taglio delle tasse e crescita dell'occupazione è in gran parte dovuta a tagli di tasse per i gruppi a reddito basso e che l'effetto di tagli di tassazione per i contribuenti nel 10 per cento più alto della distribuzione del reddito è basso". Insomma, la *trickle-down economics* non funziona.

Un'altra tesi (bufala) molto in voga nella destra americana riguarda l'effetto di un taglio delle tasse sulle entrate dello stato. L'idea è che se taglio le aliquote di tassazione il Pil e il suo tasso di crescita crescono e la crescita della base imponibile consente un recupero di entrate tale da compensare o, anzi, più che compensare l'iniziale taglio delle tasse. È la cosiddetta "curva di Laffer", dal nome del consigliere economico di Reagan che usò questa teoria per rafforzare, con argomenti analitici, l'intenzione del presidente americano di tagliare le tasse. Il tema è di particolare importanza in Italia in questo momento per via della proposta di tagliare le tasse in deficit (cioè senza trovare fonti di finanziamento) attraverso la Flat Tax. Al massimo, si dice, occorre trovare delle forme di copertura temporanee, perché al finanziamento del taglio delle aliquote ci pensa, nel lungo periodo, la crescita economica.

Ma funziona davvero? La teoria della curva di Laffer parte da un presupposto semplice e corretto. Se l'aliquota di tassazione sul reddito fosse zero, le entrate sarebbero zero, ma sarebbero pure zero se l'aliquota fosse del 100 per cento: chi lavorerebbe se tutto il reddito fosse percepito dallo stato? Quindi ci deve essere un livello di aliquota, tra zero e il 100 per cento, in cui il gettito risulta massimo e, oltrepassato quel livello, comincia a scendere. Questa è la curva di Laffer, e la sua esistenza è indiscutibile. Ma Laffer aggiunge qualcos'altro a questo ragionamento. Dal suo punto di vista, gli Stati Uniti si trovavano oltre il punto massimo della curva, cioè nella parte discendente, per cui un taglio dell'aliquota di tassazione avrebbe aumentato il gettito. Questa è la teoria, ma che succede in pratica? Reagan tagliò effettivamente le tasse e, durante gli otto anni della sua presidenza, i conti pubblici peggiorarono, con un aumento del rapporto fra debito pubblico e Pil di circa 20 punti percentuali. Si dirà, forse sarà stato sfortunato! Andiamo allora a vedere quali sono i risultati di un sondaggio mediante il quale la Chicago Booth of Business School ha posto la seguente domanda a un ampio gruppo di economisti americani: "Un taglio nelle aliquote di tassazione sul reddito negli Stati Uniti oggi causerebbe un aumento del reddito tassabile tale per cui le entrate da tassazione sarebbero maggiori fra cinque anni di quello che si avrebbe senza il taglio delle aliquote?". Il 5 per cento degli economisti intervistati non ha risposto, l'8 per cento ha dichiarato di essere incerto, tutti gli altri hanno risposto negativamente.[13] Nessuno ha risposto positivamente. Mi sembra proprio che si possa parlare di bufala. E, in effetti, studi ulteriori sono giunti alla conclusione che il punto massimo della curva di Laffer si raggiungerebbe per un'aliquota media di tassazione pari al 70 per cento, un'aliquota molto più alta di quella esistente in tutti i paesi, compresi Stati Uniti e Italia. Il che significa che siamo ancora nella parte crescente della curva: aumentando le aliquote il gettito aumenta, tagliando le aliquote il gettito si riduce.[14]

Due bufale sul debito pubblico

Sapete probabilmente quanto sia convinto che un debito pubblico elevato come il nostro faccia male all'Italia. Ma, al tempo stesso, non posso dimenticare che talvolta per spiegare perché il debito pubblico debba essere ridotto si usano delle argomentazioni in buona parte errate e che, in quanto tali, costituiscono delle bufale. Ne parlo anche perché sono argomentazioni molto comuni, che fanno presa su un pubblico molto vasto. Temo che in qualche occasione ne abbia fatto uso anch'io! Due sono le bufale che circolano più frequentemente in quest'ambito.

La prima è che se non ci occupiamo del debito pubblico stiamo facendo pagare alle generazioni future i nostri eccessi. L'idea è apparentemente corretta. Lo stato si indebita oggi, per esempio per trasferire soldi a un certo gruppo sociale che ne beneficia oggi. Così facendo, lascia un debito alle generazioni future che lo dovranno pagare prima o poi con tasse più elevate. Cosa c'è di sbagliato in questo ragionamento?

Il primo problema è che, ovviamente, tutto quello che viene consumato oggi dalle generazioni presenti deve essere prodotto oggi (la tecnologia per spostare a oggi beni prodotti nel futuro ancora non esiste), per cui l'idea che stiamo togliendo qualcosa alle generazioni future è di per sé un po' strana. Se mangio una banana oggi, ci sarà qualcun altro oggi (non domani) che non mangia quella banana. Il secondo problema è che se è vero che lo stato (e quindi le generazioni di oggi) lascia un debito in eredità alle generazioni future, sotto forma di titoli di stato, ci deve essere anche qualcuno che riceve in eredità un credito, i titoli di stato appunto. In termini netti non si lascia quindi un debito alle generazioni future.

C'è solo un caso in cui un aumento del debito pubblico oggi comporta scaricare sulle future generazioni il maggiore consumo di beni da parte delle generazioni attuali di un certo paese. È quando lo stato si indebita con l'estero, utilizzando quindi il risparmio che si è generato in altre parti del mondo. In questo caso le "banane" vengono prese a prestito all'estero, io me le mangio e i miei figli dovranno (almeno potenzialmente) restituirle all'estero, rinunciando quindi al loro consumo.[15] Nel caso italiano il 30 per cento del debito pubblico è detenuto da stranieri, per cui si può effettivamente dire che in parte il debito delle generazioni italiane attuali dovrà essere ripagato dalle generazioni italiane future. Il resto (il 70 per cento) è una bufala.

Ciò detto, c'è un senso, e non è una cosa minore, per cui è corretto dire che stiamo lasciando qualcosa di spiacevole alle generazioni future. Se è vero, e credo che sia vero, che un debito pubblico elevato espone un paese al rischio di crisi, e forse riduce anche la crescita potenziale dell'economia attraverso diversi canali (tassi di interesse più alti, tassazione più elevata per pagare gli interessi, incertezza per rischio di crisi e, magari, qualche crisi ogni tanto), quello che lasciamo alle generazioni future se non riduciamo il debito pubblico è il compito di prendere delle decisioni che noi non siamo stati in grado di prendere. Stiamo scaricando ai nostri figli delle responsabilità che sarebbero nostre e lasciamo loro in eredità un'Italia che rimane schiava dei capricci dei mercati finanziari.

La seconda bufala che riguarda le motivazioni per cui si dovrebbe ridurre il debito pubblico è la seguente: bisogna ripagare il debito pubblico perché gli interessi sul debito pubblico tolgono spazio ad altra spesa che sarebbe più utile. L'argomento è molto potente in un paese, come l'Italia, in cui attualmente per interessi sul debito pubblico lo stato spende più o meno quanto spende per la pubblica istruzione. Se avesse meno debito spenderebbe meno per interessi e potrebbe spendere di più per la scuola o altri nobili scopi. Anche qui c'è un fondo di verità. Ma occorre capire esattamente come stanno le cose. È senza dubbio vero che, se il debito pubblico fosse più basso, avremmo una spesa per interessi sul debito più bassa, e quindi potremmo, a parità di altri parametri, avere più spazio per forme di spesa pubblica più utili alla società, la cosiddetta "spesa primaria" (pubblica istruzione, sanità, eccetera). Da qui, però, non segue immediatamente che sia appropriato ridurre il debito pubblico attraverso politiche tradizionali di tagli della spesa primaria o aumento delle tasse. Il motivo è che per ridurre il debito pubblico devo tagliare la spesa primaria oggi, il che vuol dire rinunciare a qualcosa oggi: è vero che domani avrò più spazio per la spesa primaria ma ne ho meno oggi. Si dirà che questo è un problema temporaneo: taglio la spesa primaria fino a quando il debito non si sarà ridotto sufficientemente e poi risparmierò interessi per sempre. Ma in questo caso devo ridurre la spesa più di quanto mi costi, nel caso non riduca il debito, la maggiore spesa per interessi. Facciamo un esempio, per chiarire.

Se voglio ridurre la spesa per interessi da qui in avanti di 10 e il tasso di interesse sul debito pubblico è del 2 per cento, devo ridurre la spesa primaria oggi di 500: il debito scende di 500 e risparmio 10 euro all'anno da qui in poi. È un taglio una tantum a fronte di un vantaggio permanente (la minore spesa per interessi) che mi consentirà di avere più spazio per la spesa primaria, ma è un taglio grosso. Se invece non taglio la spesa primaria oggi, continuerò a pagare 10 euro in più di interesse all'anno, ma eviterò il taglio di 500 della spesa primaria oggi. In realtà, per chi conosce un po' di matematica finanziaria, è chiaro che il valore oggi del vantaggio di dover pagare meno interessi da qui all'eternità (in termini tecnici, il valore atteso presente, cioè la somma dei risparmi di interesse attualizzata al tasso di interesse) è esattamente uguale a 500, ossia a quanto devo tagliare, una tantum, la spesa primaria oggi. Non c'è quindi nessun maggiore spazio che venga creato per la spesa primaria dalla riduzione del debito (a meno che il debito non sia ridotto attraverso misure alternative alla riduzione della spesa, quali, per esempio, la vendita di beni dello stato).[16]

C'è però un senso, e anche qui la cosa non è irrilevante, in cui resta comunque appropriato ridurre il debito pubblico in periodi economici relativamente buoni per evitare una crescita tendenziale della spesa per interessi e quindi meno spazio per altre spese. Il punto fondamentale è che ci sono momenti in cui il debito pubblico deve crescere per aiutare l'economia ad assorbire degli shock come conflitti bellici o gravi recessioni, per esempio quella che ha colpito il mondo nel 2008-2009. Se il debito pubblico, rispetto al Pil, non viene ridotto in periodi relativamente tranquilli, e aumenta in presenza di questi forti shock che hanno un inevitabile impatto sulle finanze pubbliche, il debito aumenterà tendenzialmente e, quindi, anche la spesa per interessi aumenterà tendenzialmente, togliendo spazio a tutte le altre forme di spesa. La conclusione, dunque, resta valida: occorre cercare di ridurre il debito, in assenza di forti shock negativi, se non vogliamo che la crescita tendenziale della spesa per interessi ci impedisca di compiere azioni più utili, ma la motivazione è un po' più complessa di quello che un ragionamento semplificato vi possa aver suggerito.[17]

Bufale sulla globalizzazione

Dall'origine della scienza economica moderna al finire del XIX secolo il beneficio, per tutti quelli coinvolti, del libero commercio tra paesi è stato una delle poche certezze condivise dalla stragrande maggioranza degli economisti. Questo vale non solo per gli economisti di stampo liberale, ma anche per chi si è espresso a favore di un intervento sostanziale dello stato nell'economia, per correggere le imperfezioni del libero mercato: il libero commercio con l'estero fa bene. Anche le organizzazioni economiche internazionali hanno tradizionalmente sostenuto la necessità di rimuovere le barriere al commercio e hanno visto di conseguenza con grande favore il fenomeno della globalizzazione. Significativo in proposito è l'incipit di un rapporto del Fondo monetario internazionale pubblicato nel 2002, rapporto intitolato, appunto, *Globalizzazione. Un quadro di riferimento per il coinvolgimento del Fmi* (*Globalization: A Framework for IMF Involvement*). È utile citarlo testualmente:

> La globalizzazione – il processo attraverso cui un crescente libero flusso di idee, persone, beni, servizi e capitali conduce all'integrazione di economie e società – è spesso vista come una forza inarrestabile, che viene imposta al mondo da alcuni paesi ricchi e da istituzioni come il Fmi e la Banca mondiale. Ma non è così: la globalizzazione rappresenta una scelta politica a favore dell'integrazione economica internazionale, che nella maggior parte dei casi è stata accompagnata da un consolidamento della democrazia. È proprio perché è una scelta che il processo di globalizzazione potrebbe essere ostacolato e persino rivisto, ma solo con un grande costo per l'umanità. Il Fmi crede che la globalizzazione abbia un grande potenziale nel contribuire alla crescita che è essenziale per raggiungere una durevole riduzione nella povertà globale.[18]

E nell'ultimo decennio i comunicati dei G20 immancabilmente hanno reiterato il sostegno dato al libero commercio internazionale. Per esempio, il comunicato dei ministri delle Finanze dei G20 di Ankara nel settembre 2015 affermava l'impegno a "resistere a ogni forma di protezionismo".[19] Nel comunicato del settembre 2016, dopo il G20 svoltosi in Cina, si trovava la stessa identica frase. E così via. Be', non proprio, poiché, con l'arrivo di Trump sulla scena dopo le elezioni del novembre 2016, l'abiura del protezionismo sparisce dai comunicati ministeriali dei G20.

In effetti, l'adesione incondizionata al libero commercio internazionale, anche da parte di economisti in passato molto favorevoli, si è notevolmente attenuata negli ultimi anni. È significativa in proposito la posizione presa di recente da Paul Krugman. Krugman ha ricevuto il premio Nobel per l'economia per le sue analisi del commercio internazionale e ha sostenuto in passato, pur in un quadro spesso critico dei meccanismi di mercato, la necessità di consentire il libero scambio tra paesi. Ultimamente, però, il suo sostegno incondizionato al libero scambio si è attenuato. In una sua recente rassegna degli studi economici più recenti relativi ai benefici del commercio internazionale, pubblicata sul "Journal of Economic Perspectives", Krugman raggiungeva la seguente conclusione:

> Il libero commercio non è una cosa del passato, ma è un'idea che ha perso la propria innocenza. Il suo status è passato dall'ottimo a una ragionevole approssimazione. Ci sono ancora ragioni per considerare il libero commercio come una politica valida, e come un utile obiettivo nella pratica della politica, ma non si può più considerare come la politica che la teoria economica ci dice essere sempre giusta.[20]

Altri economisti si sono di recente spostati su posizioni più critiche nel valutare i trattati di liberalizzazione commerciale, tra questi Dani Rodrik della Kennedy School of Government di Harvard, che in un lavoro pubblicato nel 2018 conclude:

> Un punto di vista alternativo [a quello tradizionale] è che gli accordi commerciali sono il risultato di comportamenti egoistici volti a cercare rendite di posizione da parte di imprese con buone connes-

sioni politiche-banche internazionali, imprese farmaceutiche, imprese multinazionali. Potrebbero forse portare a un più libero commercio nell'interesse dei paesi coinvolti. Ma, con uguale probabilità, potrebbero portare, sotto la guisa del "libero commercio", a una pura ridistribuzione delle risorse.[21]

Dove sta la verità e dove stanno le bufale? Quali sono stati gli effetti della globalizzazione degli scambi commerciali (mi focalizzo su questi nelle prossime pagine) nel corso degli ultimi decenni, una globalizzazione che ha avuto un'accelerazione con l'entrata della Cina nell'Organizzazione del commercio internazionale (World Trade Organization, o Wto) nel dicembre 2001? Ci hanno guadagnato tutti, come la teoria del commercio internazionale ha tradizionalmente sostenuto? E se no, chi ha vinto e chi ha perso?

Negli ultimi trent'anni si è registrato di fatto un forte miglioramento nelle condizioni di vita nei paesi emergenti, riconducibile a fenomeni di globalizzazione. Il reddito pro capite di molti paesi emergenti ha iniziato a crescere rapidamente, molto più rapidamente che in passato e centinaia di milioni di persone sono uscite dalla condizione di povertà assoluta in cui versavano in precedenza. Nel marzo 2019 la Banca mondiale scriveva:

> Il commercio è un motore di crescita che crea posti di lavoro, riduce la povertà e aumenta le opportunità economiche. Più di un miliardo di persone sono uscite dalla povertà a causa di una crescita economica sostenuta dal commercio estero dal 1990. Il gruppo della Banca Mondiale sostiene un sistema di commercio internazionale aperto, basato sulle regole e prevedibile.[22]

Non bisogna minimizzare questi risultati, che sono stati estesi a tutto l'universo dei paesi emergenti e a reddito basso, compresa l'Africa subsahariana: in questa regione il reddito pro capite (in termini di potere d'acquisto) era sceso del 12 per cento tra il 1980 e il 1999; è aumentato del 46 per cento dal 1999 al 2018. Un cambiamento epocale. Per effetto di questa crescita, la distribuzione del reddito a livello mondiale è diventata più egualitaria. L'indice di Gini (un indice inventato dallo statistico italiano Corrado Gini) che prende valore 0 in caso di una distribuzione del reddito completamente egualitaria tra individui (tutti hanno lo stesso reddito) e valore 1 in caso di una concentrazione completa della distribuzione del reddito (una persona riceve tutto il reddito), è sceso, secondo i calcoli del Fondo monetario internazionale, da 0,68 nel 1988 a 0,62 nel 2013 e probabilmente è sceso ancora negli anni seguenti.[23]

Tutto bene quindi? Non proprio. Se la distribuzione del reddito è diventata per il mondo più egualitaria a livello globale, il contrario è successo all'interno dei vari paesi (o all'interno delle principali aree geografiche). Ce lo dice, per esempio, il World Inequality Report che mostra che la quota del reddito percepita dal 10 per cento più ricco della popolazione è aumentata quasi costantemente dal 1980 al 2016 in India, in Cina, negli Stati Uniti, in Russia e in Europa.[24] Al tempo stesso si è verificato un calo della quota di reddito percepita dal lavoro, a vantaggio della quota percepita dal capitale, con una discesa della prima dal 54 per cento dell'inizio degli anni ottanta a poco più del 50 per cento nel 2014, come ci dice il capitolo 3 del World Economic Outlook del Fmi dell'aprile 2017, capitolo intitolato "Understanding the downward trend in labor income shares" (Capire la discesa tendenziale della quota del lavoro nella distribuzione del reddito).[25]

Come è possibile che nel mondo nel suo complesso l'ineguaglianza sia in calo mentre è aumentata in ogni singolo paese? La risposta è che, oltre agli spostamenti all'interno di ogni paese, ci sono stati spostamenti nella distribuzione del reddito tra paesi, e, in particolare, da quelli più ricchi verso quelli più poveri. Questo non perché il reddito dei paesi ricchi sia sceso, ma perché è cresciuto molto meno rapidamente di quello dei paesi poveri. Per esempio, all'interno della Cina, il reddito dei più ricchi è aumentato più rapidamente di quello dei più poveri. Ma lo spostamento di reddito verso la Cina (il tasso di crescita della Cina negli ultimi vent'anni è stato molto più alto di quello dei paesi avanzati) ha comportato che i cinesi poveri siano diventati meno poveri rispetto ai poveri dei paesi avanzati (e i cinesi ricchi sono diventati un po' più simili ai ricchi occidentali, e forse più ricchi ancora). Quindi è vero che, a livello globale, la distribuzione del reddito è diventata più egualitaria.

Tutto ciò indica, però, che ci sono stati dei perdenti in questo processo o che, per lo meno, i guadagni dal più elevato livello del reddito globale non sono stati ugualmente distribuiti. Nei paesi emergenti, come la Cina, la distribuzione del reddito si spostava verso i ricchi, ma il reddito dei poveri aumentava comunque rapidamente. Invece, nei paesi avanzati, come abbiamo già discusso nelle pagine precedenti, non solo la distribuzione del reddito diventava meno egualitaria, ma, a causa dello spostamento nella distribuzione del reddito tra paesi da quelli avanzati a quelli emergenti, il reddito della classe bassa e medio bassa non cresceva, o cresceva poco e, probabilmente, scendeva per una parte non trascurabile della popolazione.

Qual è la causa di questo spostamento nella distribuzione del reddito? Siamo sicuri che sia dovuto alla globalizzazione? Ora, negli ultimi decenni due forze hanno operato a livello globale. La prima è la globalizzazione, la seconda è il progresso tecnologico. Entrambe possono spostare la distribuzione del reddito a livello di ogni paese verso i più ricchi. La globalizzazione infatti porta a un aumento della disponibilità di lavoro rispetto al capitale, per cui la remunerazione del lavoro tende a ridursi rispetto a quella del capitale (e quella del lavoro meno specializzato si riduce rispetto a quella del lavoro più specializzato): insomma, i poveri dei paesi a basso reddito ed emergenti fanno concorrenza alla classe operaia dei paesi avanzati. La tecnologia fa risparmiare lavoro rispetto al capitale, anche in questo caso riducendo la remunerazione del primo rispetto al secondo. Quale di queste due forze è stata più importante nello spiegare i cambiamenti nella distribuzione del reddito?

Cercava di rispondere a questa domanda il già citato capitolo 3 del World Economic Outlook dell'aprile 2017. Lo studio concludeva che entrambi i fattori (globalizzazione e progresso tecnologico) avevano contribuito al declino della quota del lavoro nella distribuzione del reddito nei paesi avanzati, ma che i fattori tecnologici erano stati relativamente più importanti. Questi risultati non mi hanno mai completamente convinto. Il progresso tecnico era in questo lavoro misurato come riduzione nel prezzo relativo dei beni di investimento nel lungo periodo, un indice piuttosto distante e generico del progresso tecnologico. Inoltre, la tecnologia che fa risparmiare lavoro dovrebbe essere accompagnata da forti aumenti della produttività del lavoro (quanto viene prodotto, per esempio, in un'ora di lavoro), cosa che negli ultimi anni non si è manifestata.

È in realtà, questo, uno dei grandi misteri degli sviluppi economici negli ultimi due decenni. L'automatizzazione, la robotizzazione, dovrebbe aver portato a un forte aumento del prodotto per ora di lavoro umano. Invece, le statistiche ufficiali ci dicono che la produttività del lavoro, anche in paesi come gli Stati Uniti all'avanguardia del progresso tecnologico, è cresciuta poco. Il che ha fatto venire il dubbio a qualcuno, tra questi l'economista americano Robert J. Gordon, che lo sviluppo tecnologico degli ultimi due decenni non sia stato poi così forte come si dice, se confrontato all'evoluzione osservata nel corso del XX secolo.[26] Fra l'altro, il più rapido sviluppo tecnologico del XX secolo era stato accompagnato, fino al 1980, da una tendenza verso una distribuzione del reddito più egualitaria, per lo meno negli Stati Uniti. Tutto questo mi fa pensare che, nonostante i risultati del già citato studio del Fmi, sia stata la globalizzazione, e non il cambiamento tecnologico, la principale causa dello spostamento verso i ricchi e il capitale della distribuzione del reddito in paesi avanzati negli ultimi decenni. Insomma, per dirla nelle parole di un altro premio Nobel per l'economia, Joseph Stiglitz:

> Dopo l'ammissione della Cina nel Wto nel 2001, la disoccupazione in America è aumentata e i salari sono scesi in quelle aree che producevano beni che erano in concorrenza con le cose importate dalla Cina in volumi crescenti.[27]

E il Fondo monetario stesso ha ora parzialmente rivisto il tiro. Un recente studio di due economisti del Fondo monetario (Valentin Lang e Marina Mendes Tavares) dal titolo *The Distribution of Gains from Globalization* (I guadagni redistributivi dalla globalizzazione) conclude che i vantaggi della globalizzazione decrescono al crescere del livello di integrazione nel commercio internazionale. E siccome i paesi avanzati erano già piuttosto integrati nel commercio internazionale anche prima degli ultimi decenni, questi paesi hanno beneficiato meno della più recente ondata di globalizzazione. Inoltre, il lavoro conferma che, all'interno dei vari paesi, in assenza di intervento della mano pubblica, i guadagni della globalizzazione vanno in maggior misura ai percettori di reddito più elevato.[28]

Insomma, cosa possiamo concludere sulle bufale "globalizzate"? È senz'altro una bufala che la globalizzazione faccia bene a tutti: i percettori di redditi medi e bassi dei paesi avanzati ne hanno sofferto quanto meno negli ultimi due decenni. È pure una bufala che la globalizzazione non faccia bene a nessuno: se non proprio un miliardo di persone, come dice la Banca mondiale, è chiaro che centinaia di milioni di persone sono usciti dalla povertà per effetto della globalizzazione. La verità sta nel mezzo. La globalizzazione ha vantaggi e svantaggi. Occorrerebbe utilizzare gli strumenti di redistribuzione all'interno di ogni paese per cercare di correggerne gli effetti negativi sulla distribuzione del reddito. Abbiamo però detto nel capitolo precedente che una tale redistribuzione attraverso la tassazione non è semplice perché la globalizzazione ha portato anche a una maggiore difficoltà nella tassazione del capitale e dei ricchi, in assenza di un coordinamento internazionale sulle forme di tassazione nei vari paesi. Come minimo, però, occorrerebbe fornire una "rete di sicurezza" almeno per evitare che la globalizzazione porti a un aumento della povertà assoluta nei paesi avanzati.

Cosa c'è di vero

Cosa c'è di vero nelle bufale dell'establishment? Sarò breve anche perché ho in parte già spiegato, per esempio nel caso della globalizzazione, quanto c'è di valido nella difesa del processo di globalizzazione e quanto, invece, può essere considerato come bufala. La caratteristica fondamentale delle bufale dell'establishment, per lo meno quella su cui ci siamo focalizzati in questo capitolo, è di non voler riconoscere che esistono dei costi che qualcuno deve sostenere, almeno nell'immediato, per ottenere buoni risultati o per beneficiare dell'effetto di certe politiche nel lungo periodo.

Quel che c'è di vero allora è che le politiche dell'establishment – termine vago ma che qui ho spesso indentificato con le organizzazioni internazionali e i consessi dei capi di governo e dei ministri delle Finanze – sono spesso valide, nel lungo periodo. Io credo che, nel lungo periodo, un mondo in cui le merci si possono trasferire da un luogo all'altro senza che siano ostacolate da tariffe varie, o simili impedimenti, sia preferibile a un mondo delimitato da barriere. Credo anche che, nel lungo periodo, sia preferibile avere un maggior equilibrio nella distribuzione del reddito. Come credo che, se non ci occupiamo dell'ambiente, i nostri figli e nipoti finiranno per dover emigrare su un altro pianeta, e non ci sarà nessun lungo periodo. Ma occorre gestire i cambiamenti tenendo conto dei costi che questi comportano e senza addolcire troppo la pillola fingendo che tali costi non esistano. Per questo occorre avere leader all'altezza e che abbiano il coraggio di dire la verità. Al tempo stesso, è importante anche che i cittadini siano responsabili e, per essere convinti che certe politiche sono necessarie, disposti ad ascoltare la verità e ad agire più con la testa che con la pancia.

7.
Tecniche di produzione delle bufale

> Se ripeti una bugia abbastanza a lungo, diventerà verità.
>
> JOSEPH GOEBBELS (ma è una bufala)[1]

A fine ottobre 2017, dopo tre anni passati come direttore esecutivo nel Consiglio di amministrazione del Fondo monetario internazionale, dove mi ero "rifugiato" dopo un anno di esperienza come Commissario per la revisione della spesa, tornai in Italia con uno scopo ben preciso: quello di dire la verità sui conti pubblici italiani, e di aumentarne la trasparenza, in modo che ognuno, e non solo gli esperti, potesse farsi un'idea del loro stato e decidere se valeva la pena di continuare a essere un paese costantemente a rischio di subire un attacco da parte dei mercati finanziari. Questo obiettivo di verità e trasparenza sta alla base del lavoro dell'Osservatorio sui conti pubblici italiani dell'Università Cattolica di Milano che dirigo da allora.

Mi rendevo conto della difficoltà del compito. Si trattava di presentare a un pubblico vasto una materia che non era proprio tra le più facili e divertenti. Ma pensavo che fosse ora che noi economisti smettessimo di cantarcela e suonarcela tra di noi, magari scuotendo la testa per l'incapacità da parte del pubblico di condividere le nostre idee. Ma per parlare a un pubblico ampio sarebbe stato necessario non soltanto dire cose corrette, ma anche dirle nel modo giusto, usando un linguaggio semplice e comprensibile. Era necessario trasmettere informazioni non solo attraverso i media tradizionali (televisioni, radio, giornali), ma anche sui social, ormai lo strumento principale (insieme alla tv) per la comunicazione di massa. Vedevo in effetti in questo il maggiore ostacolo: una materia complessa, spesso noiosa, da rendere comprensibile a tutti. Mi vedevo come un missionario (per così dire!) che si avventurava in un territorio inesplorato per predicare il verbo.

Beata ingenuità. Tornato in Italia, mi sono presto reso conto di quale fosse il problema principale. Il territorio non era certo inesplorato. Ormai da qualche anno era stato invaso da produttori di bufale sull'economia italiana e sui nostri conti pubblici, bufale che ormai erano diventate grandi e godevano di ottima salute, alimentate quotidianamente da ottimi produttori, esperti di comunicazione, abili partecipanti ai talk show, gestori di siti internet con centinaia di migliaia di sostenitori. Una lotta impari!

Oggi, con un paio d'anni di predicazione dietro le spalle, tra bufale di vario genere e colore, penso di aver acquisito una certa esperienza riguardo alle loro tecniche di produzione, allevamento e diffusione. Ve ne parlerò in questo settimo capitolo, il che peraltro mi darà anche l'occasione di illustrare, a mo' di esempio, qualche altra bufala non considerata prima. Conoscere più da vicino le tecniche di produzione delle bufale dovrebbe anche aiutare il lettore a individuarle meglio e a non farsi ingannare. Ed è proprio per questo che l'ultima sezione di questo capitolo vi darà alcuni consigli su come difendersene, anche se, come vedremo, non è per niente facile.

Principi generali di disinformazione

Ci vorrebbe un esperto di comunicazione per definire quelli che qui chiamo "principi generali di disinformazione" applicati alla produzione di bufale. Io non lo sono, per cui spero nella clemenza degli esperti che leggeranno queste pagine. Ma ho voluto qui identificare cinque aspetti generali che, mi sembra, sulla base della mia esperienza diretta, sono stati seguiti nella produzione e circolazione di bufale economiche in Italia negli ultimi anni. Parlo ora di quattro di questi principi generali, rimandando il quinto aspetto (quello relativo alla personalizzazione degli attacchi da parte dei produttori di bufale) alla penultima sezione del capitolo.

Il primo principio generale è, scusate il termine un po' rozzo, di "spararle grosse". Le bufale grosse sono quelle che colpiscono più facilmente. Per esempio, l'adozione dell'euro è stata una macchinazione dei tedeschi per conquistare economicamente l'Europa – visto che non ci erano riusciti con i carri armati nel secolo scorso – e fondare quello che qualcuno ha chiamato il "Quarto Reich".[2] O, per venire ai mali di casa nostra, tutti i problemi dell'Italia sono dovuti a Monti e Fornero. E così via. Ora, qui si potrebbe buttarla sul ridere (alcuni di voi ricorderanno il film e commedia teatrale del 1986 *Se devi dire una bugia dilla grossa*, con Johnny Dorelli e Gloria Guida). Ma, molto più seriamente, si può ricordare che, in ambito politico, lo stesso Adolf Hitler, in *Mein Kampf* (vol. I, cap. X) aveva teorizzato l'efficacia di una "grande bugia" (*große Lüge*). Hitler ne scriveva in questi termini (che fra l'altro anticipano un tema, quello di parlare alla pancia, su cui torneremo):

> In una grande bugia c'è sempre una certa forza di credibilità; perché le grandi masse di una nazione sono sempre più corruttibili nei profondi strati della loro natura emozionale piuttosto che in modo conscio e volontariamente; e così nella semplicità delle loro menti cadono vittime più rapidamente di grandi bugie che di piccole bugie, perché loro stessi dicono spesso piccole bugie per cose di poco conto ma si vergognerebbero di ricorrere a bugie su grande scala. Non verrebbe loro mai in mente di fabbricare falsità colossali e non crederebbero che altri possano avere l'impudenza di distorcere la verità in modo così infamante. Anche se i fatti che provano questo sono presentati loro chiaramente, continueranno a dubitare e a essere incerti e a pensare che ci possa essere qualche altra spiegazione. Perché le grandi e impudenti bugie lasciano sempre un segno dietro a loro, anche dopo che sono state smentite, un fatto che è ben noto a tutti gli esperti bugiardi di questo mondo e a tutti quelli che cospirano insieme nell'arte del mentire.[3]

Naturalmente Hitler non si riferiva a se stesso, anzi accusava i suoi avversari di diffondere grandi bugie. Ma anche di questo non dobbiamo stupirci perché, come vedremo fra poche pagine, accusare gli altri di commettere le malefatte che si stanno commettendo è una ben nota tecnica di retorica politica.

Il secondo principio generale è quello di spararne tante, a ripetizione, e se ti contraddicono su un punto, passare subito al successivo, in sequenza, senza provare neppure a controbatterlo. Se ne spari tante, metti subito la controparte sulla difensiva. È l'avversario che deve renderti conto e inseguirti e il pubblico che ascolta, per esempio il pubblico televisivo, non è solitamente in grado di capire se la spiegazione da te fornita, in aree parecchio tecniche, è adeguata o no. E poi, se ne spari tante, tieni occupati gli avversari a rispondere, in tal modo diffondendo comunque certe idee. Teniamo conto di un'altra cosa. Smentire un'affermazione falsa, soprattutto in un rapido scambio televisivo, non è molto facile. Se qualcuno sostiene che "il debito pubblico italiano è stato causato dalla decisione presa da Andreatta e Ciampi di interrompere il finanziamento automatico della Banca d'Italia al Tesoro (l'infame divorzio) come provato dal fatto che il debito pubblico italiano rispetto al Pil si è raddoppiato dopo tale decisione", come faccio a dimostrare in poche parole che non è vero? Avete visto quanti passaggi ci sono voluti nel capitolo 3 per chiarire al meglio la situazione. Perciò, sparatene tante e qualcosa, anzi molto, colpirà il bersaglio anche se si tratta di bufale.

Il terzo principio è quello di ripetere i concetti, come suggeriva la citazione (apocrifa) di Goebbels riportata all'inizio di questo capitolo e come, invece autenticamente, scrisse lo stesso Hitler nel capitolo del *Mein Kampf* dedicato al compito della propaganda:

> La ricettività della grande massa è molto limitata, la sua intelligenza mediocre, e grande la sua smemoratezza. Da ciò ne segue che una propaganda efficace deve limitarsi a pochissimi punti, ma questi deve poi ribatterli continuamente, finché anche i più tapini siano capaci di raffigurarsi [...] i concetti che si voleva restassero loro impressi.[4]

Le bufale sono spesso volte a costruire una "narrativa" apparentemente coerente intorno a certe semplici parole chiave. Tornerò a parlare nell'ultimo capitolo di questo libro dell'importanza di una "narrativa" che metta insieme in un disegno coerente diverse bufale per formare una mandria che si muove in una certa direzione. Per il momento limitiamoci a considerare il ruolo della ripetizione di alcune parole chiave. Austerità è una di queste. Il termine non aveva, una volta, connotati negativi. Alcuni ricorderanno i due discorsi di Enrico Berlinguer nel 1977 in cui si sosteneva che la lotta allo spreco era un valore importante per il movimento operaio. Diceva Berlinguer:

> L'austerità non è oggi un mero strumento di politica economica cui si debba ricorrere per superare una difficoltà temporanea, congiunturale, per poter consentire la ripresa e il ripristino dei vecchi meccanismi economici e sociali. Questo è il modo con cui l'austerità viene concepita e presentata dai gruppi dominanti e dalle forze politiche conservatrici. Ma non è così per noi. Per noi l'austerità è il mezzo per contrastare alle radici e porre le basi del superamento di un sistema che è entrato in una crisi strutturale e di fondo, non congiunturale, di quel sistema i cui caratteri distintivi sono lo spreco e lo sperpero, l'esaltazione di particolarismi e dell'individualismo più sfrenati, del consumismo più dissennato. L'austerità significa rigore, efficienza, serietà, e significa giustizia; cioè il contrario di tutto ciò che abbiamo conosciuto e pagato finora, e che ci ha portato alla crisi gravissima i cui guasti si accumulano da anni e che oggi si manifesta in Italia in tutta la sua drammatica portata.[5]

Questo veniva detto quarant'anni fa. Nella retorica degli ultimi anni, invece, il termine austerità è ormai ripetuto come un mantra in senso dispregiativo, senza chiarirne il significato. Cosa significa austerità? Un bilancio pubblico in pareggio? Il cui obbligo, peraltro, è stato scritto nella Costituzione, come abbiamo visto, con un amplissimo supporto parlamentare? Un deficit pubblico che scende? Un deficit pubblico che non aumenta tanto quanto si vorrebbe? Un deficit pubblico sotto il 3 per cento? O un debito pubblico che non cresce abbastanza? Se io dico, per esempio, che le politiche di aumento di spesa del governo aumentano il rischio di una crisi con conseguenze nefaste sulla crescita, scatta in automatico l'obiezione: "Abbiamo visto i disastri causati dall'austerità negli ultimi anni!". Vai allora a spiegare che negli ultimi anni, dopo la stretta fiscale di Monti nel 2012, il deficit è sceso solo per la minore spesa per interessi e che la parte "primaria" del bilancio (cioè senza considerare la spesa per interessi) ha svolto un ruolo espansivo, con una riduzione della pressione fiscale![6] Vai a spiegare che evitare un aumento del deficit non vuol dire fare austerità, ma semplicemente mantenere invariato il sostegno che la finanza pubblica dà all'economia. Il termine austerità, ormai ripetuto ossessivamente, ha assunto una vita propria. È una carta da giocare, un jolly per bloccare ogni discussione. Funziona molto bene, infatti, nei dibattiti televisivi. Funziona anche meglio sui social. Non è l'unica parola chiave usata dai produttori di bufale. "Neoliberismo" è un'altra di queste (non si capisce bene perché il prefisso "neo" venga ormai utilizzato di routine per dare una connotazione negativa alle cose; né si capisce che differenza esisterebbe tra liberismo, forse meno cattivo, e neoliberismo, certo più cattivo). Allora funziona molto bene accoppiare le due cose parlando di "austerità neoliberista" cui viene imputata, per esempio, la morte di centinaia di bambini in Grecia, anche se il sito anti-bufale Butac ha contestato la validità di questa affermazione.[7]

Il quarto principio è quello di "parlare alla pancia". Non è che ci sia nulla di nuovo nel far questo. Abbiamo visto che già ne parlava negli anni venti del secolo scorso Adolf Hitler e certo non si era inventato lui il concetto. Ora, però, la cosa si è raffinata e, a ben vedere, gli esperti del settore sanno bene che quando si "parla alla pancia", non si sta proprio parlando alla pancia (dove, nonostante le apparenze, non sono localizzati i neuroni di nessun membro della razza umana), ma a certe parti del cervello. Neuromarketing, lo chiamano alcuni. Wikipedia ci dice quanto segue su questo concetto:

> Il neuromarketing è una branca di riferimento della cosiddetta neuroeconomia e indica una recente disciplina volta all'individuazione di canali di comunicazione più diretti ai processi decisionali

d'acquisto, mediante l'utilizzo di metodologie legate alle scoperte delle neuroscienze. È una disciplina che fonde il marketing tradizionale (economia) con neurologia (medicina) e psicologia (scienze comportamentali) e si prefigge di illustrare ciò che accade nel cervello delle persone in risposta ad alcuni stimoli relativi a prodotti, marche o pubblicità con l'obiettivo di determinare le strategie che spingono all'acquisto. L'interessamento del sistema nervoso centrale, e in particolar modo delle zone cerebrali attive durante l'esecuzione del processo decisionale, sono all'origine della composizione del nome, coniato dal ricercatore olandese Ale Smidts nel 2002.

Altri parlano della necessità di comunicare alla parte più antica del cervello umano, quella che si è sviluppata prima, cioè al cervello "rettiliano", più sensibile, per esempio, alla comunicazione per immagini. Insomma, non alla pancia si parla ma al rettile che c'è in noi. È una parte del cervello meno razionale, più istintiva, ma è quella che influisce su alcune importanti decisioni di natura economica (come gli esperti di economia comportamentale sanno bene) e probabilmente anche politica.[8] E si può comunicare a questo rettile sia per vendere cose, come fanno gli esperti di marketing commerciale, sia per vendere idee e, nel nostro caso, bufale. Non voglio certo addentrarmi in disquisizioni in ambiti che non conosco abbastanza. Ma è chiaro che i messaggi che vengono "spinti" da certi siti che diffondono bufale non sono preparati da ingenui cittadini che sentono il bisogno di comunicare. Sono preparati da esperti in queste nuove tecniche di comunicazione, tecniche che funzionano evidentemente piuttosto bene se ora vengono utilizzate dalle imprese per vendere i loro prodotti.

Non sottovalutate l'importanza di questi principi generali che sono alla base della produzione di bufale. Essi sono stati applicati anche a quella forma di propaganda che ha molto contribuito, anzi è stata essenziale, al diffondersi nel nostro paese di tesi estremiste, di un'interpretazione distorta dei problemi dell'economia e della società italiana. La vittoria di movimenti che ora chiamiamo populisti, ma che una volta avremmo considerato come fondati sulla demagogia, è stata certo influenzata da problemi reali di cui abbiamo parlato nelle pagine precedenti (poca crescita, aumento della povertà, ascensore sociale che non funziona), ma il fatto che il malcontento sia stato incanalato in una precisa direzione deve molto alla capacità propagandistica di chi ha sfruttato al meglio tecniche di comunicazione che, se non sono nuove, hanno trovato comunque nei nuovi media ora disponibili un potentissimo strumento di diffusione.

Tecniche di confusione di massa

È tempo di scendere dai principi generali a un livello molto più concreto nelle tecniche di preparazione e nella circolazione di bufale economiche. Queste devono essere presentate come qualcosa che derivi da un'analisi rigorosa dei dati. Quindi deve sempre essere presente qualche cifra, perché "i dati parlano da soli", no? No, non parlano da soli, come sostengono giustamente Roberto Basso e Dino Pesole a p. 59 in un loro recente libro (*L'economia percepita*, Donzelli, Roma 2019). I dati vanno presentati in modo corretto, vanno interpretati, vanno letti nel contesto giusto, altrimenti possono essere utilizzati per "provare" fatti non veri. Basso e Pesole, per esempio, notano che può fare un'enorme differenza fornire informazioni su un fenomeno dato in un preciso momento, per esempio il tasso di disoccupazione italiano nel 2016, senza osservarne l'andamento. È la stessa differenza che c'è tra guardare una fotografia e guardare un film. La disoccupazione nel 2016 era ancora alta, ma si stava riducendo, il che era un fatto comunque positivo. Quando si analizza l'andamento di un fenomeno, altrettanto importante è considerare il punto di partenza. Per esempio, abbiamo già visto nel capitolo 3 che non ha senso attribuire all'"austerità di Monti" la crescita del rapporto fra debito pubblico e Pil dal 2011. Visto il punto di partenza, cioè un debito pubblico che, in rapporto al Pil, stava già crescendo rapidamente (anche perché la caduta del Pil era già in corso), frenarne la crescita avrebbe comunque richiesto tempo e, nel mentre, era inevitabile che il debito continuasse a salire, anche rispetto al Pil.

Ma questi sono solo esempi. Ci sono tanti trucchi nella presentazione dei dati e dei ragionamenti economici che devono essere conosciuti se non vogliamo essere turlupinati dai produttori di bufale. Vediamone qualcuno, tenendo conto però di un fatto: il comun denominatore di questi trucchi è di far credere che le cose siano più semplici di quello che sono. E siccome, agli occhi dei non esperti, le cose semplici sono sempre quelle più convincenti, le bufale che utilizzano argomenti, prove, dimostrazioni semplici, immagini più che parole, riscuotono grande successo.

In effetti il primo trucco, forse il principale, cui ricorrono i produttori di bufale è quello di far credere che un certo evento economico possa avere una sola, semplice causa. In economia, come in tante altre aree soprattutto nel campo delle scienze sociali, i fenomeni hanno invece cause multiple. Per esempio, se l'economia di un paese non cresce, ciò può essere dovuto a diversi motivi. Se l'economia va in crisi, venendo attaccata dai mercati finanziari, diverse possono esserne le cause. Proprio per questo motivo, nel misurare le cause dei fenomeni economici, gli esperti utilizzano solitamente dei modelli matematici e statistici (modelli "econometrici", in gergo) in cui una variabile, per esempio la spesa per consumi o la probabilità di una crisi, dipende da diverse variabili, non soltanto da una. Ci sono poi tecniche specifiche piuttosto complesse per stimare quanto contino queste diverse variabili in pratica. Ma tralasciamo le tecniche econometriche e proponiamo qualche esempio più concettuale, in tema – uno dei miei preferiti – di debito pubblico.

Il rischio (o la probabilità) di una crisi sul mercato dei titoli di stato, crisi come quella che l'Italia ha subìto nel 2011, quando lo spread ha cominciato ad aumentare e lo stato ha avuto grosse difficoltà a finanziarsi, con conseguenze pesanti per la nostra economia, può essere influenzato da diversi fattori. La teoria economica ci dice che tale rischio può dipendere dal livello del debito pubblico rispetto al Pil: più alto è il livello del debito, più il governo ha la tentazione di non ripagare il debito per evitare di dover aumentare le tasse o tagliare la spesa pubblica per ripagarlo e i mercati, sapendo questo, saranno meno pronti a comprare titoli di stato se il debito è alto. Ma il livello del debito pubblico non è certo l'unico fattore che influenza il rischio di crisi. Ho già citato nel capitolo 5 un mio lavoro con Antonio Bassanetti e Andrea Presbitero in cui si conclude che anche la dinamica del rapporto fra debito pubblico e Pil, e non solo il suo livello, è importante: se il debito sta aumentando, la probabilità di una crisi aumenta rispetto al caso in cui il debito, pur essendo alto, sia stazionario o in calo. Contano poi altri fattori: l'economia sta crescendo e si prevede che continuerà a crescere? Questo dovrebbe rassicurare i mercati finanziari della possibilità che, almeno in futuro, il debito si riduca perché più crescita vuol dire, potenzialmente, più entrate per lo stato e minor deficit. E poi conta l'umore dei mercati finanziari e la loro propensione al rischio in generale. Ci sono momenti in cui i mercati finanziari sono euforici e comprerebbero titoli spazzatura anche a tassi bassissimi, altri in cui i mercati finanziari vedono tutto nero (abbiamo già detto che i mercati si comportano spesso come una mandria di animali selvaggi, più che come un insieme di individui razionali). In realtà, contano molti altri fattori: la composizione dei probabili investitori (se sono residenti o non residenti), le tendenze di lungo termine dei conti pubblici, i rischi di shock che possono colpire il settore pubblico (per esempio, il rischio di un intervento da parte dello stato per non far fallire il settore bancario), la presenza di una banca centrale che possa intervenire a sostegno dei titoli di stato (ah, diranno i sovranisti, allora vedi che anche secondo Cottarelli ci sarebbe una soluzione al problema del debito pubblico: avere una propria banca centrale. Eh già, poi però bisogna andare a vedere quali sono le conseguenze per inflazione e prospettive di inflazione di avere una banca centrale che stampa soldi su richiesta del governo, e mi fermo qui perché ne ho già parlato in diverse sedi).[9]

Ora, tenendo conto di tutto questo, un economista come me farà solitamente affermazioni tipo: "Le politiche del governo italiano stanno portando a un aumento del rapporto tra debito pubblico e Pil partendo da un livello già alto, il che aumenta la probabilità di una crisi sul mercato dei titoli di stato, crisi tipo quella che abbiamo sperimentato nel 2011-2012". Giusto no? Convinti? Magari! I fabbricanti di bufale risponderanno con una batteria di obiezioni saldamente basate su dati incontrovertibili, il cui comune denominatore è quello di evidenziare casi in cui un debito pubblico elevato non ha causato una crisi, oppure casi in cui la crisi è avvenuta senza che il debito pubblico fosse alto. Ci sono diverse varianti che qui cito sulla base della mia esperienza diretta di ospite a talk show televisivi.

Prima obiezione: se un alto debito pubblico causa crisi, come mai, dopo il 2011-2012, non ne abbiamo più avute, e anzi lo spread è sceso anche se il debito pubblico non scendeva? Risposta: un debito alto non implica la certezza di una crisi, ma un aumento della *probabilità* di crisi. Nel caso specifico, poi, il rapporto fra debito pubblico e Pil è rimasto stabile dal 2014 in poi e, come ho detto, non conta solo il livello del debito pubblico, ma anche la dinamica del debito: se il debito è alto ma stabile, la probabilità di una crisi si riduce parecchio rispetto a un debito che è alto e crescente. Una piccola parentesi: ciò non significa che basti stabilizzare il rapporto fra debito pubblico e Pil a un livello alto per stare tranquilli. Se lo si fa, si resta esposti al rischio che uno shock, per esempio, una recessione, causi un aumento del rapporto fra debito pubblico e Pil (il Pil scende, il rapporto aumenta), scatenando una crisi. Se invece il debito è su un sentiero discendente, allora uno shock recessivo magari interrompe la discesa ma non causa quell'aumento del rapporto che, di solito, scatena l'assalto speculativo.[10] Chiusa parentesi.

Seconda obiezione: se è il debito pubblico a causare una crisi com'è che Spagna e Irlanda sono stati attaccati dai mercati anche se alla fine del decennio passato avevano un debito pubblico basso rispetto al Pil? Risposta: è vero che il debito pubblico di Spagna e Irlanda era relativamente basso (poco più del 50 per cento del Pil per la prima e poco più del 60 per cento per la seconda nel 2009), ma era ovvio che la crisi dei loro sistemi bancari avrebbe richiesto un intervento statale causando un rapido aumento del debito pubblico. In effetti, questo debito sarebbe arrivato intorno al 100 per cento del Pil per entrambi nel 2014, costringendo i paesi a chiedere l'aiuto esterno (da parte dell'Europa per la Spagna e da parte anche del Fmi per l'Irlanda). Detto questo, se i due paesi fossero partiti con un debito pubblico più alto, forse non sarebbero usciti dalla crisi tanto rapidamente.

Terza obiezione (questa è un po' la madre di tutte le obiezioni): e il Giappone? Come mai il Giappone, che ha un debito pubblico del 240 per cento del Pil, non viene attaccato dai mercati finanziari? La situazione è più complicata di quanto sembri. Il punto essenziale, però, prima di entrare nei dettagli, è capire che, in economia, non basta trovare un contro-esempio per vanificare una tesi. È un po' come dire che non è vero che il fumo fa male solo perché Tizio ha un nonno che è arrivato ai novant'anni in buona salute pur essendo un fumatore accanito. L'idea è quella di andare a vedere se, in media, un debito pubblico elevato causa un aumento del rischio di crisi, e di questo mi sembra ci sia abbastanza evidenza empirica. Ora, venendo al Giappone, quali sono i motivi che lo hanno protetto, finora, dal rischio di un attacco speculativo, da una crisi di fiducia che faccia aumentare i tassi di interesse? Ce ne sono tanti. Prima di tutto, il debito giapponese non è tanto alto quanto si pensa: i dati sul debito giapponese sono riportati nelle statistiche senza essere consolidati all'interno del settore pubblico stesso. Ciò significa che la parte del debito pubblico giapponese detenuto da altre parti del settore pubblico viene inclusa nel debito, mentre non lo è per gli altri paesi, compresa l'Italia. L'"Inps giapponese" detiene grosse quantità di debito emesso dallo stato, ma lo rinnova di routine, non partecipando certo ad attività speculative. Quella parte di debito non è un debito di mercato, anche se viene comunque considerato "debito" nelle statistiche giapponesi, al contrario di quanto viene fatto per gli altri paesi. Inoltre, le pubbliche amministrazioni giapponesi hanno molte attività finanziarie: il debito finanziario netto è quindi molto più basso del debito ufficialmente riportato (a fine 2018 il debito lordo era il 237 per cento del Pil, quello netto era il 153 per cento del Pil, sempre alto ma non così alto). Lo stato giapponese ha anche molte attività reali (cioè non finanziarie), da cui deriva risorse per il servizio del debito pubblico. Il Fiscal Monitor del Fmi dell'ottobre 2018 ci dice che il valore delle attività di proprietà delle amministrazioni pubbliche giapponesi è di poco inferiore a quello della sua passività o che, in altri termini, la sua ricchezza netta è solo di poco negativa (intorno al 20 per cento del Pil).[11]

Non è finita qui: lo stato giapponese ha introdotto riforme per cui il proprio debito pensionistico (il valore a oggi degli aumenti futuri di spese per pensioni) è molto basso, anzi negativo (-32 per cento del Pil secondo le stime del Fmi), a causa di una riduzione prevista della spesa per pensioni e Pil (lo stesso valore per l'Italia è positivo essendo pari al 47 per cento del Pil sempre secondo il Fmi).[12] Se questo vi sembra un po' esoterico, aggiungo che l'età effettiva di pensionamento in Giappone è di circa settant'anni, molto più alta di quella italiana, come abbiamo visto nel capitolo 4. Mettiamoci infine il fatto che il debito giapponese è detenuto, per quasi il 90 per cento, da residenti, il che fornisce una base di investitori più stabile, e tra questi investitori c'è, per importi molto elevati, la banca centrale giapponese. Qui si torna all'obiezione per cui, se avessimo una banca centrale, se tornassimo alla lira… Eh, ce l'avevamo negli anni settanta e abbiamo capito che, al contrario del Giappone, c'erano un po' di controindicazioni (inflazione, svalutazione). Sarà perché i giapponesi sono felici di detenere quantità illimitate di yen senza che gli venga in mente di comprarsi dollari o euro. Ma temo che da noi la tentazione di comprarsi euro, piuttosto che detenere "nuove lire" (il cui valore sarebbe piuttosto incerto in futuro), sarebbe forte. Insomma, sarà che i giapponesi sono piuttosto disciplinati (se siete stati in Giappone, avete mai visto un pedone che attraversa la strada col rosso?), ma fatto sta che il Giappone nei decenni passati non ha subìto attacchi speculativi. Noi sì, anche quando avevamo la lira.

Questa lunga digressione sul Giappone deve essere

completata con un argomento di cui solitamente discuto nei talk show o sui social quando si parla di Giappone, dopo aver spiegato nei termini di cui sopra come mai il Giappone non è soggetto ai rischi di un attacco speculativo tanto quanto noi. L'elemento da aggiungere è che il Giappone, con la sua banca centrale indipendente, con il suo debito detenuto prevalentemente da residenti, eccetera, ha comunque sofferto di un basso tasso di crescita, forse anche per effetto del suo alto debito pubblico che frena la crescita, attraverso vari canali (si veda il capitolo 3 del *Macigno*). Infatti, negli ultimi venticinque anni, i paesi avanzati dove il reddito pro capite è cresciuto meno (in termini di potere d'acquisto) sono proprio Giappone, Grecia e Italia, i tre paesi con il debito pubblico più elevato.

Giunti a questo punto, i produttori di bufale giocano di solito due carte. La prima è, a dire il vero, molto insensata. Se il debito pubblico alto fa male alla crescita, come mai ci sono tanti paesi africani che hanno un debito basso ma sono poveri? Qui, di nuovo, si fa un contro-esempio per controbattere una tesi, come se si fosse sostenuto che il debito pubblico è l'unica cosa che conta per spiegare la crescita. Ovviamente, i paesi africani hanno un reddito basso per un insieme di fattori (scarso sviluppo tecnologico e produttività, problemi di corruzione, malattie, eccetera) e, in quel caso, il debito pubblico non è certo il motivo principale della bassa crescita. La seconda obiezione che viene mossa dai produttori di bufale alla tesi per cui un debito alto frena la crescita (anche in assenza di una crisi aperta) è che l'unico studio che aveva cercato di dimostrare un legame tra debito pubblico e crescita, quello del 2010 di Ken Rogoff e Carmen Reinhart, conteneva degli errori di calcolo. Il che è vero, ma quello studio è stato seguito da tanti altri che hanno raggiunto la stessa conclusione o che, per lo meno, hanno dimostrato che un debito elevato e crescente fa male alla crescita.[13] Insomma qui la tecnica usata dai produttori di bufale è semplicemente quella di ignorare i fatti e di concentrarsi su informazioni parziali.

Tutto ciò dimostra che i produttori di bufale non comprendono, o fingono di non comprendere e sfruttano a proprio vantaggio, un insieme di fattori che è invece essenziale considerare quando si osservano fenomeni complessi in cui una variabile (la crescita, il rischio di una crisi, i tassi di interesse) dipende da un insieme di altre variabili e non da una sola. Tra questi fattori, il fatto che un contro-esempio (un'eccezione) non dimostra niente e che occorre guardare a comportamenti medi; che alcuni fenomeni sono una condizione necessaria ma non sufficiente (per esempio, un debito pubblico alto e crescente è quasi sempre una condizione necessaria, anche se non sufficiente per una crisi); che esiste una differenza tra aumento di rischio di un evento e il verificarsi dell'evento stesso. E così via.

Ma quelle che nel titolo di questa sezione ho chiamato "tecniche di confusione di massa" non finiscono qui. Le bufale prosperano alimentandosi di una scarsa conoscenza generale dei temi economici. La maggior parte del pubblico televisivo e dei frequentatori dei social spesso ignora o non si focalizza sulla differenza tra variabili di flusso, che descrivono il cambiamento di qualcosa in un arco temporale, e variabili di consistenza, che descrivono il livello di un fenomeno misurato in un certo momento temporale. Prendiamo la differenza tra debito pubblico (una consistenza) e deficit pubblico (un flusso che alimenta la consistenza del debito). Si racconta di una trasmissione televisiva di qualche anno fa in cui venne chiesto ai parlamentari italiani, in un periodo di discussione della legge di bilancio, la differenza tra deficit e debito. Un parlamentare rispose: "Ma lo sappiamo tutti che debito e deficit sono la stessa cosa, solo che a noi piace usare le parole inglesi per cui diciamo deficit!". Ora, abbiamo già visto nel capitolo 3 che il debito pubblico è quanto lo stato ha preso a prestito in passato e deve ripagare. Il deficit è la differenza tra spese ed entrate dello stato ed è pari al nuovo debito che viene creato in un certo periodo di tempo, a parte discrepanze contabili. Ma quanti conoscono davvero questa differenza e quanti sono in grado di capire che è sbagliato dire che se il debito ha continuato a crescere, significa che l'austerità di Monti è stata controproducente? Si può obiettare, giustamente, che tali politiche hanno ridotto il deficit che è la cosa che alimenta il debito e che, quindi, la crescita del debito è rallentata. Ma se la gente non ha idea della differenza tra deficit e debito a cosa serve? E i produttori di bufale ci marciano su queste cose.

Altra questione: i produttori di bufale sfruttano l'incapacità di molti di capire la differenza tra valori espressi in euro, valori in euro al netto dell'inflazione e valori in percentuale del Pil. Un noto politico della Prima repubblica in un talk show televisivo a cui partecipavo (mi sembra fosse *Agorà*) sostenne che il debito pubblico era stato creato dalla Seconda repubblica. "All'inizio degli anni novanta il debito pubblico era di poco più di un milione di miliardi di lire, ossia 500 miliardi di euro. Ora è di 2300 miliardi di euro." Già, peccato che nel frattempo ci sia stata tanta inflazione e un po' di crescita del Pil reale. Per cui confrontare cifre in lire dell'inizio degli anni novanta con cifre in euro di oggi non ha molto senso. La verità è che nel 1992 il rapporto fra debito pubblico e Pil (che tiene conto della dimensione dell'economia, e quindi consente confronti tra periodi diversi) si attestava intorno al 115 per cento, mentre ora siamo intorno al 135 per cento: di più ma non molto. Il debito pubblico è stato creato, quasi tutto, dalla Prima repubblica e anche per questo, come canta Checco Zalone, "la Prima repubblica non si scorda mai".

Concludo questa sezione con due esempi di tecniche di confusione di massa piuttosto in voga per convincere le persone che risolvere certi problemi è molto facile. La prima sfrutta l'incapacità dei più di comprendere bene l'entità di cifre molto grandi rispetto a quelle che incontriamo nell'esperienza quotidiana. Per chi ha a che fare, nella vita di tutti i giorni, con euro, centinaia o, al massimo, migliaia di euro, parlare di centinaia di milioni o di miliardi non fa una grande differenza. Si tratta comunque di cifre fuori dall'ordinario. È allora possibile convincere le persone che recuperare certi sprechi può consentire di finanziare spese elevate. Prendiamo una recente dichiarazione di Luigi Di Maio relativa al risparmio dal taglio dei vitalizi (dichiarazione rilasciata dopo il rigetto di ricorsi da parte della Corte costituzionale): "Con l'eliminazione dei vitalizi sapete quanto andremo a risparmiare? Circa 280 milioni, tra Camera e Senato, a legislatura. Soldi che invece di finire nelle tasche di pochi privilegiati potranno essere usati a favore degli italiani". Noterete prima di tutto che la cifra è riportata "a legislatura", il che vuol dire che per avere il risparmio annuo occorre dividere per 5, il che dà 56 milioni all'anno. Comunque una bella cifra, si direbbe. Ma piuttosto bassa rispetto alle spese che lo stato deve affrontare ogni anno. Si tratta dello 0,007 per cento della spesa pubblica annuale che eccede gli 850 miliardi l'anno e dello 0,7 per cento della spesa annua prevista per il reddito di cittadinanza. Ma, almeno, Di Maio in queste occasioni è stato chiaro sull'orizzonte temporale indicato. Talvolta molti politici sbandierano cifre iperboliche perché sommano i risparmi su diversi anni, senza indicare l'intervallo di tempo considerato. Lo stesso Di Maio usa questa tecnica quando, come riportato nel "Tg1" delle 8 del mattino del 23 luglio 2019 (che ho appena ascoltato), dichiara che il taglio dei parlamentari farà risparmiare mezzo miliardo: come già spiegato nel capitolo 5, la cifra riportata si riferisce al risparmio per legislatura e il risparmio annuale, al netto delle tasse, è solo pari allo 0,007 per cento della spesa pubblica (sempre lo 0,007, come nel caso dei vitalizi; sembra che i 5 Stelle siano specializzati nel trovare risparmi di questa dimensione). Il riferimento al risparmio al lordo delle tasse ci ricorda, peraltro, un'altra frequente tecnica di confusione di massa, quella di riportare, secondo la convenienza, spese o risparmi di spesa al lordo o al netto delle tasse. E in Italia, visto l'elevato livello di tassazione, fa una bella differenza...

Il secondo esempio invece riguarda l'illudere il pubblico di poter finanziare maggiori spese permanenti con risparmi temporanei. Un classico esempio negli ultimi anni è stato il confronto tra i presunti soldi dati "alle banche" (abbiamo visto che in realtà questi soldi sono serviti per evitare perdite a depositanti e obbligazioni) e costi di misure come Quota 100 o reddito di cittadinanza. La riforma Fornero era necessaria perché non c'erano soldi? Ah, però i soldi da dare alle banche (si cita spesso in particolare il

Monte dei Paschi) c'erano, come Antonio Maria Rinaldi disse in uno scontro televisivo con Elsa Fornero (scambio entusiasticamente riportato, per esempio, dal sito Il fastidioso – L'informazione che dà fastidio).[14] Presumo che Rinaldi sapesse che le spese per il Monte dei Paschi fossero una tantum, mentre i risparmi che derivavano dalla riforma Fornero erano ricorrenti, anno dopo anno (prima della controriforma la cui necessità è stata spesso sostenuta dallo stesso Rinaldi; forse aveva capito in anticipo che anche i risparmi della riforma Fornero non sarebbero durati per sempre, per colpa di chi la pensa come lui). Lo scambio citato fa anche riferimento ad altri esborsi (sempre una tantum) a favore di banche e, in particolare, il costo dei derivati e i soldi dati al fondo salva-stati europeo che, si sa, "non sono andati alla Grecia, ma essenzialmente alle banche francesi e tedesche". Sul primo punto ho già commentato in precedenza quando ho parlato del costo dei derivati nel capitolo 5. Aggiungerei qui che, se l'Italia non avesse pagato il costo dei derivati conseguente a contratti validamente firmati, sarebbe andata incontro a problemi legali molto seri. Sul secondo punto (i soldi dati al fondo salvastati) è piuttosto strano dire che se qualcuno mi dà soldi per pagare i miei debiti, sta semplicemente facendo un piacere ai creditori. Questo assume che la cosa più appropriata per un debitore sarebbe non pagare i creditori, cioè dichiarare bancarotta. Anche qui ho già notato che da una bancarotta del governo greco l'Italia sarebbe stata la prima a perderci, per il rischio di contagio, cosa che si è puntualmente verificata quando nel corso del 2011 la Grecia si è effettivamente avviata verso la ristrutturazione del proprio debito pubblico (con perdite anche per le banche francesi e tedesche, come abbiamo già visto).

Attacchi personali come tecnica di convincimento

I produttori di bufale sanno bene che in una discussione televisiva, in uno scambio sui social, è molto difficile essere convincenti. Inoltre, se tu vendi bufale, non sei neppure interessato a essere convincente con argomenti razionali che parlano alla testa. Occorre invece colpire il lato emotivo delle persone con parole chiave e immagini che restino impresse. Ma c'è anche un altro strumento che può essere utilizzato: quello degli attacchi personali. Bisogna fare in modo che chi porta avanti certe idee (che non piacciono ai produttori di bufale) sia considerato come una persona poco affidabile, che agisce per secondi fini. Anzi, deve essere percepito come qualcuno che vende bufale, un contapalle. Insomma, la migliore difesa delle proprie bufale in un dibattito televisivo è l'attacco.

È questo un aspetto fondamentale dei venditori di bufale (e vedrete che dopo l'uscita del libro qualcuno mi accuserà di essere io stesso uno che produce e mette in giro bufale, ci potete scommettere). Attaccare l'avversario accusandolo dei misfatti di cui si è accusati è, direi, un classico della retorica. E, anche qui, i precedenti storici non mancano. Abbiamo già visto come Hitler teorizzasse l'uso delle "grandi bugie". Naturalmente, non attribuiva quelle grandi bugie a se stesso, ma ai suoi peggiori avversari, gli ebrei e i marxisti, che erano responsabili di aver diffuso la "grande bugia" che la guerra era stata persa sui campi di battaglia. Riporto qui un altro brano del testo citato in precedenza.

> Ma rimase agli Ebrei, con la loro suprema capacità di mentire, e ai loro compagni di lotta, i Marxisti, di attribuire la responsabilità della sconfitta precisamente all'uomo che da solo aveva mostrato una volontà e una energia sovraumana nel suo sforzo per impedire la catastrofe che aveva previsto e salvare la nazione da quell'ora di completo sconvolgimento e di vergogna. Scaricando la responsabilità per la sconfitta nella guerra mondiale sulle spalle di Ludendorff, essi hanno tolto l'arma della giustizia morale dal solo avversario abbastanza pericoloso da poter riuscire ad assicurare alla giustizia i traditori della Patria.

L'idea è quindi quella di screditare moralmente chi la pensa in modo diverso. Chi si oppone alle bufale deve essere considerato come una persona che fa determinate affermazioni per interesse personale, un ipocrita, un disonesto, un venduto ai poteri forti e, in ultima analisi, un nemico del popolo, un termine che sembra essere stato rilanciato negli Stati Uniti in tempi recenti dallo stesso Steve Bannon per descrivere i media che a loro volta sono accusati di diffondere, per dirlo all'americana, delle fake news.[15] Si aggiunga a ciò che gli attacchi personali sono anche volti non solo a demonizzare gli avversari ma anche demoralizzarli, soprattutto se questi ultimi sono abituati a muoversi in un ambiente relativamente asettico e tecnico (come il sottoscritto!).

Occorre allora capire che l'insistenza sugli attacchi personali va ben al di là di quella che potrebbe essere considerata una mancanza di stile e di educazione. Questa insistenza sullo screditare la persona per attaccarne le idee ha un ruolo funzionale nella rimozione degli ostacoli alla diffusione di bufale e, come potete forse immaginare, la cosa mi ha personalmente convinto, soprattutto dopo i quattro giorni trascorsi come presidente del Consiglio incaricato. Quei quattro giorni mi avevano reso agli occhi di molti (cosa direi improbabile, ma questo è un altro discorso) come un possibile leader di un futuro governo tecnico non semplicemente destinato a gestire l'ordinaria amministrazione in un periodo pre-elettorale che sarebbe durato qualche mese, ma, forse, di un governo "alla Monti". Ecco un altro pericoloso tecnico, forse più "comunicativo" del precedente ma pur sempre un tecnico, cinico e lontano dai bisogni del popolo. Mettiamolo dunque alla gogna per screditarlo e demoralizzarlo.

Come salvarsi

Non è facile. Vorrei potervi dare dei consigli utili, anzi dei rimedi infallibili contro le bufale, ma temo sarebbe un'illusione. Il rischio di cadere preda di bufale di vario genere resterebbe comunque elevato. Ciò detto, mi limito ad alcune osservazioni.

Primo, non fidatevi di notizie e prese di posizione che sono miste a insulti, commenti ironici e altri attacchi personali. Se una notizia è vera, se un punto di vista è valido, dovrebbe poter essere comunicato in modo oggettivo e senza tanti fronzoli. Allo stesso modo, prendete con le pinze tesi che sembrano estreme, tesi presentate senza incertezza alcuna. In economia ci sono poche certezze e, spesso, la verità, o quanto più si avvicina alla verità, sta nel mezzo.

Secondo, cercate di informarvi da fonti il più possibile neutrali su chi è l'autore di una notizia. Immagino che anche voi, quando comprate un libro, andiate a leggere la quarta di copertina per saperne di più sull'autore. Ecco, occorrerebbe fare così anche per le notizie e le interpretazioni che si trovano in rete o che vengono disseminate dai media tradizionali. Purtroppo, per qualche motivo misterioso, quello che ci viene trasmesso attraverso uno schermo ci appare come degno di attenzione, come necessariamente "vero". Ma non è così. Dietro allo schermo ci sono persone che preparano video, scattano foto, scrivono messaggi, e occorre cercare di capire se quelle persone che vi danno informazioni sono preparate e valide. Questo è diventato particolarmente importante in un'era in cui ognuno di noi può far circolare in rete qualunque sciocchezza, che può apparire più professionale perché diffusa mediante appropriate tecniche di comunicazione e che finisce per essere più efficace perché rivolta alla pancia.

Terzo, e questa è la cosa più difficile, cercate di verificare quello che vi viene detto. Non si tratta solo di andare a controllare i fatti. Come abbiamo visto, i dati non parlano da soli. Occorre interpretarli, il che spesso non è facile perché richiede la conoscenza di complesse tecniche di analisi statistica. Cercate allora almeno di consultare diverse fonti, di vagliare pareri di diversa provenienza. E passate un po' di tempo a riflettere su quello che avete letto. Mi rendo conto che questo sia il compito più difficile, nella frenesia delle nostre vite, perché richiede tempo, attenzione e impegno. Ma capire come funziona il mondo dell'economia è qualcosa di essenziale se vogliamo davvero essere liberi di decidere per il nostro futuro.

8.
L'economia italiana nell'ultimo quarto di secolo: la narrativa delle bufale

Sebbene questa sia follia
vi è però in essa del metodo.

WILLIAM SHAKESPEARE

Il precedente capitolo doveva essere l'ultimo. C'era anche una bella chiusa su come difendersi dalle cornate delle bufale. Ma rileggendo la prima stesura del libro mi sono reso conto che era necessario chiarire ancora una cosa: che le bufale di cui ho parlato non costituivano una mandria disordinata, un insieme casuale di false notizie, di dicerie che si sviluppano spontaneamente. Molte di queste, direi la maggior parte, erano volte a fornire una rappresentazione, al suo interno coerente anche se poco veritiera, della realtà economica italiana e della storia economica degli ultimi decenni. Una tale rappresentazione era funzionale a spingere l'opinione pubblica in una certa direzione politica.

Lungi da me l'idea di suggerire l'esistenza di un'unica regia dietro a questa rappresentazione. Peccherei anch'io di complottismo e dietrologia. Ma, di fatto, tante delle bufale di cui vi ho parlato mantengono un elevato grado di coerenza di visione economica. C'è un metodo dietro l'apparente follia. Le bufale economiche sono come tasselli di un gigantesco puzzle che contiene una "narrativa", una "storia" semplice e potente che può essere usata per convincere l'opinione pubblica della necessità di rigettare certi valori e muoversi verso una diversa direzione politica, una direzione che sembra nuova ma che in realtà finirebbe per replicare quelle politiche che hanno generato i problemi economici vissuti dall'Italia nell'ultimo quarto di secolo. La potenza di queste narrative e di una propaganda che le utilizza a fini politici non deve essere sottovalutata. Si tende spesso a pensare che i fenomeni economici, politici e sociali siano spiegabili in termini di cause oggettive. Probabilmente i fattori oggettivi restano essenziali, come ho sottolineato in altri passaggi di questo libro. Ma il ruolo svolto dalle narrative nel causare, e non solo nell'accentuare, comportamenti economici non è certo irrilevante, come sostenuto da diversi lavori pubblicati negli ultimi anni da economisti e sociologi.[1]

Vorrei dunque concludere questo libro con un ultimo capitolo in cui si contrappone la narrativa che emerge ricomponendo il puzzle delle bufale discusse finora a quella che considero una più ragionevole ricostruzione delle cause della malattia che ha portato a un graduale distacco del nostro paese rispetto ai principali paesi europei in termini di andamenti economici. Credo che una riflessione su questa contrapposizione sia essenziale se vogliamo evitare di ripetere gli errori del passato.

La narrativa della mandria delle bufale

C'era una volta l'Italia, un paese che, dopo il miracolo economico degli anni cinquanta e sessanta, aveva continuato a crescere felice. La popolazione aumentava, il reddito pro capite saliva sempre più in alto, mentre la disoccupazione rimaneva bassa. Lo stato aveva un ruolo preciso e determinante nello sviluppo economico, si facevano investimenti pubblici in abbondanza e le imprese a partecipazione statale imprimevano un benefico impulso all'economia, sia in termini ciclici, sia promuovendo la crescita di lungo periodo con iniziative strategiche. Negli anni settanta lo stato decise che era tempo per ampliare il proprio sistema di welfare consentendo migliori condizioni di pensionamento e una spesa sanitaria che coprisse i bisogni della popolazione. Certo, questo creava uno squilibrio fra entrate e uscite dello stato, ma ci pensava la Banca d'Italia a coprire tale squilibrio stampando moneta, come deve fare una banca centrale al servizio del proprio padrone, lo stato. Il debito pubblico aumentava nelle statistiche ufficiali, ma all'epoca non c'erano problemi di spread poiché una buona parte di quel debito era detenuta dalla stessa Banca d'Italia. Essendo la Banca proprietà dello stato, gli interessi pagati alla Banca d'Italia dal Tesoro erano restituiti a quest'ultimo sotto forma di distribuzione di dividendi, per cui non contavano. Insomma, i deficit pubblici e il debito pubblico non erano un problema. Certo, non tutto era perfetto. L'inflazione era alta, ma ciò era dovuto agli shock petroliferi che facevano crescere i prezzi dei prodotti energetici e appesantivano la bilancia dei pagamenti. Tutto sommato, però, si stava bene.

Le cose cominciarono a cambiare all'inizio degli anni ottanta, per gravi errori commessi a livello tecnico e politico. Disastrosa fu la decisione, presa al di fuori di ogni processo democratico, da parte di Beniamino Andreatta, ministro del Tesoro, e Carlo Azeglio Ciampi, governatore della Banca d'Italia, di rendere la banca centrale indipendente dallo stato, interrompendo i finanziamenti che andavano al Tesoro. Lo stato doveva finanziarsi dal mercato e quindi essere sottoposto al relativo ricatto. Inevitabile che i tassi di interesse sul debito pubblico aumentassero e che, quindi, appesantito da questi oneri, il debito pubblico salisse a livelli mai raggiunti nel dopoguerra. Perché Andreatta e Ciampi, al di fuori di ogni processo democratico, si mossero in questa direzione? Un misto di ideologia neoliberista, incapacità e, forse, la pressione di interessi particolari delle banche, del mondo finanziario, che vennero fatti prevalere sugli interessi dello stato e del popolo.

A parte questo, gli anni ottanta furono ancora, tutto sommato, anni positivi. I veri problemi iniziarono con gli anni novanta, a seguito di un'altra importante quanto catastrofica decisione, quella di aderire al trattato di Maastricht, trattato che, per sua stessa ammissione, Guido Carli, allora ministro del Tesoro, firmò il 7 febbraio 1992 con mano tremante, come documentato in un libro di Paolo Panerai e Paolo Savona dal titolo *Quando a Carli tremò la mano* (uscito a inizio maggio 2018 per "Milano Finanza"). Come scrivono gli autori:

> Carli ha servito con grande perizia le nostre istituzioni, in particolare la Banca d'Italia, ma ha finito con il sottoporre gli italiani a una prova, l'euro, alla quale il Paese non era preparato, anche perché non gli erano state spiegate le conseguenze; ci ha lasciato perciò un'eredità che ha mutato anno dopo anno la nostra situazione socio-politica-economica.

Quella decisione costrinse l'Italia a sottoporsi, già negli anni novanta, all'ideologia neoliberista, con tagli drastici nel deficit pubblico (una prima pesante dose di austerità), vincoli alla crescita salariale e un processo di ridimensionamento del ruolo dello stato nell'economia, fra l'altro con la privatizzazione selvaggia di gran parte delle imprese pubbliche e del sistema bancario.

Più tardi, l'effettivo ingresso dell'Italia nell'euro fu accompagnato da una perdita di terreno del nostro paese rispetto al resto d'Europa. Era una perdita di terreno inevitabile. Da un lato, il nostro paese non aveva più la possibilità di regolare la propria politica monetaria sulla base delle proprie esigenze, asservendola invece alle esigenze della Germania che, di fatto, controllava le decisioni prese dalla Banca centrale europea. Dall'altro, l'adesione all'euro ci toglieva la possibilità di mantenere la nostra competitività attraverso la svalutazione del tasso di cambio. Ci si ritrovava dunque alla mercé della Germania, con la quale l'Italia, un paese di piccole imprese a minore produttività, poteva (e può) competere solo attraverso svalutazioni competitive. Senza queste svalutazioni era inevitabile che le nostre esportazioni soffrissero. Il problema fu acuito dall'errore compiuto nell'accettare l'entrata nell'euro a un tasso di cambio (1936,27 lire per euro) che era troppo forte e metteva l'Italia fin dall'inizio in una posizione di svantaggio.

Con l'introduzione delle banconote in euro si verificò un raddoppio dei prezzi, che impoverì di colpo famiglie e imprese italiane. Inoltre, le regole europee sui conti pubblici impedivano all'Italia di sostenere il potere d'acquisto degli italiani facendo più deficit pubblico. Infine, l'impossibilità di svalutare spingeva i nostri conti con l'estero verso un pericoloso squilibrio tra importazioni ed esportazioni.

Il colpo finale, però, venne inferto dalla crisi del 2011, crisi causata da un violento e ingiustificato attacco speculativo volto a colpire l'Italia e il suo apparato produttivo, e a far cadere le imprese italiane nelle mani degli stranieri, Germania compresa. Dietro la speculazione e l'aumento dello spread a livelli insostenibili c'erano le banche tedesche, c'erano i poteri forti che già avevano affossato la Grecia obbligandola a un'austerità selvaggia per ripagare le banche tedesche e francesi e a svendere le proprie imprese, le proprie infrastrutture. Sarebbe stato facilissimo sconfiggere la speculazione internazionale se avessimo avuto la nostra banca centrale, che avrebbe potuto stampare moneta per comprare i nostri titoli di stato. Ma la Banca d'Italia faceva ormai parte del sistema della Banca centrale europea e, ormai di proprietà di banche private, non serviva più gli interessi dello stato, bensì quelli della finanza internazionale. Insomma, la crisi non era dovuta a problemi concreti che affliggevano l'economia italiana, che continuava ad avere il secondo settore manifatturiero d'Europa, ma alle malefatte di coloro che potevano essere solo definiti come i "criminali di Bruxelles".[2]

I poteri forti internazionali fecero quindi in modo che cadesse il governo Berlusconi per poi eleggere Monti come nuovo presidente del Consiglio, con il compito di rilanciare il progetto neoliberista basato sull'austerità e sull'impoverimento del popolo. La riforma Fornero sarebbe diventata presto il simbolo di quella austerità, una riforma che chiedeva ai pensionati di essere, ancora una volta, il bancomat del governo. L'austerità, funzionale a un'ideologia europea dominata dalla Germania, fu la causa scatenante della crisi della nostra economia, con la chiusura di decine di migliaia di imprese, la caduta del Pil, l'aumento della disoccupazione e il crollo demografico (chi se la sente di fare figli se non ci sono prospettive economiche?). Fra l'altro, la crisi e la necessità di ridurre il debito per rispettare le regole fiscali europee avrebbe forzato l'Italia a svendere le proprietà ancora in mano allo stato, proprio come la Grecia. E la Banca d'Italia, invece di vigilare sulle banche, ne favoriva gli intrallazzi, come la vendita ai risparmiatori italiani di prodotti finanziari rischiosi e l'erogazione dei prestiti bancari non alle imprese produttive, cui non venivano rinnovati i prestiti, ma agli "amici degli amici". E questo mentre le banche stesse erano piene di liquidità che si tenevano per sé. E se poi qualche banca andava in crisi, per salvarla si chiedeva ai contribuenti italiani di mettere mano al proprio portafoglio.

Il periodo di austerità non si concluse con il governo Monti: continuò anche negli anni successivi, anni in cui l'Italia mantenne un avanzo primario (le entrate dello stato meno le spese al netto degli interessi) a un livello elevato, il secondo in Europa dopo quello della Grecia.

Oggi, quella stessa austerità impedisce ancora all'Italia di crescere: per sostenere la nostra economia, non possiamo usare né la leva della politica monetaria, né quella del deficit pubblico. Di tanto in tanto, l'Italia viene messa in riga con un aumento dello spread che ci ricorda che non siamo più padroni a casa nostra, ma che dobbiamo seguire le direttive della Commissione europea, che fa gli interessi dei tedeschi. Anche loro violano le regole europee, sia chiaro, così come i francesi, ma la Commissione per loro chiude un occhio.

Ad ogni modo, al di là degli episodi specifici, c'è un progetto complessivo che occorre rivelare: la conquista dell'Europa da parte della Germania attraverso la formazione di Stati Uniti d'Europa dominati dai paesi nordici con l'Italia relegata a potenza di terz'ordine. Il braccio armato di questo progetto sono ancora una volta i "criminali di Bruxelles", che vogliono togliere ogni residuo di sovranità al nostro paese.[3]

Alla fine, il popolo italiano si è ribellato, reclamando la propria sovranità, alle elezioni del marzo 2018. Certo, anche in questo caso l'attacco dei poteri forti e dell'Europa neoliberista non è mancato. A fine 2018 c'è stato un nuovo attacco speculativo, coordinato dalle dichiarazioni, spesso a mercati aperti, della Commissione europea. Ma il governo gialloverde del cambiamento ha resistito. Che poi sia caduto per i dissidi interni tra le sue due componenti è un'altra questione. La voce del popolo, ora espressa da chi oppone il governo giallorosso, che si è chinato al ricatto dei poteri forti, continuerà a farsi sentire chiaramente, e questa voce ci lancia un messaggio preciso: l'Italia non è più disposta a subire i ricatti della Germania e della Francia e l'ideologia neoliberista. L'Europa deve cambiare. Occorrono regole diverse sui conti pubblici che consentano l'uso massiccio della spesa pubblica e del taglio delle tasse per sostenere l'economia. Occorre che la Banca centrale europea svolga un ruolo di prestatore di ultima istanza, comprando titoli di stato per impedire alla speculazione di far crescere i tassi di interesse sui titoli di stato italiani. Occorre che le regole europee sulla concorrenza vengano radicalmente riscritte per consentire allo stato di intervenire ogni volta che sia necessario per sostenere le imprese italiane e proteggere i risparmiatori italiani. Glielo diremo con le buone. Ma se non vorranno ascoltare, agiremo lo stesso nel nome del popolo italiano e per il suo bene. E se proprio vorranno metterci i bastoni tra le ruote, non resterà che salutarli. Lo ha fatto il Regno Unito. Lo può fare anche l'Italia.

Ma è proprio così?

Con il miracolo economico degli anni cinquanta e sessanta l'Italia era cresciuta a tassi "cinesi", sostenuti da aumenti di produttività molto elevati che riflettevano lo spostamento della forza lavoro dall'agricoltura all'industria. La crescita era anche sostenuta dal continuo aumento della popolazione con tassi di fertilità intorno ai 2,5 figli per donna. Il boom economico del dopoguerra era però stato accompagnato, in un'Italia che era paese di frontiera rispetto alla cortina di ferro, da crescenti tensioni sociali, caratterizzate anche da un cambiamento graduale del ruolo della famiglia tradizionale. La pace sociale fu mantenuta negli anni settanta, seppure con forti difficoltà, attraverso un uso massiccio di denaro pubblico: aumenti di spesa, soprattutto per pensioni e sanità, senza un contemporaneo aumento delle tasse. I conti pubblici, che fino alla fine degli anni sessanta erano in ordine, cominciarono a manifestare squilibri crescenti: emerse un forte deficit primario (le entrate dello stato non erano neppure sufficienti a coprire le spese al netto degli interessi). Lo squilibrio dei conti pubblici venne per tutti gli anni settanta contenuto dai finanziamenti monetari della Banca d'Italia al Tesoro, ma il prezzo da pagare era una forte inflazione. Certo, l'inflazione era anche spinta dall'aumento dei prezzi del petrolio, ma il prezzo del petrolio aumentava per tutti i paesi mentre l'inflazione cresceva più rapidamente da noi perché veniva alimentata dalla necessità di finanziare lo squilibrio dei conti pubblici stampando moneta e di mantenere tassi di interesse negativi anche sul debito pubblico finanziato dal settore privato. E, in effetti, l'inflazione erodeva anche il valore in termini di potere d'acquisto di quella parte del deficit finanziata dal risparmio degli italiani attraverso l'acquisto di titoli di stato: era una tassa che gli italiani pagavano senza rendersene conto.

Insomma, gli anni settanta erano tutto tranne che quel regno di Bengodi di cui ora si parla, anche se avevamo la nostra sovranità monetaria: l'inflazione era alta, i conti con l'estero erano in deficit, e per due volte il paese dovette ricorrere ai prestiti del Fondo monetario internazionale, nel 1974 e nel 1976. Insomma, ancora non la si chiamava così, ma avevamo quasi la Troika in casa. Senza dimenticare le tensioni sociali e i gravi episodi di terrorismo che accompagnavano l'indebolimento della crescita economica. Fra l'altro, è in questo periodo che si manifesta il vero e proprio crollo demografico, con una caduta del tasso di fertilità dai 2,5 figli per donna della fine degli anni sessanta all'1,4 figli della metà degli anni ottanta. Non ci siamo più ripresi da allora. Ora il tasso di fertilità è di 1,32, non molto più basso di quello di trent'anni fa.

Il disordine monetario degli anni settanta non piaceva quasi a nessuno. La gente si lamentava dell'elevata inflazione e dell'instabilità economica. All'inizio degli anni ottanta la Banca d'Italia, in accordo con il ministero del Tesoro, decise di stringere la politica monetaria, cosa che, peraltro, stava accadendo anche in quasi tutti gli altri paesi del mondo dove l'inflazione, ben più bassa di quella italiana, era comunque considerata eccessiva. Il divorzio fra Banca d'Italia e Tesoro non bloccò i finanziamenti dalla prima al secondo, ma ne ridusse l'entità, ed ebbe soprattutto il valore simbolico di segnare il passaggio a un regime economico in cui l'obiettivo della banca centrale era di raggiungere la stabilità monetaria e non più quello di fare da bancomat (non c'erano all'epoca ma oggi si direbbe così) allo stato. La decisione di dare maggiore autonomia alla Banca d'Italia non fu approvata esplicitamente dal governo o dal parlamento. Formalmente non ce n'era bisogno. Ma non fu certo un atto segreto e suscitò qualche contrasto a livello politico, in particolare tra il ministro del Tesoro Andreatta e il ministro del Bilancio Rino Formica, in quella che venne definita come la "lite delle comari". Ma la decisone non venne rivista perché l'opinione pubblica era quanto mai favorevole a liberarsi dalla piaga dell'inflazione.

La spesa per interessi sul debito pubblico aumentò e, in assenza di quello che sarebbe stato davvero necessario, ossia l'eliminazione del deficit primario che permase per tutti gli anni ottanta, portò a un'accelerazione nell'accumulo di debito pubblico. Le condizioni economiche migliorarono per un po', anche in termini di ristrutturazione del sistema produttivo, ma questo miglioramento lasciò un conto in sospeso: l'aumento del debito pubblico che raggiunse livelli mai superati in precedenza, tranne che per effetto della Prima guerra mondiale. È in quel periodo, alla fine degli anni ottanta, che i mercati internazionali cominciano a parlare con sempre maggiore insistenza di una possibile ristrutturazione del debito pubblico. La crescita italiana resta comunque squilibrata anche su altri fronti e il nostro paese viene coinvolto nella crisi del sistema monetario europeo all'inizio degli anni novanta.

Poi arrivò il trattato di Maastricht. È chiaro che dietro l'idea di condividere la moneta con altri paesi europei, comprese Germania e Francia, c'erano due esigenze. La prima era quella di consolidare la stabilità monetaria e macroeconomica, vista come precondizione per una crescita sostenibile: nei venticinque anni precedenti l'Italia era stata caratterizzata da maggiore inflazione, tassi di interesse più elevati e squilibri macroeconomici più forti degli altri principali paesi avanzati. La condivisione della moneta con paesi che avevano avuto una migliore performance in queste aree avrebbe aumentato la credibilità italiana e le sue potenzialità di crescita. La seconda esigenza era quella di muoversi verso una maggiore integrazione politica con il resto d'Europa. Non credo si possa negare che l'euro sia stato anche il riflesso di un progetto politico, quello di una maggiore integrazione con il resto d'Europa per contrastare il predominio economico e politico degli Stati Uniti (e, col senno di poi, della Cina). Né si può negare che l'uscita dall'euro ora sarebbe pure il riflesso di un progetto politico, quello di staccarsi dall'Europa, non di un'ineluttabilità economica.

Di fatto, sulla strada verso l'euro, nel corso degli anni novanta si registrano progressi significativi verso un'economia più stabile. I conti pubblici si rafforzano, con il raggiungimento di un ampio avanzo primario (il 5 per cento del Pil alla fine degli anni novanta), il debito pubblico comincia a scendere, l'inflazione si riduce, i conti con l'estero migliorano, anche per effetto della svalutazione della lira nella prima parte degli anni novanta. L'economia italiana cresce, soprattutto in termini di reddito pro capite, anche se l'onda lunga del calo demografico (meno nati negli anni settanta significano meno persone in età fertile vent'anni dopo) si fa sentire in termini di reddito complessivo. Si cerca anche di ridurre il peso dello stato nell'economia, con un programma di privatizzazioni che mira a recuperare risorse per ridurre il debito pubblico. Questo programma è in linea con la pubblica reazione scatenata dagli scandali che hanno coinvolto la commistione tra interessi privati e interessi pubblici, tra imprese e politica e che erano stati messi a nudo da Tangentopoli. Un referendum abrogativo del 1993 porta alla chiusura del ministero delle Partecipazioni statali. La Banca d'Italia diventa formalmente indipendente nella gestione della politica monetaria, vincolata da un mandato, approvato dal parlamento, di perseguire la stabilità monetaria. Rimane comunque, per tutti gli effetti pratici, un ente pubblico il cui profitto (il signoraggio) viene trasferito quasi interamente allo stato.

Entrammo nell'euro a un tasso di cambio che era del tutto coerente con quello che prevaleva sui mercati finanziari prima dell'ingresso nell'euro. Se fossimo entrati a un cambio più forte (per esempio, 1000 lire per euro), le nostre esportazioni sarebbero crollate. Se fossimo entrati a un cambio più debole (per esempio, 3000 lire per euro), le nostre importazioni sarebbero state ancora più care e le pressioni inflazionistiche sarebbero salite ulteriormente. Entrammo dunque a un tasso di cambio ragionevole, ma il problema fu che, subito dopo... ci scordammo di essere entrati. Bisogna capire una cosa. Come ho ribadito più volte in questi anni, si può vivere bene nell'euro e si può vivere bene fuori dall'euro. Ma non si può vivere bene nell'euro se ci si comporta come se non si fosse entrati (così come non si può vivere bene fuori dall'euro senza gestire comunque in modo ordinato le proprie politiche monetarie e fiscali). Invece, entrammo nell'euro e ci colse l'euforia: i tassi di interesse scesero rapidamente, il che già di per sé metteva pressione sull'inflazione, soprattutto in termini di aumento dei costi di produzione. A questo si aggiunsero gli effetti di una politica dei conti pubblici molto espansiva: l'avanzo primario si ridusse rapidamente per l'aumento della spesa pubblica, guidato da forti aumenti degli stipendi dei dipendenti pubblici con effetti di contagio per gli stipendi del settore privato. A causa della discesa dei tassi di interesse e della politica fiscale espansiva i nostri prezzi e costi di produzione continuarono a crescere più che in Germania, come accadeva prima dell'euro, ma allora potevamo svalutare la lira. Insomma, non è vero che i prezzi sono raddoppiati con l'euro, ma è vero che l'inflazione è rimasta troppo alta. Come è vero che, in conseguenza dell'indebolimento dell'avanzo primario, il debito pubblico, nonostante tassi di interesse bassissimi per l'esperienza italiana, scese troppo poco rispetto a quanto avvenne in altri paesi a debito pubblico alto (per esempio, il Belgio, che tra il 1993 e il 2007 riuscì a ridurre il rapporto tra il proprio debito pubblico e il Pil di 50 punti percentuali circa).

Questa situazione creò le basi per un'esposizione dell'Italia al rischio di una crisi di fiducia, crisi che in effetti si materializzò per effetto di un doppio shock: prima la crisi economica globale del 2008-2009, poi la crisi economica della Grecia che, gestita malissimo a livello europeo, ci contagiò nel 2011. Non fu una congiura internazionale. Fu l'effetto degli squilibri accumulati nei primi dieci anni di moneta unica.

Quando la crisi ci colpì il Pil precipitò. Arrivò Monti per cercare di mettere a posto i conti pubblici e di riformare l'economia. Che altro doveva fare? Non è che l'austerità fosse intesa a riavviare la crescita. L'austerità serviva per evitare guai peggiori. Gli effetti dell'austerità sul Pil sarebbero stati più contenuti se fosse stato raggiunto prima un consenso per un intervento rapido da parte della Banca centrale europea, che invece intervenne solo nel luglio del 2012.

La situazione si stabilizzò gradualmente nel 2013. Ma i costi per l'economia italiana furono elevati. Come furono elevati i costi per il sistema bancario. Alcune banche saltarono. Era inevitabile e, anzi, poteva finire molto peggio, com'era finita molto peggio, in termini di costi per le finanze pubbliche, negli Stati Uniti, in Irlanda, in Islanda, in Spagna, in Olanda, in Germania e altri paesi ancora. Credo che la supervisione della Banca d'Italia (seppure non perfetta, ma chi lo è?) abbia minimizzato i costi. Costi che, peraltro, per la maggior parte, vennero assorbiti dal sistema bancario stesso. La quota dei salvataggi che ricadde sullo stato fu limitata e volta esclusivamente a proteggere i risparmiatori, non a salvare i ricchi banchieri. Le responsabilità degli amministratori di banche devono comunque essere punite severamente e alcuni processi sono ancora in corso.

Con la discesa dei tassi di interesse l'economia italiana si riprese. La seconda metà del 2014, il 2015, il 2016, il 2017 e l'inizio del 2018 sono anni di crescita. Ma abbiamo continuato a crescere meno del resto dell'area dell'euro nonostante la politica dei conti pubblici risulti meno austera di quella introdotta da Monti. L'avanzo primario, che aveva raggiuto il 2,3 per cento del Pil nel 2012, scende gradualmente intorno all'1 e mezzo per cento nonostante la ripresa economica. A parità di altri fattori, la ripresa economica dovrebbe portare a un rafforzamento dell'avanzo primario, cosa peraltro prevista nei nostri piani fiscali inviati ogni anno alla Commissione europea; invece avviene il contrario. Ma nonostante l'indebolimento nei conti pubblici, non inizia nessuna procedura per violazione delle regole europee, grazie all'introduzione di nuovi margini di flessibilità che noi utilizziamo a pieno.

L'Italia continua a crescere meno perché i freni all'economia italiana non vengono rimossi: l'opprimente burocrazia, l'alto livello di tassazione che alimenta una spesa pubblica inefficiente e orientata all'assistenzialismo e non agli investimenti in capitale fisico e umano (la pubblica istruzione, soprattutto quella universitaria, resta la cenerentola della spesa pubblica), un sistema giudiziario lento, politiche che non riescono a far uscire il Meridione da uno stato di persistente ritardo rispetto al resto del paese, l'invecchiamento della popolazione e il calo delle nascite, e un debito pubblico che continua a essere una vera spada di Damocle per il nostro futuro economico causando una persistente incertezza. E l'incertezza frena gli investimenti. E con pochi investimenti si cresce poco.

Il contratto di governo gialloverde a metà 2018 propone una svolta statalista. Nonostante la politica dei conti pubblici sia stata rilassata, come si è visto, il nuovo governo prevede un aumento del deficit e, in generale, un maggiore coinvolgimento dello stato nelle vicende economiche, per esempio, attraverso una banca pubblica per sostenere gli investimenti (anche se poi questa non viene realizzata). A ottobre 2018 il governo presenta in parlamento una legge di bilancio che prevede un deficit del 2,4 per cento del

Pil nonostante una crescita prevista dell'1,5 per cento. La reazione dei mercati è rapida, anche perché si ha l'impressione che il governo voglia creare il *casus belli* rispetto alla Commissione europea. A chi acquista titoli di stato italiani viene il dubbio che l'obiettivo sia l'uscita dall'euro, anche se "non sta nel contratto". Vi risparmio i dettagli delle trattative con la Commissione, la prima a dicembre 2018 e la seconda nel maggio 2019. Alla fine, il governo fa marcia indietro accettando un deficit del 2 per cento del Pil (più precisamente un mitico 2,04 per cento del Pil), nonostante la revisione verso il basso del tasso di crescita del Pil, cosa che, come abbiamo detto, rende più difficile raggiungere un certo obiettivo di deficit: al netto del diverso tasso di crescita del Pil, si tratta di una revisione verso il basso del deficit (quello che noi economisti chiamiamo deficit "strutturale") di circa un punto percentuale di Pil rispetto ai piani iniziali. Insomma, alla fine la politica fiscale gialloverde non è poi così diversa, almeno in termini aggregati, da quella dei governi della precedente legislatura. Ma, nel contesto di un'economia europea che rallenta, l'Italia smette di crescere: crescita zero tra il secondo trimestre del 2018 fino al secondo trimestre del 2019. E continuiamo a perdere terreno rispetto ai nostri vicini.

Pensieri conclusivi

Poco prima che chiudessi la stesura di questo libro, la coalizione di governo tra Movimento 5 Stelle e Lega si è spezzata e il governo gialloverde è stato rimpiazzato dalla coalizione tra lo stesso Movimento 5 Stelle e il Partito democratico. La caduta del governo gialloverde è in gran parte imputabile alla percezione, da parte della Lega, dei freni che una parte di quel governo sembrava porre a un'applicazione più ferma di alcune politiche economiche che derivavano direttamente da quella che ho chiamato la narrativa delle bufale. Questa narrativa, quella per cui i mali dell'Italia erano dovuti ai vincoli posti dall'Europa, alla parzialità dei giudici europei, all'euro e, in ultima analisi, alle congiure internazionali – insomma, a Soros – richiedeva di sfidare i mercati finanziari e i "criminali di Bruxelles" con un forte aumento del deficit. In questa interpretazione, la stasi nel processo di crescita a partire dal secondo trimestre del 2018 sarebbe stata dovuta al fatto che non si era osato abbastanza, che ci si era spaventati di fronte all'aumento dello spread a fine 2018. E, allora, occorreva osare di più. La caduta del governo gialloverde non ci ha dato, per ora, la possibilità di verificare cosa sarebbe successo se questo approccio fosse stato seguito. Resta anche da vedere quali risultati porterà il nuovo approccio, più collaborativo, cui il governo giallorosso sembra orientato. Supponendo, naturalmente, che quest'ultimo duri abbastanza...

Termino con una generale considerazione rispetto alle bufale economiche di cui si è parlato in questo libro. Conoscerete certamente il detto per cui le bugie hanno le gambe corte. Non è vero. Le bugie possono avere gambe molto lunghe e possono camminare a lungo. Il problema è che prima o poi finiscono per inciampare e cadere. E quanto più a lungo camminano, tanto più disastrosa può essere la caduta. I miti politici del XX secolo che pure hanno camminato a lungo hanno portato a due guerre mondiali e a una guerra fredda fortunatamente non sfociata in un terzo conflitto mondiale. Non credo proprio che le bufale economiche che abbiamo imparato a conoscere possano portare a tali disastri politici e sociali, anche se mi preoccupa il clima di avversione, direi quasi di odio, che si sta creando tra i vari paesi all'interno dell'Europa. Ma certo potrebbe portare a disastri economici, a crisi come quella che ha colpito l'economia italiana nel 2011-2012, di cui ancora oggi subiamo le conseguenze. Quella crisi fu dovuta agli errori commessi in passato, che avevano portato all'eccessivo accumulo di debito pubblico nel corso della Prima repubblica, all'insufficiente progresso nel ridurre tale debito durante la Seconda repubblica, alla nonchalance con cui seri problemi quali corruzione, evasione fiscale, eccessi burocratici, peso della tassazione, spesa pubblica inefficiente, crollo demografico e che avevano contribuito a rendere l'economia italiana poco competitiva e poco produttiva. Riprendere la stessa strada, anche con l'uso del deficit pubblico come principale strumento di crescita di lungo periodo, ci farebbe ripetere gli errori del passato. Spero che questo libro possa essere servito a ridurre per quanto possibile il rischio di essere presi in giro da chi produce e mette in circolazione bufale economiche e che vuole farci imboccare la strada sbagliata. Ne va del nostro futuro.

Note

Introduzione

[1] I dati seguenti sono tratti dal rapporto *Digital in 2018*, che trovate al link https://wearesocial.com/it/blog/2018/01/global-digital-report-2018.

1. *Euro-bufale*

[1] È quanto sottolinea, peraltro, anche Alberto Bagnai, da anni sostenitore della tesi per cui entrare nell'euro sia stato un errore. Si noti che Bagnai afferma che entrare nell'euro è stato un errore, e non di averlo fatto al cambio di 2000 lire per euro. L'articolo di Bagnai che solleva la questione venne scritto in risposta alla presa di posizione in un tweet dell'ex ministro Paolo Cirino Pomicino (si veda https://www.ilfattoquotidiano.it/2016/01/18/quelli-che-leuro-era-giusto-ma-il-cambio-era-sbagliato/2385235/). Una possibile obiezione all'esempio citato nel testo è che anche la Germania sarebbe potuta entrare a un tasso di cambio più forte, per esempio un marco per euro (invece di 2 marchi per euro), con simili aggiustamenti per tutti gli altri paesi dell'euroarea. Cosa sarebbe avvenuto in questo caso? Italia, Germania e tutti gli altri paesi si sarebbero trovati in difficoltà nel vendere le proprie merci e l'euro si sarebbe deprezzato rispetto al dollaro (il tasso di cambio euro-dollaro è determinato sui mercati internazionali dalla domanda e offerta di euro e dollari, non è fissato dalle banche centrali). Questo deprezzamento avrebbe corretto il fatto che i cambi iniziali tra euro e monete nazionali erano stati inappropriati. Insomma, alla fine anche in questo caso, seppur dopo un processo di aggiustamento piuttosto complesso, tutto sarebbe tornato come prima e nessuno sarebbe diventato più ricco!

[2] Non mi dilungo a discutere la tesi opposta di chi sostiene che sa-

remmo dovuti entrare a un cambio più deprezzato, per esempio 2500 lire per euro. A parte il fatto, di nuovo, che questo non sarebbe stato coerente con i cambi prevalenti all'epoca, entrare con un cambio deprezzato avrebbe comportato probabilmente più inflazione in Italia (visto che tutto quello che si importava sarebbe costato più caro), il che avrebbe compensato l'iniziale vantaggio in termini di competitività. Per chi è più esperto in economia, ricordo che questa piena compensazione avviene se il tasso di cambio reale è inizialmente in equilibrio, e non c'è motivo di pensare che non lo fosse nel 1998.

[3] Tra i vari siti che sostengono questo, scelgo http://www.ilportaledelsud.org/edit64.htm che sentenzia: "Sono i prezzi di tutti i generi di consumo a raddoppiare! Benzina, luce, gas, pane, acqua, la sogliola al mercato e l'autovettura dal concessionario".

[4] Alcune delle informazioni sotto riportate sono tratte da una nota preparata dal gruppo Tortuga, dal titolo *L'introduzione dell'euro ha raddoppiato i prezzi?*, pubblicata sul sito dell'Osservatorio sui conti pubblici dell'Università Cattolica di Milano; si veda https://osservatoriocpi.unicatt.it/cpi-pachidermi-e-pappagalli-l-introduzione-dell-euro-ha-raddoppiato-i-prezzi-955.

[5] Entrambe le citazioni sono tratte dall'articolo al link http://www.ilgiornale.it/news/politica/berlusconi-attacca-prodi-ci-ha-impoveriti-leuro-1479466.html.

[6] A pensarci bene, però, non si tratterebbe di tutti gli italiani, perché qualcuno ci guadagnerebbe: i negozianti vedrebbero il loro reddito raddoppiare. Insomma, si sarebbe verificata una massiccia redistribuzione del reddito a favore dei furbi commercianti e, in generale, del settore della distribuzione.

[7] Paolo Del Giovane, Roberto Sabbatini, *Perceived and Measured Inflation After the Launch of the Euro: Explaining the Gap in Italy*, in "Giornale degli Economisti e Annali di Economia", 65(2), 2006, pp. 155-192.

[8] Si veda il lavoro *I prezzi delle abitazioni in Italia, 1927-2012* di Luigi Cannari, Giovanni D'Alessio e Giovanni Vecchi, in "Questioni di Economia e Finanza", n. 333, giugno 2016, Banca d'Italia. Lo trovate su https://www.bancaditalia.it/pubblicazioni/qef/2016-0333/QEF_333_16.pdf. Per il confronto dell'aumento del prezzo delle case tra Italia e l'estero citato nel testo, si veda in particolare la figura a p. 12.

[9] Ce lo dice la Relazione annuale della Banca d'Italia sul 2002, p. 270.

[10] Li trovate al link https://it.wikipedia.org/wiki/Topolino_(libretto)#Prezzo.

[11] In teoria, le regole sui conti pubblici valgono anche per i paesi dell'Unione Europea che non hanno ancora adottato l'euro, ma in pratica esse sono rilevanti solo per i paesi che lo hanno adottato, gli unici per i quali la violazione delle regole può avviare un percorso sanzionatorio.

[12] Formalmente questi vincoli sono autoimposti dai singoli stati, e non imposti dal governo federale, ma di fatto vincolano gli squilibri che possono essere generati a livello di singolo stato.

[13] Con l'espressione "regole fiscali" si intendono le regole sui conti

pubblici. Il termine "fiscale", nel linguaggio economico su questo argomento, non si riferisce al fisco ma ai conti pubblici in generale.

[14] Su questo tema il lettore interessato può leggere una nota scritta da Sofia Bernardini pubblicata sul sito dell'Osservatorio sui conti pubblici italiani (https://osservatoriocpi.unicatt.it/cpi-archivio-studi-e-analisi-e-vero-che-la-regola-del-3-per-cento-dei-trattati-europei-e-arbitraria). Una "sotto-bufala": c'è anche chi sostiene che il 3 per cento non sta nel trattato di Maastricht, né in nessun altro trattato europeo. Falso, il 3 per cento è fissato in un allegato al trattato e ne è parte integrante. Su questo si veda un'altra nota di Sofia Bernardini (https://osservatoriocpi.unicatt.it/cpi-archivio-studi-e-analisi-e-vero-che-la-regola-del-3-per-cento-non-e-contenuta-nei-trattati-dell).

[15] Ve lo potete far raccontare da Abeille stesso in un video trasmesso da La7, al link https://www.youtube.com/watch?v=CXh1CRiq2I4.

[16] Tra questi è Veronica De Romanis (vedi https://www.ilfoglio.it/economia/2018/08/31/news/la-regola-del-3-per-cento-inventata-da-un-francese-211861/).

[17] Si potrebbe obiettare che ora il tasso di crescita del Pil (in termini nominali, cioè comprensivo di crescita reale e di inflazione) che ci si può aspettare in Europa è più basso del 5 per cento. Questo però significa che, sempre sulla base della sopra citata formuletta, il livello del rapporto tra deficit pubblico e Pil coerente con un rapporto tra debito pubblico e Pil del 60 per cento è più basso del 3 per cento. Occorrerebbe stringere la regola sul deficit. Meglio non dirlo ai tedeschi...

[18] In termini più tecnici ci dovrebbe essere una forte discontinuità o non linearità nei comportamenti dell'economia passata la soglia.

[19] Sugli effetti di un aumento del debito pubblico rimando alla lettura del mio libro *Il macigno*, Feltrinelli, Milano 2016.

[20] Ho detto inizialmente perché, col ridursi del livello del rapporto, si riduce anche la differenza tra livello del rapporto e il 60 per cento, per cui il ventesimo della differenza scende col passare del tempo. La regola è proprio scritta in questo strano modo: comporta che, aderendo alla regola in senso stretto, il rapporto del 60 per cento si raggiunga solo asintoticamente, cioè... mai.

[21] Si veda, per esempio, https://www.repubblica.it/economia/rubriche/policy/2018/12/04/news/trattativa_ue_decalogo-213387080/.

[22] Citerei in proposito lo stesso Paolo Savona che nel suo documento *Una politeia per un'Europa diversa, più forte e più equa* sostiene la necessità di alterare il mandato della Banca centrale europea. Trovate il documento al link http://www.politicheeuropee.gov.it/media/4295/peruneuropa-piu-forte-e-piu-equa-2_versione-finale-impaginato.pdf.

[23] Ci sono casi in cui obiettivo di inflazione e di sostegno all'attività economica possono venire in conflitto. Può accadere in presenza di shock nei prezzi delle materie prime: per esempio, aumenta il prezzo del petrolio e questo fa aumentare l'inflazione non perché la domanda sia troppo elevata ma per una spinta dal lato dei costi. Sono comunque casi piuttosto rari in cui, peraltro, anche una banca centrale guidata da

un obiettivo di inflazione reagirebbe nel modo opportuno, evitando un'eccessiva stretta monetaria visto che l'aumento una tantum del prezzo del petrolio causa un aumento dei prezzi ma non del tasso di inflazione di medio termine.

[24] In alternativa, la nuova moneta stampata potrebbe essere depositata presso banche ritenute solide, ma in questo caso potrebbe essere riassorbita dalla banca centrale senza causare un eccesso di liquidità nel sistema economico.

[25] In termini tecnici, gli economisti descrivono questa situazione come una situazione di "equilibri multipli": il debito è o non è sostenibile a seconda del livello dei tassi di interesse sul debito pubblico che dipende dal fatto che i mercati vedano il debito come più o meno sostenibile. Un circolo vizioso.

[26] Si veda l'articolo al link https://www.butac.it/le-zucchine-di-mare-e-lunione-europea/.

[27] Questo e altro su banane e altri prodotti lo potete trovare in un articolo pubblicato dal "Guardian" che trovate al link https://www.theguardian.com/politics/2016/may/11/boris-johnson-launches-the-vote-leave-battlebus-in-cornwall.

[28] Vedi l'articolo al link https://www.butac.it/il-millimetro-della-discordia-fra-leuropa-e-vongolari-italiani/.

[29] Potete trovare il post di Puente al link https://www.davidpuente.it/blog/2018/05/31/torna-la-bufala-del-cambio-ufficiale-tra-euro-lire-e-marchi-tedeschi/. Si veda anche un post di denuncia scritto da Pasquale Funelli, al link https://www.optimagazine.com/2018/05/31/il-caso-del-cambio-lira-euro-marco-tedesco-oggi-31-maggio-bufala-e-disinformazione/1127725.

[30] Potevate trovarlo al link https://www.youtube.com/watch?v=L-4Il-POssoc&t=1s (oggi non più raggiungibile).

[31] La stessa tesi è espressa nel video che trovate al link https://www.youtube.com/watch?v=r5fQKEPYD7A&t=9s (più di un milione di visualizzazioni).

[32] Lo trovate al link https://www.ilfoglio.it/politica/2018/06/20/news/antimafia-alla-grillina-201342/.

[33] Trovate un riferimento a questa intervista in un articolo del "Foglio" al link https://www.ilfoglio.it/economia/2016/09/20/news/il-surplus-commerciale-della-germania-e-quello-su-cui-renzi-sorvola-a-proposito-dellitalia-104278/.

[34] Su questo tema si veda anche la nota di Sofia Bernardini del dicembre 2018. La trovate al link https://osservatoriocpi.unicatt.it/cpi-archivio-studi-e-analisi-surplus-nei-conti-con-l-estero-la-germania-viola-i-trattati-europei.

[35] Si veda, per esempio, il video al link https://www.youtube.com/watch?v=Alf0w9K8k08 in cui si accusa la vigilanza bancaria (gestita dalla Bce) di essere troppo clemente rispetto alle banche tedesche.

[36] Si veda il rapporto al link https://eba.europa.eu/documents/

10180/2419200/2018-EU-wide-stress-test-Results.pdf (i dati relativi alle singole banche li trovate nell'Annex II).

[37] Qualcuno dirà che ciò è avvenuto perché a capo della European Banking Authority c'era un italiano (Andrea Enria). Se è per questo, negli ultimi anni ci sono stati italiani anche a capo del parlamento europeo (Antonio Tajani e ora David Sassoli), della Banca centrale europea (Mario Draghi), del direttorato più importante della Commissione europea, il direttorato economico-finanziario che, fra l'altro, supervisiona il rispetto delle regole europee (Marco Buti), che ha ora come Commissario Paolo Gentiloni. Mi sembra che di arbitri italiani ne abbiamo abbastanza, no?

[38] Si veda, per esempio, quanto afferma Marco Travaglio nel video al link https://www.youtube.com/watch?v=KAyP0360J_0.

[39] Si veda, per esempio, https://www.youtube.com/watch?v=6621-HfpgUh4.

[40] Si veda il rapporto del Fmi al link https://www.imf.org/external/pubs/ft/scr/2012/cr1257.pdf, Tavola 2 del documento intitolato *Greece – Assessment of the Risks to the Fund and the Fund's Liquidity Position*, marzo 2012.

[41] Si veda, per esempio, il libro dello storico Adam Tooze intitolato *Crashed: How a Decade of Financial Crises Changed the World*, Viking, New York 2018, p. 359, che sottolinea lo stesso punto.

[42] Si veda sempre il libro di Tooze, a p. 345.

[43] A p. 407 Tooze riporta la composizione del comitato che negoziò, dal lato dei creditori, la ristrutturazione del debito greco. Gli istituti finanziari francesi in esso rappresentati detenevano ancora titoli del governo greco per un importo di almeno 17 miliardi.

[44] Si veda, per esempio, https://www.lettera43.it/it/articoli/economia/2018/09/03/francia-germania-sforamento-deficit/223231/. L'articolo riporta il giudizio dato da Mario Monti su quell'episodio: vale la pena di rileggerlo dato che altri commentatori hanno accusato Monti di non aver fatto nulla per impedire la decisione presa dal Consiglio europeo (cosa che Monti non avrebbe certo potuto fare da Commissario per la concorrenza). Monti commentò così l'episodio: "Furono proprio Germania e Francia che minarono buona parte della credibilità del Patto, seppure con la complicità dell'Italia. Nessuno pagò, ma il Patto di Stabilità ne uscì molto indebolito".

[45] Prima dell'euro (in particolare negli anni settanta, ottanta e novanta) avere un'inflazione più alta, per esempio, in Germania non era un problema perché, ogni tanto, si compensavano le passate differenze negli aumenti di prezzo attraverso la svalutazione della lira. Lo stesso facevano gli altri paesi con alta inflazione.

[46] Sulla posizione dei nostri conti con l'estero il lettore interessato può leggere la nota che ho scritto con Alessandro Caiumi al link https://osservatoriocpi.unicatt.it/cpi-NOTA_OCPI_Conto_Corrente.pdf.

[47] Se l'Unione Europea nacque dopo la Seconda guerra mondiale in

buona parte come reazione alla guerra stessa, col tempo la motivazione si spostò sempre più verso la necessità di rispondere alla sfida delle grandi potenze extraeuropee, a partire dagli Stati Uniti. Ricordo in proposito il fondamentale contributo dato su questo tema da Jean-Jacques Servan-Schreiber con il libro *Le défi américain* pubblicato nel 1967 (Denoël, Paris).

48 L'idea che un'area a moneta unica europea potesse funzionare meglio in presenza di un bilancio europeo di dimensioni pari al 7-9 per cento del Pil europeo era stata sostenuta alla fine degli anni settanta dal MacDougall Report che potete trovare al link http://ec.europa.eu/archives/emu_history/documentation/chapter8/19770401en73macdougallrepvol1.pdf.

2. *Bufale bancarie*

1 La frase è riportata in un articolo del "Fatto Quotidiano" che trovate al link https://www.ilfattoquotidiano.it/2015/06/09/banche-italia-prestiti-continuano-non-arrivare-nonostante-gli-aiuti-della-bce/1760991/.

2 In parte questa riduzione riflette la vendita a operatori non bancari di crediti che le banche non riuscivano a riscuotere (le cosiddette "sofferenze bancarie"), ma anche al netto di questa vendita la dinamica dei prestiti risulta molto bassa.

3 Si veda https://www.wallstreetitalia.com/salvataggio-delle-banche-costato-un-terzo-di-quanto-sostiene-travaglio/.

4 Si veda https://www.facebook.com/dibattista.alessandro/videos/1234775609967834/.

5 Si veda https://www.ilgiornale.it/news/quando-maio-e-battista-sbraitavano-decreto-banche-1625910.html. Per il punto di vista di un normale cittadino, si veda il video al link https://www.youtube.com/watch?v=Spgo2BQdA-U, in cui si nota che i soldi per le banche si sono trovati, mentre non si trovano per i terremotati.

6 I dati sono tratti dalla tavola a p. 8 del Fiscal Monitor del Fondo monetario internazionale dell'aprile 2011.

7 Un buon riassunto degli interventi a sostegno delle banche finanziati dallo stato è contenuta nella nota del gruppo Tortuga che trovate al link https://osservatoriocpi.unicatt.it/cpi-pachidermi-e-pappagalli-quanto-ci-e-costato-il-salvataggio-delle-banche.

8 Si veda *Banche, i salvataggi costano oltre 24 miliardi*, https://www.ilsole24ore.com/art/banche-salvataggi-costano-oltre-24-miliardi-AE6lylHC.

9 Il salvataggio di Banca Tercas e Popolare di Spoleto avvenne attraverso lo Schema volontario del FITD. Lo schema è operativo dal 26 novembre 2015 ed è finanziato da 130 banche che rappresentano l'80 per cento di quelle partecipanti al FITD, il fondo obbligatorio che è stato creato in tutti i paesi europei per garantire i depositi fino a 100.000 euro. L'intervento a sostegno delle quattro banche del Centro Italia e delle banche romagnole fu coperto dal Fondo nazionale di risoluzione.

Questo Fondo è stato istituito il 18 novembre 2015, a seguito della direttiva europea (la cosiddetta BRRD) che ha definito i termini del coinvolgimento dei privati nella copertura del costo delle banche (il *bail-in*, di cui discuteremo più avanti in questo capitolo). La direttiva europea prevede infatti che, se una banca è in crisi, intervenga in soccorso lo stesso sistema bancario, in modo tale da evitare che si riversino costi sullo stato e quindi sui contribuenti. Il Fondo nazionale di risoluzione italiano è finanziato da circa seicento banche e società di intermediazione mobiliare. Maggiori informazioni sulle principali operazioni di salvataggio possono essere trovate nelle audizioni di Carmelo Barbagallo, all'epoca capo del dipartimento di Vigilanza bancaria e finanziaria della Banca d'Italia, che trovate ai link https://www.bancaditalia.it/pubblicazioni/interventi-vari/int-var-2017/Barbagallo-12122017.pdf, https://www.bancaditalia.it/pubblicazioni/interventi-vari/int-var-2017/barbagallo-audizione-02112017.pdf e https://www.bancaditalia.it/pubblicazioni/interventi-vari/int-var-2017/Barbagallo-22112017.pdf.

[10] Alcuni risparmiatori truffati sono stati rimborsati con finanziamenti pure provenienti dal Fondo interbancario.

[11] Trovate l'articolo al link https://www.ilfattoquotidiano.it/premium/articoli/7-banche-da-salvare-il-conto-per-litalia-arriva-a-68-miliardi/.

[12] È proprio per evitare il coinvolgimento di obbligazionisti non subordinati e depositanti che le autorità italiane decisero di intervenire sulle quattro banche del Centro Italia a fine 2015, prima dell'entrata in vigore della più stretta disciplina del *bail-in*.

[13] Si veda l'articolo che commenta un intervento di Carmelo Barbagallo al link http://www.rainews.it/dl/rainews/articoli/Bankitalia-banca-d-Italia-bail-in-Carmelo-Barbagallo-d4f35f29-5405-43c8-b230-b05503c5ecaa.html. Sulla disciplina del MREL il lettore interessato può fare riferimento al sito https://www.prometeia.it/atlante/requisito-mrel.

[14] Si vedano in proposito le audizioni al parlamento del dottor Barbagallo già citate alla nota 9. L'elevata frammentazione dei prestiti deteriorati nei casi delle crisi bancarie di questo decennio contrasta con casi passati, in particolare quello di Sicilcassa, la cui crisi risale alla fine degli anni novanta, in cui la concentrazione dei prestiti deteriorati era elevata (vedi, sul caso Sicilcassa, l'articolo al link https://www.corriere.it/economia/18_aprile_29/si-chiude-crac-sicilcassa-ultimo-segreto-ciancimino-0505d582-4b13-11e8-a20b-2428d6d2b4b0.shtml).

[15] Un'ottima fonte di informazioni su questa crescita, da cui sono tratti molti dei dati riportati nel testo, è l'articolo di Robin Greenwood e David Scharfstein pubblicato sul "Journal of Economic Perspectives" che trovate al link http://www.people.hbs.edu/dscharfstein/growth_of_finance_jep.pdf.

[16] Si veda https://www.reuters.com/article/us-blackrock-compensation-ceo/blackrock-trims-ceo-larry-finks-pay-for-2018-filing-idUSKCN1RO21I.

[17] I dati sono tratti dalla fig. 4 del lavoro che trovate al link https://www.imf.org/external/pubs/ft/sdn/2015/sdn1508.pdf.

[18] La citazione è tratta dal primo capitolo di un volume che potete trovare al link https://harr123et.wordpress.com/download-version/ (la traduzione è mia).

[19] Si veda l'articolo del "Financial Times" al link https://www.ft.com/content/05673218-c35e-11e9-a8e9-296ca66511c9.

[20] Trovate l'intero rapporto, insieme ad altri lavori su questo tema, al link https://www.imf.org/external/np/seminars/eng/2010/paris/pdf/090110.pdf.

[21] Infatti si sta discutendo la necessità di un "*backstop*", uno strumento di intervento pubblico (probabilmente con le risorse provenienti dal cosiddetto "fondo salva-stati", lo European Stability Mechanism) nel caso in cui le risorse del Single Resolution Fund non siano sufficienti.

[22] Si veda l'articolo al link https://uk.reuters.com/article/uk-europe-tax-germany-france/germany-and-france-to-outline-eu-financial-transaction-tax-proposal-newspaper-idUKKBN1O10RN. Un successivo articolo include una stima di soli 3,5 miliardi di euro di gettito per tutti i paesi coinvolti (vedi https://www.euractiv.com/section/economy-jobs/news/eus-tobin-tax-now-expected-to-collect-only-e3-5-billon/).

3. *Bufale contro i tecnici e le ricette economiche ortodosse*

[1] Si veda https://www.lastampa.it/2016/11/27/italia/renzi-c-il-rischio-del-governo-tecnico-2CKbUn8OQ3M7NU18hqcW1K/pagina.html. Gli attacchi di Renzi ai "governi tecnici" suscitarono la risposta di Lamberto Dini che trovate al link https://www.huffingtonpost.it/2016/11/29/lamberto-dini-difende-tecnici_n_13295600.html?utm_hp_ref=it-governo-tecnico.

[2] Si veda, per esempio, http://www.ansa.it/sito/notizie/politica/2014/04/03/riforme-boschi-i-professoroni-tentano-di-bloccarci_846f9cd1-cfea-4d74-a134-92296d1ae353.html.

[3] Valga per tutti il video di Salvini che potevate trovare al link https://www.facebook.com/watch/?v=307285479866447.

[4] Come discusso nell'articolo al link https://www.theatlantic.com/science/archive/2017/12/trofim-lysenko-soviet-union-russia/548786/.

[5] Potevate trovarlo al link https://www.youtube.com/watch?v=DxsP1Gn-kwg (oggi non più raggiungibile).

[6] Il tasso di crescita trimestrale annualizzato è il tasso di crescita che si avrebbe in un anno se il Pil continuasse a crescere, o decrescere, alla stessa velocità registrata nel trimestre. È un po' come la velocità indicata sul tachimetro di un'auto: vi dice i chilometri che fareste in un'ora se continuaste alla stessa velocità per un'ora. I dati sul Pil trimestrale sono tratti da https://www.istat.it/it/archivio/190848.

[7] Come abbiamo visto nel capitolo 2, la regolamentazione bancaria richiede infatti alle banche di mantenere certi rapporti tra capitale proprio e valore dell'attivo, pesato sulla base del rischio delle diverse attività bancarie.

[8] Qualcuno potrà notare che già nel 2011 il governo Berlusconi aveva stretto la politica di bilancio. Ma le misure introdotte erano state limitate (in termini più tecnici il deficit al netto degli effetti ciclici, o deficit strutturale, era stato ridotto solo dello 0,4 per cento).

[9] Alberto Alesina, Carlo Favero e Francesco Giavazzi hanno di recente sostenuto, nel loro volume *Austerità. Quando funziona e quando no*, pubblicato da Rizzoli nel 2019, che l'effetto restrittivo della stretta fiscale avrebbe potuto essere ridotto o addirittura eliminato se il governo Monti, invece di aumentare le tasse, avesse tagliato la spesa pubblica. La manovra di Monti, combinata con gli effetti ritardati delle misure già introdotte dal governo Berlusconi con effetto nel 2012, incluse importanti tagli di spesa (in primis la riforma Fornero del sistema pensionistico), ma effettivamente fu prevalentemente centrata su un aumento di tasse. I tre autori basano le proprie conclusioni su stime econometriche dell'effetto differenziato sul Pil di aumenti di tasse e di tagli di spesa. Ho però sostenuto, nel corso di una presentazione del libro tenutasi all'università Cattolica da due degli autori, che le stime econometriche presentate non sono del tutto convincenti, per una serie di motivi tecnici.

[10] Si veda il link https://www.repubblica.it/politica/2012/04/15/news/scalfari_domenica_15_aprile-33330777/.

[11] Si veda il testo dell'articolo al link https://www.ilfattoquotidiano.it/2012/12/31/2012-del-governo-monti-da-crescita-rigore-equita-alla-salita-in-politica-del-prof/457837/.

[12] Si veda il resoconto stenografico al link http://leg16.camera.it/410?idSeduta=0553&tipo=stenografico#sed0553.stenografico.tit00050.sub00010.int00020.

[13] Si veda il lavoro da me scritto con Laura Jaramillo che trovate al link http://www.rei.unipg.it/rei/article/view/113 (in particolare l'appendice dal titolo "Short-run Determinants of CDS Spreads in Advanced Economies").

[14] Trovate il contratto di governo al link http://download.repubblica.it/pdf/2018/politica/contratto_governo.pdf. A p. 17 si dice: "L'azione del Governo sarà mirata a un programma di riduzione del debito pubblico non già per mezzo di interventi basati su tasse e austerità – politiche che si sono rivelate errate ad ottenere tale obiettivo – bensì per il tramite della crescita del Pil, da ottenersi con un rilancio sia della domanda interna dal lato degli investimenti ad alto moltiplicatore e politiche di sostengo del potere di acquisto delle famiglie, sia della domanda estera, creando condizioni favorevoli alle esportazioni". Quindi maggiore spesa pubblica (per investimenti e per sostenere il potere di acquisto delle famiglie) e il rapporto fra debito pubblico e Pil scenderà.

[15] La citazione è riportata al link https://www.ilsole24ore.com/art/notizie/2018-11-21/bocciatura-ue-conte-colpa-passato-governo-salvini-disposto-confronto-tutti-122135.shtml?uuid=AEa1TpkG.

[16] Potevate trovarlo al link https://www.facebook.com/salviniofficial/posts/ 10153430087958155/. In un'altra occasione Salvini dichiarò

che: "Negli ultimi cinque anni il debito pubblico è aumentato di 250 miliardi di euro, 50 miliardi all'anno, eppure sono stati fatti tutti i compitini a casa che l'Europa aveva assegnato e i *mercati* suggerivano..." (vedi http://www.ilgiornale.it/news/politica/tasse-pensioni-e-reddito-cittadinanza-governo-balla-sul-tetto-1570841.html).

[17] In realtà il debito di solito cresce un po' più del deficit perché, sulla base di regole statistiche standard, il debito non comprende alcune voci che pure devono essere finanziate. Per esempio, se lo stato vuole aumentare le proprie scorte di tesoreria (ossia i propri depositi presso la Banca d'Italia) deve indebitarsi, ma questa operazione non aumenta il deficit perché le maggiori passività finanziarie (i titoli di stato emessi) sono compensate dalle maggiori attività finanziarie (i depositi in Banca d'Italia). Altro esempio: il costo dei contratti derivati non è incluso nella definizione di deficit (anche se è un costo), semplicemente perché questa è la convenzione attualmente esistente nelle regole statistiche europee, ma anche queste spese vanno finanziate. Ciò significa che il debito di solito aumenta anche se il bilancio è in pareggio. Ovviamente aumenta ancora di più se il bilancio è in deficit.

[18] Si veda l'articolo al link http://www.ansa.it/sito/notizie/politica/2017/07/15/renzi-a-monti-con-austerity-piu-poverta_05cff86c-ea14-4101-8f34-77eb605e059e.html. A sinistra dello spettro politico, anche Stefano Fassina ha sostenuto che "i 50 miliardi di manovra del governo Monti hanno portato un aumento di 12 punti percentuali del debito sul Pil" (si veda https://www.radiopopolare.it/2018/07/fassina-la-politica-economica-del-governo-e-quella-di-monti/).

[19] Si è visto che il peggioramento del rapporto tra deficit e Pil per effetto di un taglio della spesa pubblica sarebbe tanto più probabile quanto più alto è il livello di tassazione e quanto più alto è il moltiplicatore. Il problema è che le due cose non sono indipendenti: un livello di tassazione alto comporta un minor livello del moltiplicatore. È impossibile avere entrambi sufficientemente alti. Chi è interessato a questa discussione teorica può leggere una nota che ho scritto con Giampaolo Galli che trovate al link https://osservatoriocpi.unicatt.it/cpi-archivio-studi-e-analisi-puo-un-aumento-della-spesa-pubblica-portare-a-una-riduzione-del-deficit.

[20] Trovate il dettaglio di queste voci a p. 154 della Relazione della Banca d'Italia sul 2012 (vedi link https://www.bancaditalia.it/pubblicazioni/relazione-annuale/2012/rel_2012.pdf).

[21] C'è una formuletta che ci dice che questo può accadere se il rapporto tra debito pubblico e Pil e il moltiplicatore (già menzionato nel testo) sono sufficientemente alti.

[22] Questo è vero se si tiene conto dell'effetto sul Pil del taglio della spesa o di un aumento delle tasse attraverso effetti sulla domanda aggregata (effetti "keynesiani") cui normalmente i sostenitori di questa bufala fanno riferimento. Per avere effetti di lungo periodo di una stretta fiscale sul tasso di crescita del Pil occorre pensare a storie più compli-

cate. Si veda su questi effetti più complicati, e sul perché difficilmente si applicherebbero al caso italiano, i capitoli 11 e 13 del mio libro *Il macigno*, pubblicato da Feltrinelli nel 2016.

[23] Si veda la nota al link https://osservatoriocpi.unicatt.it/cpi-archivio-studi-e-analisi-l-andamento-del-debito-dopo-la-stretta-fiscale-del-2012. Un'avvertenza: in altre parti del testo si parla di un livello del rapporto fra debito pubblico e Pil di circa il 135 per cento negli ultimi anni. Questo è il livello stimato dopo la revisione statistica pubblicata dall'Istat nel settembre 2019. Per coerenza con le pubblicazioni dell'epoca, ho mantenuto i dati ai livelli precedenti la revisione delle stime.

[24] Trovate il lavoro al link https://sep.luiss.it/sites/sep.luiss.it/files/Policy%20Brief%20-%20Bernardini,%20Cottarelli,%20Galli,%20Valdes.pdf.

[25] Per ulteriori dettagli sul caso del Portogallo il lettore interessato può far riferimento alla nota che trovate al link https://osservatoriocpi.unicatt.it/cpi-archivio-studi-e-analisi-la-verita-sulle-politiche-del-governo-portoghese-prudenza-fiscale.

[26] Trovate il video su https://m.facebook.com/story.php?story_fbid=299661174167553&id=157906004233511 7&_rdr.

[27] Il deficit si riduce anche al netto dell'effetto della ripresa economica, dal 2,5 per cento del Pil nel 2015 allo 0,7 per cento del Pil nel 2018; nello stesso periodo l'avanzo primario, sempre al netto degli effetti ciclici, migliora di un punto percentuale di Pil. In altri termini, non è solo la ripresa economica a far migliorare i conti pubblici durante il governo Costa: è anche la gestione prudente di tali conti.

[28] Per una discussione un po' più tecnica, ma ancora di facile lettura, dei temi trattati in questa sezione consiglio al lettore interessato una nota di Giampaolo Galli che trovate al link https://osservatoriocpi.unicatt.it/cpi-archivio-studi-e-analisi-il-divorzio-fra-banca-d-italia-e-tesoro-teorie-sovraniste-e-realta.

[29] Qui le citazioni dei critici del divorzio abbondano. Tra i tanti ricordo l'articolo di Ilaria Bifarini (autodefinitasi "bocconiana redenta") al link https://ilariabifarini.com/banca-ditalia-tesoro-il-divorzio-piu-caro-della-storia-ditalia/; quello di Antonio Maria Rinaldi al link https://scenarieconomici.it/la-vera-polpetta-avvelenata-sempre-taciuta-del-divorzio-tesoro-bdi-di-a-m-rinaldi/; e il video di Nino Galloni al link https://www.youtube.com/watch?v=3SB4aO3lC1k.

[30] Il lettore attento ricorderà che nel capitolo 1 abbiamo parlato di un'altra bufala relativa agli acquisti di titoli di stato da parte di una banca centrale: la bufala è che la Bundesbank continuerebbe a fare ora quello che la Banca d'Italia faceva prima del 1981, comprare i titoli di stato invenduti alle aste.

[31] Ho scritto di recente un commento a tali relazioni. Lo trovate nel volume *Paolo Baffi Governatore*, a cura di Giovanni B. Pittaluga e Guido Rey, pubblicato da Rubbettino a ottobre 2019.

[32] Il deficit primario scese solo dal 4,5 per cento nella media degli anni settanta al 3,5 per cento nella media degli anni ottanta.

[33] Tra chi sollevò obiezioni e giunse a uno scontro personale con Andreatta fu Rino Formica, ministro delle Finanze, scontro che la stampa battezzò come "lite delle comari" e che portò alla caduta del governo Spadolini per l'incompatibilità nello stesso governo delle due comari (si veda https://it.wikipedia.org/wiki/Lite_delle_comari). Non ci fu però nessun tentativo sistematico di tornare alla situazione pre-divorzio.

[34] Trovate esempi di questa bufala in un video (di Guido Grossi) al link https://www.youtube.com/watch?v=r5fQKEPYD7A&t=9s e in un altro video (di Antonio Maria Rinaldi) al link https://www.youtube.com/watch?v=dcOpn-bySHo. Ha smontato queste tesi un video che trovate al link https://www.youtube.com/watch?v=Ta8FphwQInI. La potenza di fuoco di chi sparge bufale è dimostrata dai volumi di visualizzazioni: al 10 giugno 2019, il primo video aveva ricevuto oltre un milione di visualizzazioni, il secondo quasi 6000 e il terzo solo 660.

[35] Non è proprio così. Le aste si fanno in termini di prezzo dei titoli, non di tasso di interesse, ma, data la cedola, a ogni prezzo offerto corrisponde un tasso di interesse implicito, per cui nel testo metto le offerte in termini di tasso di interesse piuttosto che di prezzo, sperando in questo modo di rendere più comprensibile l'esempio.

[36] La versione completa del lavoro è stata pubblicata come *working paper* del Fmi con il titolo *Treasury Bill Auctions: Issues and Uses* nel novembre 1994 e in un libro dal titolo *Macroeconomic Dimensions of Public Finance: Essays in Honor of Vito Tanzi*, a cura di Mario Blejer e Teresa Ter-Minassian, Routledge, London 1997. Una versione più breve è disponibile digitalmente al link https://papers.ssrn.com/sol3/papers.cfm?abstract_id=998866##.

[37] Si veda, per esempio, l'intervista al giornalista Paolo Barnard, al link https://www.youtube.com/watch?v=GZmJgJpj34g.

[38] Naturalmente questo è l'effetto quando tutti i titoli sono rinnovati al maggiore tasso di interesse, il che avviene solo gradualmente. Per semplicità assumiamo qui che il debito sia tutto a breve termine, per cui la spesa per interessi varia immediatamente. In alternativa, si può intendere l'esempio del testo come relativo agli effetti nel lungo periodo di un aumento dei tassi di interesse.

[39] Sui limiti legali che esistono sulla firma di contratti derivati da parte di enti territoriali si veda il link http://leg16.camera.it/522?tema=39&I+derivati+degli+enti+territoriali.

4. *Bufale sulle pensioni*

[1] Si veda https://www.ilfattoquotidiano.it/2016/02/16/salvini-per-i-pensionati-ha-fatto-piu-mussolini-che-fornero-la-faremo-processare-per-alto-tradimento/480514/.

[2] Non è però l'unica riforma che si è mossa in controtendenza. La

cancellazione dello "scalone Maroni", introdotto nel 2004, da parte del governo Prodi nel 2007 (con Damiano ministro del Lavoro e Padoa-Schioppa come ministro dell'Economia) aveva rallentato l'aumento dell'età di pensionamento. Per un utile e semplice sommario delle riforme pensionistiche introdotte dall'inizio degli anni novanta, si veda l'articolo al link https://www.repubblica.it/economia/2016/04/13/news/pensioni_scheda-136973152/.

[3] Si veda, per esempio, l'articolo uscito su "Panorama" che trovate al link https://www.panorama.it/news/politica/pensionati-bancomat/. Più in generale, al 27 agosto 2019, digitando su Google "pensionati" e "bancomat del governo" si ottenevano 4580 risultati.

[4] Per confrontare, a livello internazionale, in che misura il livello delle pensioni sia alto rispetto al reddito medio si potrebbe andare a vedere il "tasso di sostituzione" (ossia il rapporto tra pensione e ultima retribuzione) tra paese e paese. L'Ocse, nella sua pubblicazione *Pensions at a Glance*, fa questo confronto sia al lordo sia al netto della tassazione. Ne emergerebbe una situazione in cui il tasso di sostituzione in Italia è tra i più alti tra tutti i paesi dell'Ocse: saremmo al terzo o quarto posto. Il confronto è però prospettico, e cioè basato sulle future età di pensionamento teorico a legislazione immutata e assumendo che l'età lavorativa inizi a vent'anni e che l'età di pensionamento italiana sia di settantuno anni. Questi dati, quindi, non possono essere utilizzati per verificare se, rispetto agli altri paesi, il livello delle pensioni in essere al momento sia ora particolarmente alto in Italia rispetto al livello del reddito, cosa che invece viene comunemente, ma erroneamente, fatta dalle organizzazioni internazionali.

[5] Si veda la p. 4 della nota dell'Istat al link https://www.istat.it/it/files/2018/06/La-povert%C3%A0-in-Italia-2017.pdf.

[6] Questi dati sono di fonte Ocse, si veda https://data.oecd.org/healthstat/life-expectancy-at-65.htm.

[7] Si veda il rapporto dell'Istat al link https://www.istat.it/it/archivio/228071.

[8] Per l'età effettiva di pensionamento si veda il documento al link https://www.oecd-ilibrary.org/docserver/pension_glance-2017-24-en.pdf?expires=1560531832&id=id&accname=guest&checksum=BB7847592CC8127CAC964A07FCE8E7F3. E per il confronto tra età effettiva di pensionamento e speranza di vita si veda il documento al link https://www.oecd-ilibrary.org/docserver/pension_glance-2017-25-en.pdf?expires=1560541333&id=id&accname=guest&checksum=040B371B3DB261510D38B16886EFD75C.

[9] Lo fa calcolando la speranza di vita al momento dell'età effettiva di pensionamento (che è un po' più alta per l'Italia di quella riportata nel testo che si riferisce alla speranza di vita a 65 anni).

[10] Si veda https://www.facebook.com/watch/?v=2102577079766342.

[11] La formula tipica riconosceva il 2 per cento di una media delle ultime retribuzioni per il numero di anni di contribuzione, così che per

quarant'anni di lavoro si arrivava all'80 per cento della retribuzione media degli ultimi anni di vita lavorativa.

[12] Per i cambiamenti introdotti in termini di livello della pensione dal passaggio dal retributivo al contributivo il lettore interessato può leggere il bel libro di Elsa Fornero intitolato *Chi ha paura delle riforme. Illusioni, luoghi comuni e verità sulle pensioni*, Università Bocconi Editore, Milano 2018.

[13] Questa sezione utilizza materiale che trovate in una nota di Silvia Gatteschi (si veda https://osservatoriocpi.unicatt.it/cpi-18_Pensioni_23.05.2018.pdf). Tra chi ritiene che i confronti internazionali siano falsati c'è, per esempio, Cesare Damiano (si veda http://www.cesaredamiano.org/2017/07/14/pensioni-damiano-non-sommare-spesa-previdenza-con-assistenza/). Anche Alberto Brambilla, pur preoccupato per lo stato delle finanze pubbliche italiane, pensa che il problema sia la spesa per assistenza e non quella per previdenza (si veda https://www.itinerariprevidenziali.it/site/home/eventi/documento32046808.html).

[14] Ne scrivevano già nel 2003 Onorato Castellino ed Elsa Fornero (trovate l'articolo al link https://www.lavoce.info/archives/21872/la-sottile-distinzione-tra-previdenza-e-assistenza/).

[15] Si veda il rapporto al link http://www.rgs.mef.gov.it/_Documenti/VERSIONE-I/Attivit--i/Spesa-soci/Attivita_di_previsione_RGS/2018/Rapporto_n19.pdf. Successivamente alla chiusura di questo capitolo è stato pubblicato il rapporto n. 20, che però non cambia in modo sostanziale l'analisi riportata nel testo.

[16] Si veda il lavoro al link https://www.imf.org/en/Publications/WP/Issues/2018/03/16/Italy-Toward-a-Growth-Friendly-Fiscal-Reform-45737, soprattutto la figura a p. 22.

[17] Si veda https://www.facebook.com/salviniofficial/videos/2102577079766342/?v=2102577079766342.

[18] Si veda l'articolo al link http://www.ilgiornale.it/video/politica/eni-conte-quota-100-ogni-pensionato-2-o-3-nuovi-assunti-1627348.html.

[19] Si vedano i risultati del sondaggio riportato al link http://www.50epiuenasco.it/2019/05/23/sondaggio-quota-100/, secondo cui solo nel 21,4 per cento dei casi era prevista un'assunzione per ogni pensionamento e solo nel 3,4 per cento dei casi più di un'assunzione.

[20] Trovate il lavoro al link http://sites.carloalberto.org/garibaldi/doc/papers/Lump_of_Labor_26may_2017.pdf.

[21] Tra questi c'è uno studio di Eichhorst e altri autori che trovate al link http://www.europarl.europa.eu/RegData/etudes/etudes/join/2013/507445/IPOL-EMPL_ET(2013)507445_EN.pdf.

[22] Si vedano, in proposito, i riferimenti contenuti nel lavoro del gruppo Tortuga che trovate al link https://osservatoriocpi.unicatt.it/cpi-PP_OssCPI_Tortuga_Occupazione.pdf. Si veda anche un lavoro di economisti della Banca d'Italia che trovate al link https://www.bancaditalia.it/pubblicazioni/qef/2017-0396/QEF_396_17.pdf.

[23] Si vedano anche le opinioni espresse da diversi esperti di mercati

del lavoro che trovate nell'articolo al link https://www.ilsole24ore.com/art/mondo/2018-12-06/pensioni-ecco-perche-quota-100-non-aiutera-lavoro-giovani-155807.shtml?uuid=AEnhyNuG.

[24] Come Elsa Fornero ha più volte sottolineato, la riforma fu implementata in condizioni di emergenza e nella necessità di agire rapidamente. Si vedano per esempio le dichiarazioni riportate nell'articolo al link https://www.cronachemaceratesi.it/2019/02/02/elsa-fornero-a-civitanova-la-mia-riforma-delle-pensioni-era-a-rischio-il-patto-fra-generazioni/1207239/. Secondo l'articolista: "La Fornero racconta anche come Mario Monti le chiese di scrivere quella riforma in due settimane, al massimo in 20 giorni: 'La materia la conoscevo benissimo, ma un conto è conoscere, un conto è prendere provvedimenti che impattano con la vita delle persone'".

[25] Rimasero celebri le battute sarcastiche di Benigni sulla Fornero che sarebbe stata messa all'inferno a contare i dannati, visto che per l'Inps erano 390.000 e per lei 60 (si veda, per esempio, https://www.globalist.it/politics/2016/05/08/benigni-fornero-faccia-i-conti-all-inferno-26689.html). Sempre Benigni, ricevendo un premio a Firenze, disse che la sala dei Cinquecento sarebbe stata la sala dei Cinquanta per la Fornero (si veda http://www.sassarinotizie.com/24ore-articolo-102220-pensioni_benigni_su_esodati_per_fornero_salone_dei_cinquecento_e_sala_dei_cinquanta.aspx).

[26] Trovate l'articolo al link https://www.ilfattoquotidiano.it/2012/06/17/esodati-la-soluzione-ce/266039/. Dimessosi dalla presidenza dell'Inps a inizio 2012, Mastrapasqua è stato poi coinvolto in diverse vicende giudiziarie (si veda l'articolo al link https://argomenti.ilsole24ore.com/antonio-mastrapasqua.html). Su questo argomento si veda anche il già citato libro di Elsa Fornero alle pp. 218-222.

[27] La sequenza è ricostruita in un articolo uscito su "La Stampa" che trovate al link http://www.lastampa.it/2012/06/12/cultura/chi-e-quanti-sono-gli-esodati-xS5a05fgYDvMj8tTtYYnTM/pagina.html. Peraltro l'Inps smentì poi la cifra di 390.000 esodati come riportato, per esempio, nell'articolo al link http://www.umbrialeft.it/notizie/lInps-smentisce-esodati-sono-56000-non-390000.

[28] Per una discussione delle conseguenze del crollo della natalità per il generale funzionamento dell'economia italiana si veda, in particolare, il capitolo 5 dei *Sette peccati capitali dell'economia italiana* uscito nel 2018.

[29] Questo vale in qualunque sistema pensionistico, indipendentemente dal fatto che sia a capitalizzazione, cioè che tragga risorse dall'investimento di fondi sul mercato dei capitali, o che sia un sistema, come è il nostro sistema pensionistico pubblico, in cui le risorse provengano da contributi e tasse pagate da chi lavora.

[30] Il lettore interessato a saperne di più, senza eccessive complicazioni, può leggere la nota preparata dall'Osservatorio Cpi che trovate al link https://osservatoriocpi.unicatt.it/cpi-Fertilita_e_spesa_pubblica.pdf.

[31] Un rapporto dell'Istat pubblicato nel 2019 conclude che: "Le persone meno istruite di sesso maschile mostrano ovunque una speranza di vita alla nascita inferiore di tre anni rispetto alle persone più istruite; nelle regioni del Mezzogiorno, indipendentemente dal livello di istruzione, i residenti perdono un ulteriore anno di speranza di vita. Le disuguaglianze sociali nella mortalità sono presenti in tutte le regioni, ma sono più marcate in quelle più povere del Mezzogiorno". Si veda https://www.istat.it/it/files//2019/03/Atlante-italiano-delle-disuguaglianze-di-mortalita.pdf, p. 12.

[32] Si veda, per esempio, il link https://www.pmi.it/economia/lavoro/286255/gravosi-e-usuranti-attesa-per-la-domanda-pensione-2019.html.

5. *Bufale sui poteri forti*

[1] La citazione riportata è tratta da una dichiarazione al convegno dei terrapiattisti tenutosi a Palermo il 12 maggio 2019. Si veda il video al link https://www.youtube.com/watch?v=xJDw76H0968.

[2] La traduzione è mia. Potete sentire la frase esatta pronunciata da Eisenhower al minuto 8 e 50 del video del discorso che trovate al link https://www.youtube.com/watch?v=OyBNmecVtdU.

[3] Trovate un'utile cronistoria dei principali eventi del 2011 (da cui sono tratte alcune citazioni riportate nel testo) nell'articolo di Michela Scacchioli pubblicato su "Repubblica" al link https://www.repubblica.it/politica/2014/02/10/news/estate_2011_spread_berlusconi_bce_monti_governo_napolitano-78215026/.

[4] A me questa cosa che tre indizi fanno una prova mi ha sempre lasciato perplesso. Mi ricorda quando si giocava a pallone da ragazzi, con i pali rimpiazzati da cumuli di vestiti e con la regola che tre corner valevano un rigore...

[5] La traduzione di questo passo del libro di Geithner è quella riportata dal "Sole 24 Ore" al link https://st.ilsole24ore.com/art/notizie/2014-05-13/geithner-e-complotto-europeo-contro-berlusconi-ecco-12-righe-su-580-pagine--194544.shtml?uuid=AB0or0HB. Il brano riportato si trova a p. 476 del libro.

[6] La frase è riportata nell'articolo di Massimo Giannini pubblicato su "Repubblica" che trovate al link https://www.repubblica.it/politica/2013/01/12/news/dieci_falsi_berlusconi-50364702/.

[7] Qui mi "auto-cito": un lavoro che ho scritto insieme ad Antonio Bassanetti e Andrea Presbitero, pubblicato su "Oxford Economic Papers" dal titolo *Lost and Found: Market Access and Public Debt Dynamics*, dimostra che la probabilità di una crisi di fiducia sul mercato dei titoli di stato dipende non solo dal livello del debito pubblico ma anche dalla sua dinamica (cioè dal fatto che stia crescendo o scendendo rispetto al Pil). Si veda "Oxford Economic Papers", 71(2), 2019, pp. 445-471, https://doi.org/10.1093/oep/gpy040.

[8] È questo quello che sosteneva all'epoca chi voleva uscire dall'eu-

ro, per esempio il sito di Beppe Grillo in un documento che commento a p. 60 del mio libro *Il macigno* pubblicato da Feltrinelli nel 2016 (il documento non mi sembra più disponibile sul sito del garante del Movimento 5 Stelle; ma, si sa, cambiare idea è legittimo).

[9] Si veda https://www.repubblica.it/politica/2013/01/12/news/dieci_falsi_berlusconi-50364702/.

[10] Mi rendo conto che, sostenendo che esistessero dei motivi oggettivi per spiegare il giudizio negativo sul debito pubblico italiano dato da Standard & Poor's nel 2011, contraddico l'opinione espressa dal tribunale di Trani che nel 2017, pur assolvendo l'agenzia di rating dall'accusa di manipolazione dei mercati, concluse che tutti gli interventi di tale agenzia nei confronti dell'Italia erano stati "connotati da sicuro pregiudizio verso l'Italia". Se volete conoscere meglio il parere del tribunale di Trani vi consiglio la lettura delle 332 pagine delle motivazioni della sentenza che trovate al link http://www.giurisprudenzapenale.com/wp-content/uploads/2017/09/sentenza-trani.pdf (buona lettura!). Diciamo che qualche perplessità su tale motivazione resta. Per esempio, come riportato dalla "Gazzetta del Mezzogiorno" (https://www.lagazzettadelmezzogiorno.it/news/home/934204/i-giudici-da-s-p-un-pregiudizio-sull-italia-assolti-i-4-analisti.html), la sentenza afferma che il debito pubblico italiano pur elevato non era sopra la media (avranno fatto la media tra Italia e Grecia?).

[11] Trovate questo interessante documento al link http://download.repubblica.it/pdf/2011/4agosto.pdf. Per il contesto del documento si veda l'articolo al link https://st.ilsole24ore.com/art/notizie/2011-08-04/ecco-punti-documento-parti-155357_PRN.shtml. Chi volesse confrontare questo documento con quello di Trichet e Draghi può trovare quest'ultimo documento al link https://st.ilsole24ore.com/art/notizie/2011-09-29/testo-lettera-governo-italiano-091227.shtml?uuid=Aad8ZT8D.

[12] Si veda http://www.ilgiornale.it/news/politica/ora-salvini-va-allattacco-dietro-spread-ci-sono-speculatori-1585437.html.

[13] Si veda http://www.ilgiornale.it/news/economia/spread-333-punti-salvini-attacca-i-mercati-ci-vogliono-1604552.html. Il tema dell'attacco speculativo per forzare l'Italia a svendere le sue aziende è ripreso da Salvini anche in una conferenza stampa insieme a Marine Le Pen che trovate al link https://www.youtube.com/watch?v=ohDSQ2ccnHA.

[14] Vedi, per esempio, https://www.ilfattoquotidiano.it/2018/05/15/governo-bozza-contratto-ci-sono-anche-misure-per-uscita-euro-ma-m5s-lega-vecchia-moneta-unica-non-si-discute/4358334/.

[15] L'ipotesi di crescita del Pil è molto importante per valutare quanto stretto sia un obiettivo di deficit pubblico perché più alto è il livello del Pil, più alte sono le entrate da tasse che lo stato incassa e quindi maggiori sono gli spazi di spesa a parità di deficit (la differenza tra spese ed entrate).

[16] Il lettore interessato può trovare una nota che ho scritto insieme ad Alessandro Caiumi che sviluppa questo punto al link https://osserva-

toriocpi.unicatt.it/cpi-archivio-studi-e-analisi-la-condizione-delle-partite-correnti-della-bilancia-dei-pagamenti.

[17] La frase è riportata nell'articolo al link https://www.ilpost.it/2017/01/25/banca-d-italia-privata/. Di Battista ha sollevato lo stesso punto più di recente in un post su Facebook dell'8 ottobre 2018 (in cui fra l'altro mi cita ripetutamente per le mie critiche al DEF, che poi non era proprio il DEF, ma la nota di aggiornamento al DEF del settembre precedente, ma questo è un dettaglio), dicendo: "La verità è che oggi, Bankitalia, è di fatto controllata dalle banche private che dovrebbe controllare e le banche private sono in***ate nere, non perché ci sarà deficit al 2,4 per cento, ma perché, per la prima volta, si distribuiscono risorse alla povera gente e non a loro", si veda https://www.facebook.com/dibattista.alessandro/posts/1712449545533769. Mi sono permesso di censurare il termine usato da Di Battista, perché sono ormai un residuo del passato e anche perché mio fratello Mario ha scritto un libro intitolato *Parliamo di parolacce senza dire parolacce*, contro l'uso sempre più diffuso di un linguaggio scurrile.

[18] Si veda http://www.stopeuro.news/italiani-ingannati-sulla-banca-ditalia-una-spa-privata-che-non-fa-gli-interessi-dei-cittadini/. Curioso che tratti del tema della privatizzazione della Banca d'Italia anche il sito Mednat, che si occupa di medicina naturale. Questo sito denunciava, a caratteri cubitali, che "La 'BANCA d'ITALIA' NON È PUBBLICA... ma PRIVATA...! (Dovrebbe cambiare nome in BankItalia...) ed È ILLEGALE la sua ESISTENZA". Si veda http://www.mednat.org/finanza/banca_italia.htm. Si noti anche qui l'enfasi sulla k...

[19] Si veda https://www.bancaditalia.it/chi-siamo/index.html.

[20] Trovate l'elenco dei 121 partecipanti, essenzialmente banche e assicurazioni tranne Inps, Inail e qualche fondazione (per esempio, l'Ente Nazionale di Previdenza per gli Addetti e gli Impiegati in Agricoltura – Fondazione E.N.P.A.I.A.), al link https://www.bancaditalia.it/chi-siamo/funzioni-governance/partecipanti-capitale/Partecipanti.pdf.

[21] Si veda https://www.bancaditalia.it/media/approfondimenti/2014/conseg29gen2014/index.html.

[22] Le dodici componenti regionali della Fed sono di proprietà di banche private. Per la struttura giuridica della banca centrale americana, si veda l'articolo al link https://www.thebalance.com/who-owns-the-federal-reserve-3305974.

[23] Secondo il sito della Banca d'Italia, il Consiglio è "l'organo cui spetta l'amministrazione generale nonché la vigilanza sull'andamento della gestione e il controllo interno della Banca [...]. Ha competenze su aspetti gestionali, organizzativi e contabili: adotta le deliberazioni riguardanti l'articolazione territoriale e l'assetto organizzativo generale della Banca, approva il bilancio annuale di previsione degli impegni di spesa e gli accordi stipulati con le organizzazioni sindacali e viene informato dal governatore sui fatti rilevanti concernenti l'amministrazione della Banca" (artt. 15, 16, 17, 18 e 19 dello statuto).

[24] Trovate il bilancio della Banca d'Italia al link https://www.banca-

ditalia.it/pubblicazioni/bilancio-esercizio/2019-bilancio-esercizio/index.html?com.dotmarketing.htmlpage.language=102.

[25] Il tema del signoraggio ormai privatizzato è stato oggetto di un servizio mandato in onda dalla trasmissione Rai *Povera Patria* che suscitò un'ondata di proteste da parte di diversi economisti. Si veda l'articolo al sito https://www.repubblica.it/economia/2019/01/26/news/signoraggio_rivolta_social_contro_il_servizio_di_povera_patria_-217516265/. Devo dare atto agli autori della trasmissione di avermi invitato nella puntata successiva a chiarire la questione.

[26] Potete per esempio godervi la denuncia fatta da Paolo Barnard nel video al link https://www.youtube.com/watch?v=t7f6iHP17VQ.

[27] La citazione è tratta dal link https://www.bancaditalia.it/media/approfondimenti/2014/conseg29gen2014/index.html. La nota in questo link fornisce anche altre informazioni sulla rivalutazione del capitale della Banca d'Italia, tra cui l'introduzione di una norma che poneva un tetto del 3 per cento al capitale che poteva essere detenuto da un singolo partecipante, norma introdotta per incoraggiare un aumento del numero dei partecipanti al capitale della banca.

[28] Si veda il link http://www.directio.it/multimedia/news/2014/02/26-trattamento-fiscale-quote-banca-italia.aspx.

[29] Trovate le slide al link http://revisionedellaspesa.gov.it/documenti/PRIME_PROPOSTE_PER_UNA_REVISIONE_DELLA_SPESA_xfinalex.pdf.

[30] La principale differenza tra il sistema pensionistico dei parlamentari e quello degli altri cittadini è che per questi ultimi la pensione viene erogata solo se si sono versati almeno venti anni di contributi. Per i parlamentari la pensione viene comunque pagata se si sono raggiunti almeno quattro anni di contributi come parlamentare. Non si può più parlare di vitalizio perché la pensione è ora commisurata ai contributi versati e viene erogata solo col raggiungimento dell'età di pensionamento, ma si tratta comunque di un vantaggio rispetto agli altri cittadini.

[31] Si veda la nota dell'Osservatorio sui conti pubblici italiani scritta da Edoardo Frattola che trovate al link https://osservatoriocpi.unicatt.it/cpi-archivio-studi-e-analisi-quanto-si-risparmia-davvero-con-il-taglio-del-numero-dei-parlamentari.

[32] Se volete sentire Salvatore Nottola, presidente della Corte dei Conti della Regione Lazio e più tardi procuratore generale della Corte, citare la cifra di 60 miliardi come una stima della Corte stessa vi segnalo questo video del 22 febbraio 2012 che trovate al link https://www.youtube.com/watch?v=15rg7R8dAXM.

[33] Trovate il riferimento al link http://www.rainews.it/dl/rainews/articoli/poveri-famiglie-istat-statistiche-spesa-c2c12712-5f69-4e2c-bfcc-63421d204dd8.html. L'Istat calcola questa cifra sulla base della propria indagine sui consumi delle famiglie e dopo aver determinato una soglia di povertà che corrisponde al reddito necessario per comprare un paniere di beni considerato essenziale per una determinata famiglia per conseguire uno standard di vita minimamente accettabile. Nel far que-

sto l'Istat tiene conto del diverso costo della vita in diverse parti d'Italia. L'Istat, oltre a calcolare i residenti in povertà assoluta, calcola anche il numero di residenti che vive in povertà relativa la cui soglia è grosso modo uguale alla metà del reddito medio pro capite italiano. Per semplicità nel testo mi concentro sui dati sulla povertà assoluta, il dato secondo me più significativo perché si riferisce a chi è in maggiore difficoltà.

[34] Si veda il sito https://www.fratelli-italia.it/2018/07/10/meloni-la-politica-si-occupi-dei-5-milioni-di-poveri-italiani/. A scanso di equivoci, non c'è dubbio che le affermazioni riportate nel testo relative ai 5 milioni di italiani poveri si riferivano ai dati sulla povertà assoluta e non sulla povertà relativa, perché il numero di persone in povertà relativa è intorno ai 9 milioni.

[35] Si vedano i grafici al link https://www.lavoce.info/wp-content/uploads/2019/09/Brandolini-Bocconi-2019-1.pdf.

[36] Trovate le informazioni sulla soglia di povertà assoluta al link https://www.istat.it/it/dati-analisi-e-prodotti/contenuti-interattivi/soglia-di-poverta.

[37] Incluso il "New York Times", si veda l'articolo al link https://www.nytimes.com/2019/01/22/world/africa/africa-cfa-franc-currency.html.

[38] Se poi volete saperne di più sul tema del franco CFA vi consiglio un volume, un po' vecchio ma sempre valido, intitolato *The CFA Franc Zone: Common Currency, Uncommon Challenges*, a cura di Anne-Marie Gulde e Charalambos Tsangarides, pubblicato dal Fmi nel 2008.

[39] Trovate il video completo al link https://www.youtube.com/watch?v=lNN9IJXq-Bc.

[40] Riprende il tema Giorgia Meloni in una partecipazione televisiva (vedi articolo al link https://www.secoloditalia.it/2019/01/dove-nasce-la-tragedia-dei-migranti-cose-il-franco-cfa-con-cui-macron-sfrutta-lafrica/).

[41] A voler essere pignoli, il franco CFA è anche la valuta di un altro paese africano, Comoros, che ha il suo accordo indipendente con la Francia. Ma non complichiamo troppo le cose!

[42] Non è ben chiaro dove le banconote siano stampate in Francia. Secondo Di Battista vicino a Lione. Secondo altri in due piccoli paesi (Pessac e Chamalières) come dice il video al link https://www.youtube.com/watch?v=OHg4YgccmPg, video che pure abbraccia la tesi dello sfruttamento dell'Africa da parte del governo francese.

[43] Chi è interessato all'argomento di dove si stampano le banconote nel mondo può leggere l'articolo al link https://www.bbc.com/news/business-45272704.

[44] Secondo l'articolo al link https://pagellapolitica.it/blog/show/222/dieci-domande-e-risposte-per-capire-il-franco-cfa la tesi che la Francia richiederebbe metà delle esportazioni di questi paesi è stata sostenuta da Giorgia Meloni. Che metà degli aiuti esteri vadano alla Francia è invece sostenuto in un articolo pubblicato sul "Giornale" che trovate al

link http://www.ilgiornale.it/news/cronache/linchiesta-choc-sulla-francia-si-tiene-i-soldi-donati-1602584.html.

[45] Si veda https://www.notiziegeopolitiche.net/francia-di-maio-usa-no-la-moneta-coloniale-per-il-debito-pubblico/.

[46] I dati sono tratti dal rapporto del Fmi che trovate al link https://www.imf.org/en/Publications/REO/SSA/Issues/2019/04/01/sreo0419, in particolare p. 58.

[47] Fra l'altro, uno studio del Fondo monetario del 2016 conclude che un tasso di cambio flessibile ha consentito una crescita del reddito pro capite un po' più alta nei paesi subsahariani con questo regime di cambio rispetto ai paesi con un tasso di cambio fisso, perché il cambio flessibile ha consentito il mantenimento di una maggiore competitività. Trovate questo studio nel capitolo 2 del volume al link https://www.imf.org/en/Publications/REO/SSA/Issues/2017/02/01/Multispeed-Growth.

[48] Si veda https://www.jeuneafrique.com/736198/politique/cote-divoire-ouattara-defend-le-franc-cfa-une-monnaie-solide/. La traduzione è mia.

[49] Il rapporto è recente, del giugno 2019. Lo trovate al link https://www.imf.org/en/Publications/CR/Issues/2019/06/24/United-States-2019-Article-IV-Consultation-Press-Release-Staff-Report-and-Statement-by-the-47019. Leggete in particolare le pagine 18-24.

[50] Lo trovate al link http://www.oecd.org/social/broken-elevator-how-to-promote-social-mobility-9789264301085-en.htm.

[51] È questa la tesi sostenuta, tra gli altri, da Roberto Basso e Dino Pesole nel loro libro, discusso anche nel seguito, dal titolo *L'economia percepita. Dati, comunicazione e consenso nell'era digitale* pubblicato da Donzelli nel 2019.

[52] Ho detto "con Amleto". Non fate i pignoli, so che la frase è di Marcello (atto I, scena IV dell'*Amleto*), ma non potevo scrivere "per dirla con Marcello"!

6. *Bufale dell'establishment*

[1] Si veda, fra i tantissimi esempi, il sito https://ccap.org/media-center-item/a-win-win-way-to-fight-global-warming/. Se aveste cercato su Google "*global warming*" e "*win-win*" il 17 luglio 2019, avreste ottenuto 678.000 risultati.

[2] Si veda https://www.oecd-ilibrary.org/economics/how-to-achieve-growth-and-equity-friendly-fiscal-consolidation_5k407lwvzkkh-en.

[3] Si veda https://www.oecd.org/economy/reconciling-fiscal-consolidation-with-growth-and-equity.pdf.

[4] Si veda https://www.imf.org/en/Publications/Departmental-Papers-Policy-Papers/Issues/2018/04/12/A-Growth-Friendly-Path-for-Building-Fiscal-Buffers-in-the-Caucuses-and-Central-Asia-45546.

[5] Si veda https://www.imf.org/external/pubs/ft/scr/2015/cr1571.pdf.

[6] Si veda https://www.imf.org/external/np/g20/pdf/2019/060519b.pdf.

[7] Potete trovare un riassunto di vari punti di vista su questo tema in un lavoro che ho scritto con Michael Keen, ex collega al Fmi, al link http://siteresources.worldbank.org/EXTPREMNET/Resources/489960-1328631254472/Ascent_After_Decline_Overcoming_Constraints_Cottarelli_Keen.pdf.

[8] Ho già indicato in una nota del capitolo 3 che ci sono rispettabilissimi economisti che pensano che, in realtà, sia possibile evitare una perdita di crescita se invece di aumentare le tasse come strumento di aggiustamento dei conti pubblici si taglia la spesa pubblica. L'evidenza empirica fornita a sostegno di questa tesi mi sembra però ancora piuttosto debole.

[9] Il più famoso tra questi lavori è quello di Ostry, Berg e Tsangarides del 2014 che trovate al link https://www.imf.org/external/pubs/ft/sdn/2014/sdn1402.pdf.

[10] Li trovate riassunti al link https://www.imf.org/external/np/fad/inequality/.

[11] Trovate il video al link https://meetings.imf.org/en/2019/Spring/Schedule/2019/04/13/imf-three-chief-economists.

[12] Il lavoro (che potete trovare in versione preliminare al link https://www.nber.org/papers/w21035.pdf) è stato scritto da Owen Zidar (*Tax Cuts for Whom? Heterogeneous Effects of Income Tax Changes on Growth and Employment*) e pubblicato sul "Journal of Political Economy" nel giugno 2019.

[13] Trovate i risultati del sondaggio al link http://www.igmchicago.org/surveys/laffer-curve.

[14] Il lettore interessato può trovare un approfondimento su questo tema, anche nei suoi risvolti per una Flat Tax in Italia, in una nota dell'Osservatorio Cpi scritta da Giampaolo Galli e Luca Gerotto, al link https://osservatoriocpi.unicatt.it/cpi-archivio-studi-e-analisi-la-curva-di-laffer-e-la-flat-tax.

[15] Naturalmente anche in questo caso niente arriva dal futuro. È solo che tracciamo una linea legale tra consumo dei residenti oggi e domani, da un lato, e risparmio degli stranieri oggi e domani, dall'altro.

[16] Tutto il ragionamento è qui presentato in termini di riduzione della spesa primaria, come strumento per ridurre il debito, piuttosto che di aumento delle tasse, ma questo è un dettaglio. Il ragionamento è a parità di pressione fiscale, altrimenti sarebbe comunque possibile aumentare la spesa primaria aumentando le tasse.

[17] Se volete un trattamento più tecnico della questione potete leggervi due studi di economisti del Fondo monetario internazionale. Il primo di Ostry, Ghosh e Espinoza (*When Should Public Debt Be Reduced?*), pubblicato nel 2015, sostiene che ridurre il debito pubblico per fare spazio alla spesa primaria non ha vantaggi (in termini di maggiore spazio per altre spese) (lo trovate al link http://www.imf.org/external/pubs/ft/sdn/2015/sdn1510.pdf). Il secondo di Escolano e Gaspar, pubblicato nel 2016, sostiene che, alla luce della asimmetria degli shock

che colpiscono di solito la finanza pubblica (forti shock negativi, quali quelli menzionati nel testo, sono più probabili di forti shock positivi), è opportuno ridurre il debito pubblico in periodi buoni per evitare l'aumento tendenziale del debito e della spesa per interessi nel lungo periodo. Lo trovate al link https://www.imf.org/en/Publications/WP/Issues/2016/12/31/Optimal-Debt-Policy-Under-Asymmetric-Risk-44200.

[18] Si veda https://www.imf.org/external/np/exr/ib/2002/031502.htm (la traduzione è mia).

[19] Trovate questo e altri comunicati citati nel testo al link http://www.g20.utoronto.ca/ministerials.html#2015.

[20] Trovate il lavoro di Krugman al link https://www.aeaweb.org/articles?id=10.1257/jep.1.2.131 (la traduzione è mia; lo stesso vale per le altre citazioni nel seguito di questo capitolo).

[21] Si veda https://drodrik.scholar.harvard.edu/publications/what-do-trade-agreements-really-do.

[22] Si veda https://www.worldbank.org/en/topic/trade/overview.

[23] Trovate l'informazione al link https://blogs.imf.org/2018/01/23/5-things-you-need-to-know-about-inequality/.

[24] Trovate il grafico con queste informazioni a p. 10 del rapporto al link https://wir2018.wid.world/files/download/wir2018-full-report-english.pdf.

[25] Si veda https://www.imf.org/en/Publications/WEO/Issues/2017/04/04/world-economic-outlook-april-2017#Chapter%203.

[26] Robert Gordon ne parla nel suo bestseller *The Rise and Fall of American Growth: The U.S. Standard of Living since the Civil War*, pubblicato da Princeton University Press nel 2016.

[27] La citazione è tratta da p. 83 del nuovo libro di Stiglitz *People, Power, and Profits: Progressive Capitalism for an Age of Discontent*, Norton & Company, New York 2019.

[28] Trovate questo studio al link https://www.imf.org/en/Publications/WP/Issues/2018/03/13/The-Distribution-of-Gains-from-Globalization-45722.

7. *Tecniche di produzione delle bufale*

[1] La frase è spesso attribuita a Goebbels, ma non sembra che Goebbels l'abbia mai pronunciata.

[2] Vedi, per esempio, l'articolo apparso sul sito sovranista Scenari Economici al link https://scenarieconomici.it/il-nuovo-lebensraum-tedesco-schiacciare-leuropa-e-conquistare-mercati-orientali/. Parla di Quarto Reich l'articolo al link https://www.wired.it/attualita/2017/06/28/silenziosamente-senza-guerre-la-germania-sta-riuscendo-finalmente-conquistare-leuropa/?refresh_ce=.

[3] Mi scuso se la traduzione non è molto accurata. È una traduzione in italiano che ho fatto partendo da una traduzione inglese del *Mein Kampf*.

[4] Questa citazione è tratta dal volume *Hitler. L'ascesa* di Volker Ullrich, Mondadori, Milano 2019, pp. 97-98.

[5] Trovate il testo di uno dei discorsi di Berlinguer sull'austerità (quello del gennaio 1977, da cui è tratta la citazione nel testo) al link https://www.ilpost.it/2010/08/27/berlinguer-austerita/.

[6] Quando, in un dibattito televisivo a *DiMartedì*, ho fatto notare che la pressione fiscale si era ridotta, Luigi Di Maio si è rivolto alle persone del pubblico chiedendo loro se si fossero accorti che la pressione fiscale era scesa e, come prevedibile, è partito un coro di no. Mi sembra strano peraltro che nessuno dei presenti avesse beneficiato, per esempio, dei famosi "80 euro di Renzi" che, di fatto (anche se non nelle statistiche dell'Istat), rappresentano un taglio delle tasse sul lavoro per bassi livelli di reddito.

[7] Si veda l'articolo al link https://www.butac.it/di-battista-e-la-strage-di-bambini-greci/. Ordoliberismo è spesso usato come termine alternativo a neoliberismo, anche se è un po' meno frequente e ha sfumature leggermente diverse; vedi l'articolo al link https://www.economiaepolitica.it/il-pensiero-economico/il-falso-liberismo-dellordoliberismo/.

[8] Lo psicologo Daniel Kahneman, premio Nobel per l'economia nel 2002, ha teorizzato, seguendo precedenti lavori, che la nostra mente funziona seguendo due sistemi. Il primo (sistema 1) opera automaticamente e rapidamente, con nessuno o poco sforzo, e senza una sensazione di controllo volontario. Il secondo (sistema 2) richiede un impegno di attenzione e serve ad affrontare scelte complesse. Il "parlare alla pancia" significa comunicare con il sistema 1, il che richiede una comunicazione più semplice, preferibilmente attraverso immagini. Il lettore interessato può approfondire leggendo, sempre di Kahneman, il volume *Thinking, Fast and Slow*, pubblicato in italiano da Mondadori col titolo *Pensieri lenti e veloci*. Non posso non ricordare a questo punto anche il grande successo (coronato dall'assegnazione a Richard Thaler del premio Nobel per l'economia nel 2017) che negli ultimi anni ha avuto la cosiddetta economia comportamentale (*behavioral economics*) che studia aspetti del comportamento economico che non sono facilmente descrivibili sulla base delle ipotesi tradizionali standard di piena razionalità degli individui.

[9] Chi di voi legge l'inglese potrà consultare, per avere una discussione più completa su tutti i fattori che potenzialmente possono influire sulla probabilità di una crisi, il capitolo 1 del libro *Post-Crisis Fiscal Policy* curato da me insieme a Philip Gerson e Abdelhak Senhadji, pubblicato da MIT Press nel 2014.

[10] Una recessione fa aumentare il rapporto tra debito e Pil non solo perché il Pil scende (effetto denominatore) ma anche perché in recessione ci sono meno entrate per lo stato e quindi il deficit pubblico aumenta e un deficit alto vuol dire che il debito (il numeratore del rapporto) cresce più rapidamente.

[11] Trovate i dati a p. 7, fig. 1.4 del rapporto al link https://www.imf.org/en/Publications/FM/Issues/2018/10/04/fiscal-monitor-october-2018.

[12] Questi dati vengono da una tavola a p. 105 del Fiscal Monitor dell'aprile 2019 che trovate al link https://www.imf.org/en/Publications/FM/Issues/2019/03/18/fiscal-monitor-april-2019.

[13] Qui un elenco dei principali: Manmohan S. Kumar, Jaejoon Woo, *Public Debt and Growth*, in "Economica", 82(328), 2015, pp. 705-739; Anja Baum, Cristina Checherita-Westphal, Philipp Rother, *Debt and Growth: New Evidence for the Euro Area*, in "Journal of International Money and Finance", 32, 2012, pp. 809-821; Stephen G. Cecchetti, Madhusudan S. Mohanty, Fabrizio Zampolli, *The Real Effects of Debt*, BIS Working Paper n. 352, 2011; Alexander Chudik, Kamiar Mohaddes, Hashem Pesaran, Mehdi Raissi, *Is there a debt-threshold effect on output growth?*, IMF Working Paper WP/15/197, settembre 2015; Alina Mika, Tina Zumer, *Indebtedness in the EU: A Drag or A Catalyst for Growth?*, Working Paper Series n. 2118, dicembre 2017; Andrea Pescatori, Damiano Sandri, John Simon, *Debt and Growth: Is There a Magic Threshold?*, IMF Working Paper n. 1434, febbraio 2014. Fra l'altro questi lavori di solito rispondono a una sensata obiezione di chi mette in dubbio l'esistenza di una relazione di causalità tra alto debito pubblico e bassa crescita, quella che è la bassa crescita a causare l'alto debito e non viceversa. Questi lavori usano infatti tecniche econometriche per isolare l'effetto che va dal debito pubblico alla crescita. Uno dei pochi lavori che non trova una chiara relazione tra livello del debito e crescita è quello di Ugo Panizza e Andrea Presbitero (*Public Debt and Economic Growth: Is There a Causal Effect?*, MoFiR Working Paper n. 65, aprile 2012), ma, appunto, è un'eccezione.

[14] Si veda https://ilfastidioso.myblog.it/2018/11/13/pensioni-leconomista-antonio-maria-rinaldi-contro-la-fornero-non-cerano-i-soldi-per-le-banche-li-avete-trovati-tanti-e-subito-lex-ministro-umiliata-con-dati-tanto-incontroverti/.

[15] Una ricostruzione dell'uso del termine "nemico del popolo" per descrivere i media che diffonderebbero fake news negli Stati Uniti negli ultimi anni è contenuta in un estratto del libro di Jim Acosta intitolato *The Enemy of the People: A Dangerous Time to Tell the Truth in America* che trovate al link https://www.cnn.com/2019/06/11/politics/enemy-of-the-people-jim-acosta-donald-trump/index.html.

8. *L'economia italiana nell'ultimo quarto di secolo: la narrativa delle bufale*

[1] Tra questi lavori vi segnalo l'articolo di Robert Shiller (vincitore del premio Nobel per l'economia) intitolato *Narrative Economics* del 2017, che trovate al link https://cowles.yale.edu/sites/default/files/files/pub/d20/d2069.pdf, e il suo più recente libro intitolato *Narrative Economics: How Stories Go Viral and Drive Major Economic Events*, Princeton University Press, Princeton 2019.

[2] L'espressione "criminali di Bruxelles" fu usata, fra gli altri, da

Matteo Salvini nel 2015. Peraltro, l'altro Matteo (Renzi), non era stato neppure lui molto tenero con la Commissione europea, limitandosi, tuttavia, a inveire in termini più moderati contro i "burocrati di Bruxelles". Si veda, per esempio, l'articolo al link https://www.ilmessaggero.it/economia/economia_e_finanza/renzi_tasse_tasi_ue_euroburocrati_bruxelles-1269516.html; oppure l'articolo al link https://www.agi.it/politica/renzi_sovranista-4527143/news/2018-10-25/.

[3] Si veda a mo' di esempio, fra i tantissimi che si trovano in rete, l'articolo sui piani dei "criminali di Bruxelles" per realizzare gli Stati Uniti d'Europa: https://scenarieconomici.it/dopo-la-brexit-i-criminali-di-bruxelles-spingeranno-per-il-ttip-e-per-la-realizzazione-degli-stati-uniti-deuropa-use-togliendoci-ogni-residuo-di-sovranita-e-democrazia-dobbiamo-fermarli-lavvo/.

Indice

11 Introduzione

17 1. Euro-bufale

53 2. Bufale bancarie

81 3. Bufale contro i tecnici e le ricette economiche ortodosse

117 4. Bufale sulle pensioni

143 5. Bufale sui poteri forti

179 6. Bufale dell'establishment

201 7. Tecniche di produzione delle bufale

223 8. L'economia italiana nell'ultimo quarto di secolo: la narrativa delle bufale

239 *Note*